用友 ERP 实验中心精品教材

会计信息系统

(第二版)

付得一　主编

清华大学出版社

北　京

内容简介

本书以财务业务一体化的会计信息系统为对象，着重介绍作为企业管理信息化的关键子系统——会计信息系统对于提高企业管理水平的作用，与同类教材相比具有较强的理论体系和实用性。

本书共分 11 章。第 1 章以企业管理信息化为背景，系统而概括地介绍了会计信息系统有关的基本概念和理论以及相关的技术知识。第 2 章至第 9 章分别介绍了会计信息系统中最重要和最基础的系统管理、账务、报表、工资、固定资产以及企业内部供应链关键模块——采购、销售、库存管理与存货核算等子系统的内部结构及使用方法。第 10 章介绍了系统建设和管理的问题。第 11 章介绍了与企业财务管理密切相关、目前不断发展并逐步完善的预算管理和资金集中管理的两个相关模块的基本功能、内部结构等。以期通过本书使会计及有关人员对计算机会计信息系统的工作原理、内部结构及使用方法有一个全面的了解。

本书从会计人员实际工作需要出发，理论结合实际，主要供高等财经院校会计、经济信息管理等相关专业本、专科教学使用，也适合会计人员专业岗位培训使用。

图书在版编目(CIP)数据

会计信息系统(第二版)/付得一 主编. —北京：清华大学出版社，2007.6（2021. 9 重印）
(用友 ERP 实验中心精品教材)
ISBN 978-7-302-15097-8
Ⅰ. 会… Ⅱ. 付… Ⅲ. 会计—管理信息系统—教材 Ⅳ. F232

中国版本图书馆 CIP 数据核字(2007)第 057818 号

责任编辑：刘金喜
封面设计：久久度文化
版式设计：康 博
责任校对：胡雁翎
责任印制：丛怀宇

出版发行：清华大学出版社
网 址：http://www.tup.com.cn, http://www.wqbook.com
地 址：北京清华大学学研大厦 A 座 **邮 编**：100084
社 总 机：010-62770175 **邮 购**：010-62786544
投稿与读者服务：010-62776969, c-service@tup.tsinghua.edu.cn
质量反馈：010-62772015, zhiliang@tup.tsinghua.edu.cn

印 装 者：三河市龙大印装有限公司
经 销：全国新华书店
开 本：185mm × 260mm **印 张**：16.5 **字 数**：391 千字
版 次：2007 年 6 月第 1 版 **印 次**：2021 年 9 月第 22 次印刷
定 价：49.80 元

产品编号：024957-03

第二版前言

随着我国社会主义市场经济的形成和完善，迫切需要企业加强管理，提高企业的应变能力和经济效益。企业管理信息化受到社会各方面的高度关注并成为经济和社会发展的大趋势。在这样的大背景下，作为企业管理信息系统核心组成部分的会计信息系统在企业得到广泛应用，成为企业财务管理的基本工作平台。

为了使教学内容更好地切合企业的实际，也为了推进会计信息系统在企业的应用，我们在 2002 年由清华大学出版社出版的《会计信息系统》一书的基础上根据会计软件的最新发展和企业应用实际，进行了认真的改写和修订。本书以财务业务一体化的会计信息系统为对象，着重介绍作为企业管理信息化的关键子系统——会计信息系统对于提高企业管理水平的作用，与同类教材相比具有较强的理论体系和实用性。

本书共分 11 章，第 1 章以企业管理信息化为背景，系统而概括地介绍了会计信息系统有关的基本概念和理论以及相关的技术知识；第 2 章至第 9 章分别介绍了会计信息系统中最重要和最基础的系统管理、账务、报表、工资、固定资产以及企业内部供应链关键模块——采购、销售、库存管理及存货核算等子系统的内部结构及使用方法；第 10 章介绍了系统建设和管理的问题；第 11 章介绍了与企业财务管理密切相关、目前不断发展并逐步完善的 ERP(企业资源规划）、预算管理系统和资金集中管理的管理思想、基本功能、处理流程等；以期通过本书使会计及有关人员对计算机会计信息系统的工作原理、内部结构、使用方法以及与会计信息系统密切相关的其他管理信息系统有一个全面的了解。

目前关于会计信息系统的教材有很多版本，不同的版本也各有其特点。

本书在内容和结构上突出了以下特点：

- 先进性

本书坚持了第一版(2002 年出版的《会计信息系统》)贴近企业应用实际、贴近会计信息系统的最新发展这一基本宗旨。在各相关章节增加了企业急需的会计信息系统的最新扩展功能的介绍，如人力资源管理、资产管理等内容。突出强调了企业会计信息系统提供企业管理信息的能力和加强会计事前、事中控制的能力。同时注重当前国际、国内先进管理思想及其相应管理信息系统的介绍。从而为消除信息孤岛，逐步建立企业管理信息系统奠定坚实的基础。

- 理论与务实相结合

本书摈弃了同类教材或者单纯注重编程或者着重介绍某一财会软件具体使用方法的传统编写方法，从会计人员的需要出发，既介绍会计信息系统的内部结构，也介绍目前多数企业使用的主流软件的一般应用方法，以期在提供给读者完整的理论体系的同时，使读者掌握这一类会计信息系统软件的使用方法。

为了使读者更好地理论联系实际，我们在全书的绝大多数章节都增加了案例分析的内容，尽管限于篇幅，这些案例都比较简单，但在案例中提出的问题还是很值得读者思考的。

- 较强的系统性和实用性

本书系统地介绍了会计信息系统的基本概念、理论框架、各子系统的结构、使用方法、会计信息系统的建设和管理等问题，使读者对会计信息系统涉及的问题有一个全面、完整的了解。

- 理论教材与软件应用教材配套

本书与所属丛书中的《会计信息系统实验教程》(王新玲主编)在内容上各有侧重又密切联系，相互配合使用可以较好地解决理论教学和软件应用教学相结合的问题，便于在教学中使用。本书上机软件可以是用友U8，也可以是其他类似的会计信息系统软件。

本书主要供高等财经院校会计、经济信息管理等有关专业教学使用，也可以作为会计、财务人员以及采购、仓库保管和销售等有关业务人员会计信息系统应用的培训教材和业务学习资料。本书是在用友软件股份有限公司的大力支持下编写完成的。参加本书编写的人员都是担任会计信息系统课程教学工作多年的教师，本书是我们多年教学经验的总结。我们衷心希望本书能为促进我国会计信息系统的发展尽一点微薄的力量。

本书由付得一主编，负责设计全书的总体结构和总纂，并编写其中的第1、2、3、10、11章，吴辉编写第4、5、6章，田芬编写7、8、9章。在本书编写过程中得到用友公司陈江北先生、王新玲女士和汪刚先生的大力帮助，也离不开清华大学出版社的大力支持，需要特别指出的是，本书的责编刘小峰女士无论对本书的策划和结构都提出了重要的意见和建议，在此表示深深的谢意。

由于计算机会计是一个发展极为迅速的新兴领域，其理论框架和方法体系还处于正在建立和完善的阶段，相关的会计信息系统软件也根据企业不断提高的管理需求在不断地发展和完善，因此在本书的编写过程中我们虽然做了不少的努力，但由于作者本身的局限，其缺点、错漏在所难免。我们诚挚地希望读者对本书的不足之处给予批评指正。

《会计信息系统》第一版曾被数十所高校选为会计专业的教学用书。本书在编写的过程中充分吸取了读者的各种建议和意见，以期能够更好地满足教学的需要。可以说没有这些读者的热心帮助和督促，本书是难以完成的，在此也对广大读者表示我们诚挚的谢意。

本书的电子教案可通过 http://www.tupwk.com.cn/downpage 下载。服务邮箱：wkservice@tup.tsinghua.edu.cn。

作　者

2007年3月

目　　录

第1章 会计信息系统

会计作为一个以提供财务信息为主的信息系统，长期以来在企业的经营管理中起着重要作用。与此同时现代手工会计在一百多年的发展过程中也逐步形成了一套完整的理论体系、处理方法和处理流程。随着现代计算机技术、网络技术及信息技术的飞速发展，世界经济已经开始进入知识经济的时代。世界经济环境的变迁、科学技术特别是计算机技术、网络技术和现代信息技术的飞速发展、中国加入 WTO，这一切使我国企业面对全球市场竞争和信息化社会的巨大挑战。如何加强企业管理水平、提高企业的核心竞争能力以应对这一挑战并占据主动地位，是摆在我国企业面前的一个重要而艰巨的任务。为此国家制定了以信息化带动工业化，发挥后发优势，实现社会生产力的跨越式发展这一覆盖现代化建设全局的战略举措。在这样的大背景下，会计工作也急需引入先进技术提高自身的现代化水平，以应对这种挑战。以计算机网络技术和现代信息技术为基础的会计信息系统被引入会计工作并逐步推广和完善。

1.1 计算机会计概述

以现代信息技术、计算机技术和网络技术为基础和基本工具，来研究和解决现代企业所面临的财务会计工作的理论和实务称为计算机会计。以现代信息技术、计算机技术和网络技术为基础和基本工具的会计系统称为计算机会计信息系统。为了叙述的方便，除非为了强调与传统的手工会计的区别，本书中对计算机会计信息系统一般简称为会计信息系统。

1.1.1 企业管理信息化与会计信息系统

20 世纪中后期以来各种高新技术像雨后春笋般纷纷出现，其中最为突出的就是信息技术，目前已经成为当代新技术革命最活跃的领域，受到人们的高度重视。以致将信息技术定义为：由计算机技术、通信技术、信息处理技术和控制技术等构成的综合性高新技术，是人类开发和利用信息资源的所有手段的总和。

作为一般意义上的信息技术，其历史几乎和信息一样久远，古代的烽火台就是信息传递的一种方式。但是真正作为一门技术被人们所重视并系统地加以研究、开发和利用，则始于计算机技术的引入。计算机技术和网络技术的引入使信息技术成为一种有别于其他技术的特殊技术，它甚至改变了人们对空间、时间和知识的理解，改变了人的生活、工作和思考的方式。也正因此，信息技术使得信息资源的利用从附属地位上升到了主导地位。当今世界，基于计算机网络的信息产业的发展水平已成为衡量一个国家综合国力的重要尺度。与信息技术飞速发展的同时，信息管理也成为一项专门的技术，并出现了面向信息管理的计算机系统，即信息系统，用于信息的处理、共享、管理和利用。

信息产业的发展，为企业提供了更科学、更专业的管理方式。正确、及时的信息往往是企业成败的关键。如何收集和处理信息并将其转换成有价值的知识，已成为计算机界的热门话题。会计行业也不例外，20 世纪 50 年代初，计算机被一些发达国家应用于会计领域，从而引发了会计处理设备的重大变革。70 年代末，计算机在我国也开始用于会计工作，并由此引出了“会计电算化”这一具有强烈中国特色的专有术语。会计电算化这一专有术语通常用来作为“使用电子计算机代替人工记账、算账、报账，以及部分替代人脑完成对会计信息的分析”这一工作的代名词。

随着计算机在会计及其有关管理领域的广泛使用，随着计算机技术特别是计算机网络技术的飞速发展，人们已不满足于仅仅使用计算机替代手工进行会计处理。面对风云变幻的市场和日益苛刻的用户需求，企业必须运用动态战略对瞬息万变的挑战做出反应。具有迅速适应客户新需求和市场新机遇的能力是企业赢得竞争胜利的决定性因素。这种能力的获得需要一个建立在计算机网络基础上的，集业务处理、计划进程管理、资源管理、财务、会计和人力资源管理于一体的集成化系统。这个系统应该解决的问题是：如何使众多先进管理思想通过计算机软件所“硬化”(将体现管理思想的有关管理制度固定化、程序化，使得制度的执行不光靠人的自觉而是带有一定的强制性)，快速地把有价值的数据分析、归纳，传送到不同的管理层，使企业的物流、资金流、信息流得以有机结合，并对业务处理的过程进行有效控制，为企业提供更科学、更专业的管理方式，为企业的决策提供依据，从而提高企业的核心竞争能力以应对激烈的世界范围的市场竞争。

在这种集成化系统中的财务会计处理与基于手工的财务会计处理具有相当大的区别，有很多新的课题需要研究，有很多新的问题需要解决。因此很多从事这一领域实务和理论工作的人员将以现代信息技术、计算机技术和网络技术为基础和基本工具，来研究和解决现代企业所面临的财务、会计工作的理论和实务称为“计算机会计”。从“会计电算化”到“计算机会计”不仅仅是一个名词的变化，这一名词的改变反映了人们对现代信息技术在财务、会计工作中的作用有了更本质的认识，从而为现代信息技术在财务、会计工作中发挥更大的作用奠定了坚实的思想和理论基础。

现实的经济活动中，企业必须以现代计算机技术、网络技术和信息技术为基础，建立和完善能充分发挥管理和预测、决策职能的会计信息系统，以满足市场经济和世界经济一体化对经济管理的需要，这已是不争的事实。本书将以此为目的来讨论有关问题。

1.1.2　计算机会计工作的基本内容

1. 研究以计算机系统为处理工具的会计基本理论

会计与社会政治、经济和技术等各方面环境的关系十分密切，处于不同环境中的会计会受到不同的影响，会计理论和方法体系也会有所差别。这些影响和差别包括：

全球经济一体化和信息化使企业面临市场竞争全球化的压力。科学技术的进步为经济全球化提供了各种必要的手段和物质保证，而其中信息技术的日新月异更成为推动经济全球化的一大动力。信息技术的发展，打破了时间和空间对经济活动的限制，为国家、企业间的经济关系的发展提供了新的手段和条件。运用网络通信、数据库、标准化等技术可以很容易地实现信息网络化、全球化，使得各种信息能够很快超越国家和个人的界限，在世界范围内有效地传递和共享，任何一个企业都可以从网上得到自己所需要的各种信息。正是在经济全球化发展的基础上，世界上的每个企业都被各种经济纽带更紧密地联系在一起，既互相依存，又互相补充。因此，每个企业也都有机会占领更大的市场，但也有可能因竞争失利而被市场所淘汰，企业面对的将是日益激烈、甚至是残酷的世界市场竞争。

客户需求的个性化使企业时刻面临用户越来越苛刻的要求。大众知识水平的提高和激烈竞争使消费者的价值观发生了显著变化，无论是对产品的花色、品种还是性能、质量，需求结构普遍向高层次发展，对产品的需求日趋多样化、个性化和不确定性，而这些都要求企业对经济活动中产生的各种信息做出快速反应，才能够适应激烈的市场竞争环境。

计算机技术和现代信息技术特别是网络技术广泛引入经济活动领域，为企业带来了诸如电子商务(EC)、网上营销等全新的经营方式。这些经营方式的出现不可避免地带来很多会计问题需要解决。这些问题是：交易有效性的确认和电子签名的鉴别；电子资金转账的处理；维护贸易各方商业信息的完整、统一及安全，以防止意外差错和欺诈行为的发生及纳税的处理等。

计算机系统作为基本工具，处理会计业务及与会计有关的辅助业务，也会对会计产生重大影响。这些影响包括：更科学也更复杂的核算方法的引入，各种经济分析方法在会计领域的应用，先进管理模式，例如，实时生产管理和“零”库存管理等引入后，会计数据的采集和利用等。

随着计算机会计信息系统日益网络化、复杂化，如何保证会计信息系统运行的安全，如何保证提供的会计信息真实、可靠成为会计信息系统应用必须解决的问题。

开发集物流、资金流和信息流为一体的，具有强大的会计核算功能和会计管理及预测、决策功能的管理软件是计算机会计发展的方向。这样的软件开发首先需要有先进的会计理论的指导和适合我国国情的管理模式。应该说，缺乏先进的会计理论的指导和适合我国国情的管理模式，是制约我国计算机会计工作发展的重要因素。这是目前亟待解决的问题。

为了解决实际工作中出现的新问题，推动会计工作的发展，研究以计算机系统为处理工具的会计基本理论、会计方法体系及会计信息系统的内部控制机制是推动计算机会计发展的当务之急。

2. 开发适用于不同企业不同层次的高水平的会计软件

在我国，计算机在会计工作应用的试点始于 1979 年，1988 年以后相继出现以开发经营通用商品化核算软件为主的专业公司。经过十几年的发展，目前国内软件市场已进入方兴未艾的时代，各种从事软件开发和销售的厂商及其代理商如雨后春笋般大量出现。不少单位也自主开发了一些供本企业使用的财会软件，并试图将其商品化以进入软件市场。这一切推动着我国计算机会计事业的发展，并为民族软件产业开辟了一片自己的天地。

目前我国财会软件开发中存在的基本问题是：尽管目前的绝大多数会计软件已脱离简单模仿手工会计业务处理，仅仅解决替代手工完成会计核算工作的阶段，开始向集购销存管理、固定资产管理、人力资源管理与账务、报表处理等子系统为一体，能够提供相当管理信息的管理型软件，甚至向 ERP 软件方向发展，但是由于各软件公司高素质技术人员缺乏，低水平的重复开发较多的状态并没有根本的改变。这种状态严重地阻碍了我国财会软件和管理软件向更高层次的发展。特别是在国外各种管理软件大举向国内渗透的今天，管理软件向何处去已成为必须解决的当务之急。因此开发具有我国特点的、基于社会主义市场经济体系的企业级管理信息系统成为计算机会计界必须解决的重要问题。

除此以外，基于我国目前各地经济发展水平差异较大、企业管理水平高低不同的实际情况，适用于中、小型企业使用的小型软件、以会计核算为主同时能够提供相当的管理信息的软件仍有较大的市场，这也是这些企业向高层次发展的一条必由之路。因此，软件开发特别是专业软件公司，应该根据社会需求和自身条件开发适用于不同企业、不同层次的高水平的会计软件产品系列，以满足不同层次的需求。

3. 计算机会计管理与应用

好的会计软件仅仅是开展计算机会计工作的一个方面，还有一个更重要的问题是如何管好、用好计算机会计信息系统，使其发挥应有的效用。计算机会计的管理与应用可分为宏观和微观两个方面。

从宏观角度看，计算机会计管理工作主要有：

(1) 建立和健全各级财政部门的计算机会计管理机构，以协调政府主管部门、软件公司和使用单位的工作。

(2) 加速计算机会计信息系统规范体系的建设，以便在原则上对计算机会计发展的重大问题做出明确的规定。由于将计算机引入会计工作不仅是会计计算工具的简单替换，而且对会计的基本理论，会计方法体系及会计信息系统的内部控制机制等带来重大影响，因此这些规定应该既满足会计工作的根本要求又必须符合计算机基本工作特点，而不应是对手工会计工作规定的简单修改和补充。

从基层单位开展计算机会计工作的微观角度，主要是解决企业管理信息化发展规划和会计信息系统使用管理制度的制订。有关内容请参看第 10 章，此处不再赘述。

1.2 会计信息系统的相关概念

本节对会计信息系统涉及的有关基本概念及会计信息系统的基本工作方式作一简略的介绍。目的是为了对会计信息系统及其在企业管理信息系统中的重要作用有一个清楚的认识，以便更好地对计算机会计信息系统进行分析。在此不涉及学术上对这些概念的讨论。

1.2.1　数据和信息

1. 数据和信息的概念

数据和信息是信息科学中最基本的两个概念。对这两个概念目前还没有一个标准、统一的定义。

一般认为数据是对客观实体的属性进行描述时，采用适当的方式记录下来的、可鉴别的符号。它既包括数量形式表达的定量属性值，也包括以文字形式表达的定性属性值。

信息这个概念一般定义为：数据加工后得到的结果，这一结果对人们的决策行为产生影响。

根据上述定义，数据和信息从形式上反映的都是客观实体属性的值。但数据强调对事实的客观记录；而信息更强调与人们决策活动的密切联系。在实际工作中，数据和信息往往很难严格区分。这是因为在整个数据处理过程中，经过处理和加工而得到的信息，往往又成为再次数据处理过程中的原料——数据。信息和数据的这种交替过程存在于数据处理的各个领域。

2. 会计数据和会计信息

在会计工作中，会计数据是指从不同来源或渠道获得的、记录在“单、证、账、表”上的各种原始会计资料。会计数据的来源广泛，既有企业内部生产经营活动产生的，也有企业外部与企业相关的各种经济活动产生的各种资料。会计数据的数量繁多，不只是指每个会计期间需要处理的数据量大，更重要的是会计数据是一种随着企业生产经营活动的持续进行，而源源不断产生并需要进行处理的数据。由于会计业务处理的特点，会计数据具有连续性、系统性和周期性的特点。

会计信息是指按会计特有的处理方法对数据进行处理后产生的，为会计管理及经济管理所需要的一部分经济信息。由于会计信息在经济管理中有极其重要的作用，因此准确、及时是对会计信息的基本要求。某些会计信息具有很强的时间性和区域性要求，往往因时间和空间的变化而失去意义和价值。根据不准确的或错误的信息做出的决策会给企业造成严重的损害。

3. 信息技术

信息技术包括两个方面，即信息的提取(信息的产生、收集、表达、检测、处理和存储等技术)和信息的使用(信息的变换、传递、显示、识别、提取、控制和利用等方面的技术)，如图 1-1 所示。

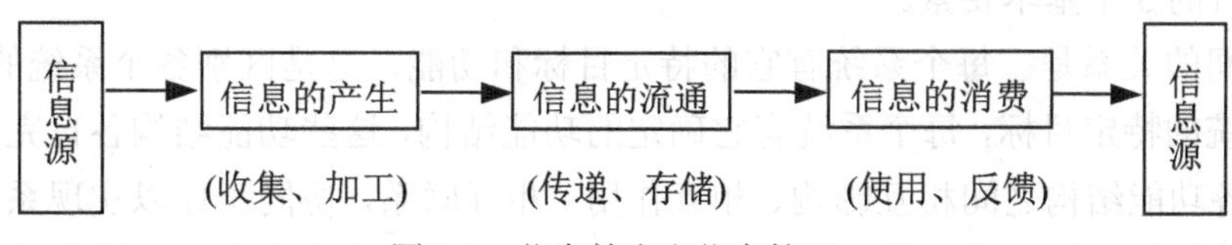

图 1-1　信息技术和信息管理

其中：

(1) 数据的收集和输入。主要包括数据的收集、记录和检验。目的是将时间和空间上分散的数据收集起来以备使用。这是数据加工的基础，必须保证收集的数据完整和准确。没有足够的数据收集就不可能有完整的信息输出。

(2) 数据和信息的存储。包括对原始数据、中间处理结果和最终处理结果的存储。以便再次加工、查询、分析数据使用。

(3) 数据的加工。包括对数据的分类、汇总、排序、检索、计算、更新等处理过程。它是数据处理的中心环节，也是形成信息的关键环节。

(4) 数据和信息的传送和输出。包括将数据和信息从一个系统(部门、地区)传送到另一个系统(部门、地区)，也包括系统内各子系统间数据和信息的互相传送，或把最终结果移交给用户。这是数据处理的目的。

数据处理是指为了一定的目的，按照一定的规则和方法对数据进行收集并加工成有用信息的过程。数据处理的方式很多，常用的方法有手工、机械和电子处理 3 种不同的方式。不同的数据处理方式在规模、效率、质量等方面是不同的，但其基本的工作环节大体相同，可分为数据的收集和输入、数据和信息的存储、数据的加工及数据和信息的传送和输出。

1.2.2 系统和系统的基本构成

1. 系统及其特点

系统是指由一系列彼此相关的、相互联系的若干部分为实现特定的目的而建立起来的一个有机整体。系统具有以下特征。

(1) 独立性。每个系统都是一个相对独立的部分。它与周围环境具有明确的界限，但又受到周围环境的制约和影响。

(2) 整体性。系统各部分之间存在相互依存关系，既相对独立又有机地联系在一起。

(3) 目标性。系统的全部活动都是为了达到特定的目标。系统中各组成部分分工不同，活动目标却是相同的。

(4) 层次性。一个系统由若干部分组成，称为子系统。每个子系统又可分成更小的子系统，因此系统是可分的，相互之间有机结合具有结构层次性。

2. 系统基本构成及相互关系的分析

系统的基本构成大致可以分成 3 部分：系统、系统内部的各个子系统、系统的周围环境。这是研究系统的 3 个基本要素。

它们之间的关系是：每个系统有它的特定目标和功能，这是区别各个系统的主要标志。为了完成系统的特定目标，每个系统有它确定的功能结构，这些功能结构各自完成系统的一部分工作。各功能结构之间相互影响、相互作用、相互联系，协同工作以实现系统的整体目标。任何系统都处于特定的环境中，系统必然要与外部环境发生各种各样的联系，受到环境变化的制约和影响。即使是所谓的“封闭系统”也只是采用各种措施，将环境的影响降低到最低限度而已。对系统研究的一个重要方面就是研究环境对系统的影响，这点对会计信息系统的研究尤为重要。

1.2.3　会计信息系统概述

1. 会计信息系统的概念

会计信息系统是指由特定的人员、数据处理工具和数据处理规程组成的对会计信息处理的有机整体。其目的是加工和利用会计信息对经济活动进行控制，满足经营管理的需要。其中规程既包括会计核算方法的规则，也包括各种会计法令、法规和管理制度。与数据处理的 3 种方式相联系，会计信息系统可以是人工的，也可以是机械的或计算机的。现代社会的信息量急剧膨胀，人们对信息的依赖程度也随着社会的发展越来越高。利用计算机作为数据处理工具代替人工处理会计信息也就成为必然。

根据单位经济工作的客观需要，会计信息系统提供的信息可以有不同的层次。这些层次包括：以提供日常核算内容为主的会计核算信息层次；以为经营、管理提供服务为主的管理信息层次和为单位重大决策服务的预测、决策信息层次。

2. 传统手工会计系统的工作方式

传统会计是指以手工为主的会计，它是一个手工数据处理系统。在这个系统中起主导作用的是专业会计人员，其中的权威是总会计师。手工系统的工作方式要点如下。

(1) 数据处理方式。手工系统的数据处理工具是算盘或计算器，计算过程中每运算一次需要重复操作一次。信息的载体是纸张构成的单、证、账、表。纸介质记录的信息转抄困难，这是手工会计记账工作量大的主要原因。但纸介质记录的内容具有很强的证据性，对于会计工作是一个很重要的优点。

(2) 数据处理流程。数据处理流程反映了数据从产生、传递到处理、审核以及存档的整个处理过程。手工数据处理过程为：

填制和审核会计凭证→登记账簿→编制会计报表

以上过程称为会计核算组织程序或账务处理程序。由于各单位的经济业务性质、管理方式、规模和业务数量各有不同，为了适应各自单位的特点，产生了科目汇总表、汇总记账凭证等不同的会计核算组织程序。这些核算组织程序的基本区别是登记总账的程序不同。

为了提供详略不同的会计信息，手工系统设置了总分类账户和明细分类账户。总分类账和明细分类账采用平行登记的方法进行记录。由于明细账记录的是逐笔的业务信息，而总分类账中记录的是相应的合计值，所以总分类账中的信息是非独立的。在手工系统中，总分类账之所以有存在的价值，是因为总账对整个账簿体系起着统驭和控制作用。通过总账与明细账之间的对账可以发现记账中的问题，及时加以纠正。这种通过低效率、重复处理来换取处理的正确和可靠是传统会计数据处理流程的一个特点。对于发生的账簿登记的错误，手工系统分别采用划线、红字更正、补充登记等留有痕迹的修改方法，以便为日后的查证提供方便。

(3) 人员构成和工作组织体制。手工系统中的人员都是专业会计人员，根据会计业务的不同内容分成一系列的专业组(工作岗位)，各专业组(工作岗位)完成会计数据的一部分处理工作。整个会计数据的处理分散在各个专业组(工作岗位)中进行，各专业组(工作岗位)间通过信息资料传递、交换建立联系，相互稽核牵制，使系统正常运转。

(4) 内部控制方式。手工系统对会计凭证的正确性，一般从经济活动的内容、数量、单价、金额、对应科目、记账方向等项目来核对，并通过制单、审核等不同岗位分工来互相促进、互相监督账目的正确性。此外还通过账证核对、账账核对、账实核对来保证数据的正确性。

3. 会计信息系统的特点

会计信息系统除了具有一般信息系统的基本特点之外，由于会计工作的特殊性还具有以下几个特点。

(1) 数据来源广泛，数据量大。

(2) 数据的结构和数据处理的流程较复杂。

(3) 数据的真实性、可靠性要求高。

(4) 数据处理的环节多，很多处理步骤具有周期性。

(5) 数据的加工处理有严格的制度规定并要求留有明确的审计线索。

(6) 信息输出种类多，数量大，格式上有严格的要求。

(7) 数据处理过程的安全、保密性有严格的要求。

1.2.4　计算机会计信息系统

计算机会计信息系统是以电子计算机技术和现代信息技术为基础，以电子计算机及其外部设备为数据处理工具，由会计信息互相联系，以各种会计制度为依据形成的一个系统。它以人和计算机的有机结合为系统的主体，构成一个人和计算机紧密结合协同工作的人－机系统。充分利用计算机快速、准确地处理和计算数据的特性，以及运算精度高、数据存储量极大、自动控制运行等特性，收集、加工、存储、传输和利用会计信息，让计算机代替人去完成人工难以实现的处理功能。极大地提高了会计信息处理的时效性和空间范围，以满足现代经济管理的需要。

1. 计算机会计信息系统的工作方式

(1) 数据处理方式。计算机会计信息系统的数据处理工具是电子计算机。在计算机会计信息系统中所有会计数据统一由计算机集中化、自动化地进行处理。一般来说，系统规模越大、复杂性越高，数据的处理越集中。在数据处理过程中，除数据的输入和必要的操作控制外，系统在程序的统一调度下由计算机快速自动地完成。

在计算机会计信息系统中所有会计数据以文件的形式组织和存放。其存放介质为硬盘或软盘等磁性介质。这些数据文件代替了手工系统中的凭证、账簿、报表及其他会计数据资料。查看这些资料必须通过程序，将数据显示在显示器或通过打印机打印成文字资料。磁介质记录的信息复制方便、查找迅速，但也有修改难以保留痕迹的问题。需要采取措施保留必要的修改痕迹。

计算机会计信息系统与手工系统一样要从原始凭证中获取会计的原始数据，为了计算机自动处理的需要，计算机会计信息系统必须对会计原始数据，例如，记录在各种凭证上的会计数据、资料(如会计科目及其编码等)，进行规范化、标准化处理。所有的数据均由计算机集中进行处理，而原始数据又必须由人工输入计算机。由于存在人工操作，出现差错在所难免，一旦出现输入错误，将会导致一系列错误发生。这就是计算机使用中很重要的一条规律："输入的是垃圾，输出的也将是垃圾"。因此在计算机会计信息系统中必须加强对采集、输入数据的校验，以保证数据的正确性和可靠性。另外，原始数据的输入是数据处理中速度最慢的一环，所以在数据的输入上必须考虑一次输入、多重利用的需要，避免同一数据的多次输入以提高系统的工作效率。

(2) 数据处理流程。计算机会计信息系统的数据处理流程与手工系统的数据处理流程有相似之处，但具体的处理环节和内容又有其自己的特点。在计算机会计系统中，日常会计数据的处理表现为：人工采集、进行标准化处理并输入计算机；由计算机集中、自动地进行处理；计算机根据使用者的需要自动输出各种会计信息。除输入过程外，数据的计算、处理的过程中几乎没有发生错误的可能性。因此在计算机会计信息系统中没有必要采用平行登记的方式，来源于记账凭证中的数据不再重复处理，统一记录于分类账中集中处理。分类账也没有必要区分总分类账和明细分类账。从而调整和取消了由于手工操作限制而人为增加的诸多重复环节，使数据处理流程更加简捷、合理。

(3) 人员构成和工作组织体制。计算机会计信息系统中，除了专业会计人员外，还需要计算机操作人员和维护人员共同进行工作。所有系统内的工作人员都应具有相当的会计和计算机知识。由于许多会计核算工作由计算机自动完成，因此会计工作组织形式将发生较大变化。通常按照数据的处理阶段分工组织。

(4) 系统的内部控制。在计算机会计信息系统中，原来手工系统内部控制制度的基本原则，例如，必须有明确的职责分工；账、钱、物三分管等仍然是系统内部控制的基本原则。但具体的控制环节和控制方法则有所不同。由于计算机会计信息系统控制的具体方式为组织管理控制与计算机程序控制相结合的方式，控制的要求更为严格，控制的内容更为广泛。与此同时，由于计算机会计信息系统以计算机网络为基本工作平台，因此在计算机会计信息系统增加了计算机硬件、系统软件和应用软件等，因此也带来了由于这些部分的引入而产生的控制问题，研究计算机网络环境下的会计信息系统内部控制问题成为计算机会计信息系统使用的重要课题。

2. 计算机会计信息系统的分类

信息系统的分类有许多方式，按功能层次来分类是一种基本的分类。

计算机会计信息系统按功能层次可以分为：

(1) 电子数据处理系统(Electronic Data Processing System，EDPS)

电子数据处理系统(EDPS)是一种面向业务数据处理的信息系统。主要功能是对业务数据进行登录、编辑、存储，按规定输出信息。它所追求的目标是用计算机代替人工操作，提高处理效率。我国目前大多数会计核算业务的计算机会计信息系统即属于这一层次。

(2) 管理信息系统(Management Information System，MIS)

管理信息系统(MIS)是为实现辅助管理功能而设计的一种信息系统。它是由 EDPS 逐渐发展形成的。主要功能是在电子数据处理的基础上，依靠电子计算机存储的数据和建立的相应经济管理模型，迅速地为管理的规划、实时控制提供必要的参考信息。一般来说，企业的计算机会计信息系统是管理信息系统的一个核心子系统。

(3) 决策支持系统(Decision Support System，DSS)

决策支持系统(DSS)是以提高决策的效果为目标，面向决策者的一种信息系统，它是由 MIS 系统逐渐发展形成的。DSS 的关键组成部分是一个以计算机为基础的、反映决策者面临的某些方面问题的模型库和对应的方法库。它们利用 MIS 系统数据库中的信息，以及大量外部的、往往是半结构化和非结构化的信息。可以使决策者模拟实际经营活动中可能出现的情况，在计算机上试验各种各样的处理方案，并且选择最优方案辅助决策。

计算机会计信息系统按系统的适用范围可以分为：

(1) 专用系统

专为某一单位使用而设计的计算机会计信息系统。

(2) 通用系统

适合于某一行业甚至多个行业的计算机会计信息系统。

计算机会计信息系统按系统的构成可以分为：单用户系统、多用户系统和网络系统等。

3. 会计信息系统与企业管理信息系统

会计信息系统是企业管理信息系统的一个核心子系统。由于历史形成的原因，计算机引入会计工作之初，主要用于替代人工进行各种会计数据的处理，并提供各种财务会计信息和一些与资金流有关的管理信息，形成独立的、主要为会计部门使用的会计信息系统。

由于这种独立于其他业务处理系统及企业生产计划和管理的会计系统越来越难以满足企业管理的需要，随着企业管理思想的不断发展和完善，人们根据不同的管理思想和模式设计出各种不同的管理信息系统。其中比较有代表性的有：20 世纪 70 年代中期在国外制造业得到广泛应用的 MRP II(Manufacturing Resource Planning，制造资源计划)系统，90 年代在 MRP II 基础上发展起来的 ERP(Enterprise Resources Planning，企业资源计划)系统。这些管理信息系统作为一种企业管理思想的体现，是一种全新的管理思想和管理模式。作为一种管理工具，它同时又是一套先进的计算机管理信息系统。它来源于企业管理实践又应用于企业管理的实践，具有计划的一贯性、管理系统性、数据共享性、动态应变性、模拟预见性、物流与资金流统一性等特性，因而易于为企业各级管理人员所接受。在这样的系统中，常规的会计与其他采购、生产、销售、技术管理等系统的界限已经不存在了。它们的数据采集、业务处理互相融合，相互支持，形成了一个信息共享、有机结合的全方位管理板块。这样的系统对加强企业管理，提高企业经济效益具有极大的作用。为此，在极短暂的时间内，它就被人们认同和接受，并为许许多多的企业带来了丰厚的收益。

需要说明的是：由于我国 MRP II、ERP 等先进的企业管理系统的研究和使用还处于起步阶段，目前国内绝大多数企业使用的还是核算型或是向企业管理信息系统方向过渡的相对独立的会计信息系统软件，因此本书涉及的仍然是这种以会计核算和提供企业资金信息为主的集财务与业务处理于一体的所谓管理型会计信息系统。这种会计信息系统比单纯为财会部门使用、以会计核算为目的的系统大大前进了一步。但是这种系统与 ERP 等财务业务有机结合、完全一体化的管理信息系统又有不同。在这样的系统中信息孤岛的现象在一定程度上仍然存在。应该说这种会计信息系统是一个不够理想的管理信息系统，但这是向 ERP 等过渡的关键和决定性的一步。因此了解这种系统的工作原理、内部结构和使用方法具有重要意义。

1.3　计算机会计信息系统的功能结构

一个实用的计算机会计信息系统，通常由若干个子系统(功能模块)组成。每个子系统(功能模块)处理特定部分的信息，各个子系统(功能模块)之间通过信息传递相互支持、相互依存形成一个完整的系统。所谓计算机会计信息系统的功能结构就是指系统由哪些子系统组成，每个子系统完成哪些功能，以及各子系统间的相互关系。

1.3.1　会计信息系统功能结构概述

企业会计信息系统的功能结构主要是随着企业需求的不断发展而逐步改进和完善的。计算机引入会计工作之初主要是以规范会计核算业务、减轻会计人员繁重的手工劳动为基本目的，因此这种以解决会计核算为目的的系统其基本构成主要由账务、报表、工资核算和固定资产核算等子系统所构成，结构简单、功能单一。

随着企业管理水平的不断提高，对会计信息系统的要求也越来越高。人们开始从企业经营管理的角度来设计会计信息系统，以便实现会计核算和财务管理一体化的目的。会计信息系统也逐渐演进成集业务处理与会计核算一体化的系统。这种系统可以跨部门使用，使企业各种经济活动信息可以充分共享，使企业各个部门可以及时得到业务处理最需要的相关信息，尽可能消除企业各部门的信息“孤岛”现象。从而实现购销存业务与财务的一体化管理，有效地实现对资金使用和财务风险的控制，提供较充分的分析决策信息。因此受到用户的欢迎。

这种财务业务一体化的会计信息系统的功能结构可以分成 3 个基本部分，它们分别是：财务、购销存和管理分析，每部分由若干子系统组成。一个好的会计信息系统应该可以根据需要灵活地选择子系统，并方便分期分批组建和扩展自己的会计信息系统。

1. 财务部分

财务部分主要由：账务处理(总账)、工资管理、固定资产管理、应付管理、应收管理、成本核算、会计报表、资金管理等子系统组成。这些子系统以账务处理子系统为核心，为企业的会计核算和财务管理提供全面、详细的解决方案。其中工资管理子系统可以完成工资核算和发放以及银行代发、代扣税等功能。固定资产管理子系统可以进行固定资产增减变动、计提折旧、固定资产盘盈盘亏等处理，以帮助企业有效地管理各类固定资产。

需要说明的是：在各种会计信息系统中一般都有成本核算子系统，成本核算子系统是以生产统计数据及有关工资、折旧和存货消耗数据为基础数据，按一定的对象分配、归集各项费用，以正确计算产品的成本数据。并以自动转账凭证的形式向账务及销售系统传送数据。但是，由于不同企业的生产性质、流程和工艺有很大的区别，单纯为成本核算而设计的系统应用非常有限。

2. 购销存部分

购销存部分以库存核算和管理为核心，包括：库存管理与存货核算、采购计划、采购管理和销售管理等子系统。购销存部分可以处理企业采购、销售与仓库管理等部门各环节的业务事项，有效地改善库存的占用情况，有效地控制采购环节资金占用，并对应收账款进行严格的管理，尽可能避免坏账的产生。

3. 管理分析部分

管理分析部分一般包括：财务分析、利润分析、流动资金管理、销售预测、财务计划、领导查询和决策支持等子系统。目前在我国大多数会计信息系统软件中有关管理分析部分都还显得不够完善，多数子系统还处于准备开发和正在开发的阶段。目前比较成熟的主要是财务分析、领导查询等子系统。有关销售预测和一些简单的决策支持等工作主要依靠诸如报表处理系统或 Excel 等通用表处理系统提供的分析统计以及图表功能来完成。

会计信息系统各部分功能结构及相关子系统的关系如图 1-2 所示。

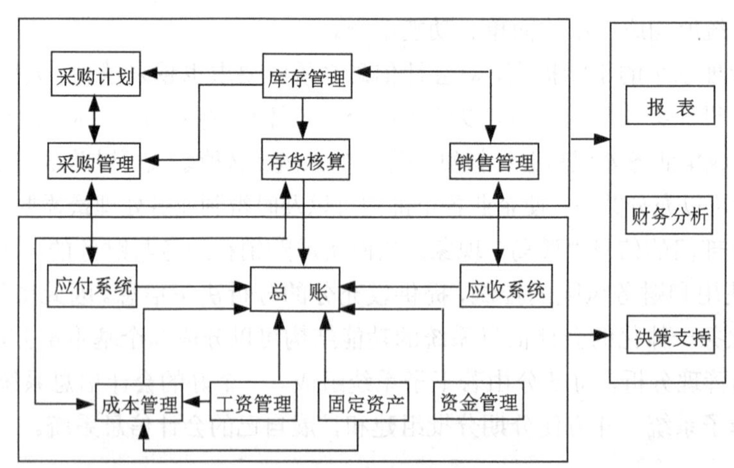

图 1-2　会计信息系统功能结构

除了以上介绍的基本子系统外，为了适应不同企业的业务处理需要，各种财务软件还设计了一些有针对性的子系统，例如，针对商业企业的商业购销存系统，该系统与某一具体业务处理相结合的子系统，例如，订单管理子系统、智能零售子系统等。

1.3.2 会计信息系统应用方案介绍

不同性质的企业对会计信息系统会有不同的需求。因此一个好的通用商品化会计信息系统的各子系统应该可以根据用户的不同需求进行灵活的组合。同样企业也应根据自己需要重点解决的问题和自己的人力、财力，选择合理的解决方案以达到物尽其用，以最少的耗费取得最大的效率。

1. 财务应用方案

财务应用方案适用于只希望使用会计信息系统解决企业会计核算与资金管理的企业。在这一方案中，系统构成为：账务处理、应收管理、应付管理、报表。其扩展子系统为：工资管理、固定资产管理、资金管理和财务分析。

使用方案是：

(1) 在账务处理及工资管理、固定资产管理子系统中完成日常财务核算。

(2) 在报表处理子系统中编制有关的财务报表。

(3) 在固定资产管理子系统中进行固定资产的日常管理及折旧的计提。

(4) 在资金管理子系统中进行企业内、外部存贷款的管理。

(5) 在财务分析子系统中制定各项支出、费用计划并进行相应的考核。

在这一方案中对往来业务一般有两种基本的处理方法。对于往来业务不多，只需要进行简单的往来管理和核算的企业，可以使用账务处理子系统提供的往来管理功能进行往来业务的处理。对于往来业务频繁，需要进行详细和严格的往来管理的企业则可以使用应收、应付子系统与账务处理子系统集成运行来解决往来管理和核算的需要。

2. 工业企业应用方案

工业企业解决方案可以全面解决企业会计核算、资金管理和购销存管理的问题。

在工业企业解决方案中，系统的标准构成为财务解决方案中的各子系统及库存核算、库存管理、采购管理、销售管理、成本核算子系统。其扩展系统为采购计划子系统。

其使用方案是：财务处理过程与财务解决方案相同。在这一方案中针对工业企业的特点增加了处理购销存业务和成本核算的相关子系统，从而使财务系统与购销存业务处理系统集成运行。为消除信息“孤岛”现象，及时传递有关信息对购销存业务的处理过程进行控制，从而为强化企业管理提供了有利条件。

3. 商业企业应用方案

商业企业由于没有产品的生产过程，因此商业企业解决方案除了没有成本核算子系统外，系统构成和解决方案与工业企业解决方案基本相同。

4. 行政事业单位解决方案

行政事业单位会计核算与财务管理的核心是预算的制定和预算执行情况的统计分析。因此这一方案中账务处理、财务分析与报表处理子系统是其核心子系统。其扩展系统为工资管理和固定资产管理子系统。

在这一解决方案中，财政预算和执行情况统计分析由财务分析子系统进行处理。在账务处理子系统中进行会计核算并根据财务分析子系统中制定的预算进行资金控制。

1.4　计算机会计信息系统技术基础

随着计算机技术的飞速发展，计算机在各个技术领域和整个社会的各个方面都得到了广泛的应用。大量数据信息的收集、处理、传播和使用，社会信息化、数据的分布处理，使单台计算机处理已无法满足需要，人们需要一种能够共享这些数据、信息、甚至是计算机硬件资源的方法，计算机网络由此应运而生。现代计算机网络的发展和应用，特别是国际互联网的广泛应用显示出计算机网络的无限生机。因此，目前企业的各种管理信息系统都是以计算机网络作为系统工作的技术基础。本章仅仅是概要性地介绍计算机网络的基本知识和概念，以及在网络环境下与信息资源管理密切相关的信息处理技术、网络安全技术等，以期读者对管理信息系统的技术基础有一个基本的了解。

1.4.1　计算机网络基础

1. 计算机网络

计算机网络是利用通信设备将具有独立功能、地理位置不同的计算机系统(如单台计算机、外部设备等)连接起来，在网络软件(如网络操作系统)的管理下能按一定的协议进行信息交换以达到信息共享和资源共享的计算机群体。通过计算机网络可以达到资源共享、实时集中控制和管理、分布处理、信息服务等功能。其中信息共享、资源共享和信息服务是建立计算机网络的基本目的。

由于计算机网络系统要完成数据处理和数据通信两大基本功能，因此它在结构上可以分成两个部分：负责数据处理的计算机与终端、负责数据通信处理的通信控制处理机与通信线路。典型的计算机网络从逻辑功能上可以分为资源子网和通信子网两部分，分别完成数据处理和数据传输功能，其结构如图 1-3 所示。

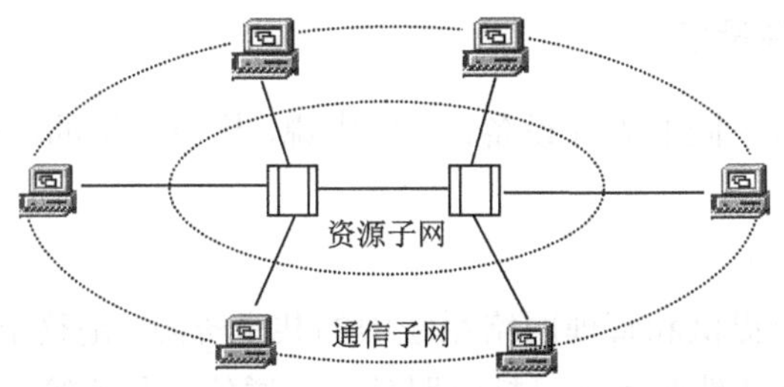

图 1-3　计算机网络组成

2. 计算机网络的分类

计算机网络分类的方法很多，主要的分类方法有两种：一种根据网络所使用的传输技术分类，另一种是按网络的覆盖范围与规模分类。按网络覆盖范围的大小、性能和使用环境分类可以很好地反映不同类型网络的技术特征。因为网络覆盖的范围不同它们所采用的传输技术也就不同，因而形成了不同的网络技术特点与网络服务功能。根据网络的覆盖范围可以将网络分为局域网、城域网和广域网。

(1) 局域网(Local Area Network，LAN)

局域网是一种覆盖范围有限、成本低、应用广、深受用户欢迎的网络类型。这种网络是伴随小型计算机和微机技术高速发展、大量使用而逐渐发展起来的。通常在一个单位(如一个学校、一个工厂或机关)范围内使用，由该单位所独有。由于组建局域网价格低廉，使用方便，性能可靠，易于建立、维护和扩展，因此近年来技术发展迅速，应用日益广泛。

局域网一般具有传输率高(0.1 Mb/s 到 100 Mb/s)、覆盖范围有限(一般不超过 10 km)、网络结构比较规范的特点。

(2) 城域网(Metropolitan Area Network，MAN)

城市地区网络通常简称为城域网。城域网是介于局域网和广域网之间的一种高速网络。城域网的设计目标是要满足几十公里范围内的大量机关、企业的多个局域网互联的需求，以实现大量用户之间的数据、语音、图形与视频信息的传输功能。

(3) 广域网(Wide Area Network，WAN)

广域网是采用远距离通信手段将不同地区、不同国家的计算机连接起来形成的规模更大、信息量更丰富的网络。广域网无论是技术上还是硬件配置上都比局域网复杂得多。广域网覆盖范围大，其覆盖范围能延伸到全国甚至全世界，但广域网的传送速率较低。由于广域网可以根据用户的需要来随意组网，因此网络结构不规范。目前最热门的 Internet 就是典型的广域网。

(4) 企业网(Intranet 网、企业内部网)

企业网是一种使用 Internet 各项技术建立起来的企业内部信息网络。它是采用网络主干线将企业各部门的局域网连接起来的一种网络。企业网从使用技术来看，可以认为是一个小型的广域网。又由于企业网局限在一个企业内部，因此又可以看成是一个大型的局域网。企业网是各种管理信息系统运行的主要技术平台。

3. 计算机网络的硬件设备

不同的网络结构具有不同的硬件设备，一般来说，构成网络的硬件设备主要有以下几个方面。

(1) 服务器

网络服务器主要用于提供和管理网络系统中的共享资源，是整个网络的中心。在基于微机的网络中服务器可分为文件服务器、打印服务器、通信服务器等。

- 文件服务器一般以大容量的外部内储器为基础，为网络中所有文件使用者提供存取服务。
- 打印服务器以高速打印机为基础为网络用户提供打印服务。
- 通信服务器承担网络中各工作站与主计算机的联系、网络与网络间的通信以及在各工作站间共享其他高速通信设备。

可以看出网络的很多功能是通过服务器来实现的，网络操作系统等网络管理软件也主要是安装在服务器上，因此服务器的性能直接影响到网络的性能。网络服务器可以由网络中高性能的微型机或工作站担当，但目前更多的是选择中、小型机甚至是大型计算机作为网络服务器。一个局域网中可以有多个服务器以实现共享资源的分布配置。

(2) 工作站

工作站也称为网络终端，是用户实际操作的计算机，它可以独立于网络之外工作，也可以与网络连接。当与网络连接时，用户可以通过它来访问网络的共享资源，使用户使用服务器上的资源就像独立使用本工作站的资源一样。

(3) 网络适配器(网卡)

网络适配器是局域网中通信控制或通信处理器。通过网络适配器可以将用户工作站或服务器连接到网络上，实现网络资源的共享和互相通信。它是网络中的关键部件，在局域网中通常将网络适配器作为插件板安装在微机的扩展槽中，因而又称为网卡。

(4) 传输介质

传输介质是网络中连接收发双方的物理通道，也是通信中实际传输信息的载体。传输介质可以是有形的和无形的。有形介质常用的有：双绞线、同轴电缆、光纤电缆；无形介质主要是无线与卫星通信信道。

由于光纤电缆保密性能好，其内部信号不易窃取且不受干扰、传输速度快，是网络传输介质中性能最好、应用前途最广泛的一种。目前我国电信系统的主干线采用的就是光纤电缆。

(5) 集线器

集线器又称为 HUB，是一种网内连接设备，它执行信息转发、信号再生、路由选择及其他相应功能。具有管理能力的智能集线器其功能更为强大。集线器性能的好坏直接影响网络数据信息传输的性能。

(6) 交换机

交换机用于连接几个独立的局域网，并在它们之间提供数据包过滤的一类设备，以实现这几个局域网间的数据交换。

(7) 调制解调器(Modem)

调制解调器是一种将计算机与电话线路连接起来的装置。它将计算机输出的数字信号转换为模拟信号，调制发送到电话线上。同样调制解调器接受来自电话线路的调制模拟信号，将信号还原(解调)转换为数字信号送给计算机。通过调制解调器的这种工作就可以实现通过模拟线路传输数字信号，使数据通过电话线路进行远程传输。调制解调器最主要的指标是传输速率，即调制解调器传递数据的速度，单位为 b/s(每秒传输二进制信息的位数)，其工作原理如图 1-4 所示。

图 1-4　调制解调器工作原理

(8) 路由器

路由器是一种具有路由选择及流量控制功能的网络设备。路由器在网络互联中起着至关重要的作用。主要用于局域网与广域网的互联。其主要功能为：路由选择、数据转发和数据过滤。

(9) 其他网络连接设备

在很多实际应用中需要将多个局域网互联起来，将两个或两个以上同种或异种局域网连接起来的设备主要有中继器、网关和网桥等。不同的网络连接使用不同的设备，它们的工作原理各不相同。

4. 网络协议与网络体系结构

为了将不同类型、不同操作系统的计算机互联起来形成一个计算机网络，就必须有一定的体系结构。一般来说，计算机网络体系结构是指网络通信系统的整体设计。其中网络协议是关键要素。

(1) 网络协议

计算机网络是由多个计算机和各类终端通过通信线路连接起来的复杂系统，系统内的计算机间需要不断地交换数据和控制信息。要做到正确地交换数据和控制信息，通信各方就必须遵守事先约定的规则。这些规则明确规定了所交换数据的格式和时序。这些为网络数据交换而制定的规则、约定与标准称为网络协议。一个网络协议主要由语义、语法和时序 3 个要素组成。

- 语法：用户数据与控制信息的结构与格式。
- 语义：需要发出何种控制信息，以及完成的动作与做出的响应。
- 时序：对事件实现顺序的详细说明。

(2) 计算机网络的体系结构

网络协议对于网络具有十分重要的意义，它是网络正常工作不可缺少的基本构成部分。一个功能完备的计算机网络需要制定一整套复杂的协议集。对于结构复杂的网络协议来说，最好的组织方式是层次结构模型。计算机网络协议就是按照层次结构模型来组织的。因此人们就将网络层次结构模型与各层次协议的集合称为网络的体系结构。

国际标准化组织(International Standardization Organization，ISO)发布的最著名的 ISO 标准是 ISO/IEC7498。该体系结构标准定义了网络互联的 7 层框架，即 ISO 开放系统互连参考模型。在这一框架下进一步详细规定了每一层的功能，以在实现开放系统环境中的互联性、互操作性与应用的可移植性。开放系统互连参考模型 OSI(Open System Interconnection)中的“开放”是指：只要遵循 OSI 标准，一个系统就可以与位于世界任何地方、遵循同一标准的其他任何系统进行通信。

需要注意的是：OSI 互连参考模型只是描述了一些概念，用来协调进程间通信标准的制定。它本身并没有为网络的互联提供一个具体的标准。

5. 网络的拓扑结构

局域网技术是当前计算机网络技术研究与应用的一个热点问题，也是目前技术发展最快的领域之一。网络的拓扑结构是决定局域网特性的主要技术要素之一。所谓网络拓扑结构是构成局域网的连接方式，即连接地理位置分散的计算机的几何逻辑方法。它决定了网络的工作原理和信息传输方法，同时也决定了网络的性能。局域网的拓扑结构主要有总线状、星状和环状结构。

(1) 总线状拓扑结构

总线状拓扑结构是局域网中主要的拓扑结构之一。总线状拓扑结构如图 1-5 所示。

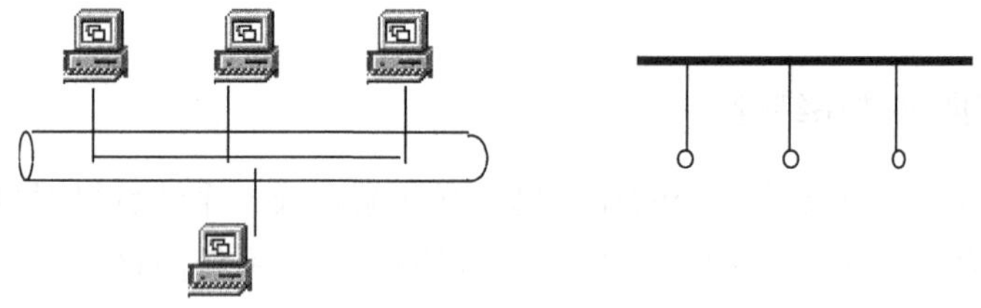

图 1-5 总线状拓扑结构

总线状局域网中所有节点都通过网卡直接连接到一条作为公共传输介质的总线上，总线一般使用同轴电缆或双绞线作为传输介质。所有节点都可以通过总线发送和接收数据，但为了避免发生“冲突”，一段时间只允许一个节点发送数据。当一个节点使用总线发送数据时，其他所有节点都可以接收到传送的数据。总线状拓扑结构简单、布线成本低、易于扩展。但由于所有节点都连接于一条共用的总线上，因此实时性较差，且发生故障不易排查。总线状局域网是一种共享介质局域网。

(2) 环状拓扑结构

环状拓扑结构也是共享介质局域网最基本的拓扑结构之一，环状拓扑结构如图 1-6 所示。

在环状拓扑结构中，节点是通过相应的网卡，使用点到点线路连接构成闭合的环形。环中的数据沿着一个方向绕环逐站传输。在环状拓扑结构中，多个节点共享一条环通路。

环状拓扑结构工作可靠性高、结构简单，但不便于扩充、系统响应时间长，且信息传输效率相对较低。环中任何一个节点出现线路故障，都可能造成网络瘫痪。

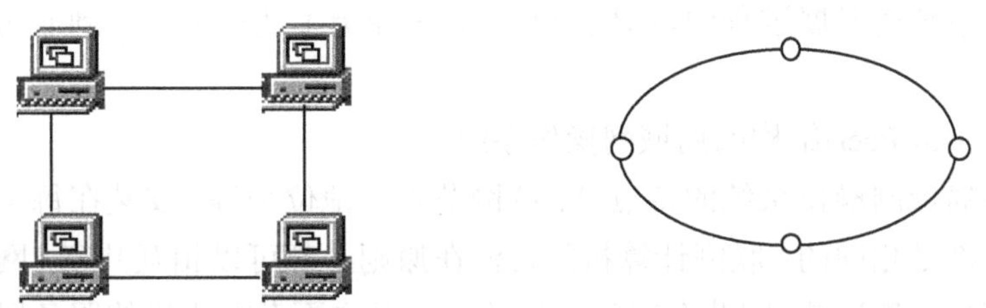

图 1-6　环状拓扑结构

(3) 星状拓扑结构

星状拓扑结构中各节点设备都与中心节点(通常使用 HUB)连接，网络中任何一个节点发送数据首先必须通过中心节点。在星状拓扑结构中，中心节点是控制中心，任意两个节点间的通信最多只需两步，所以通信传输速度快、便于控制和管理。由于采用点对点的方式布线，因此线材耗用多，建网成本较高，且一旦 HUB 出现故障整个网络将会瘫痪。星状拓扑结构如图 1-7 所示。

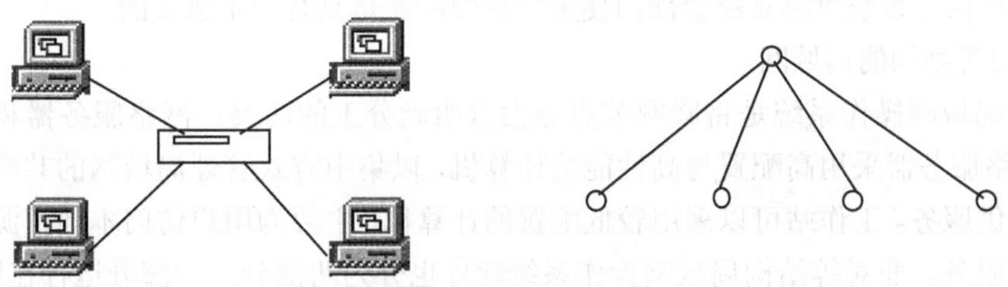

图 1-7　星状拓扑结构

1.4.2　计算机网络操作系统

企业管理信息系统的软件除应用软件(即一般所说的各种管理软件)外，操作系统是计算机系统软件的重要组成部分，它是计算机与用户之间的接口。单机操作系统主要的作用是用户合理地组织系统的工作流程，有效地管理系统。同时为用户提供各种简便有效的访问本机资源的手段。然而单机操作系统只能为用户使用本机资源提供服务，不能满足开放的网络环境的需求。网络要想正常工作，使联网的所有计算机能够既方便地使用本地资源又能够方便地共享网络中的所有资源，在计算机中就必须安装网络操作系统。网络操作系统的基本任务就是要屏蔽本地资源与网络资源的差异性，为用户提供各种基本的网络服务功能，完成网络共享资源的管理并提供网络系统的安全性服务。这里所介绍的主要是操作系统，应用软件作为本书学习的主要内容在以后各章中将作详细的介绍。

1. 局域网操作系统的分类

网络操作系统可以分为：面向任务型的网络操作系统和通用型网络操作系统。其中面向任务的网络操作系统是为某一种特殊网络应用要求而设计的。通用型网络操作系统能提供基本的网络服务功能，可以支持在各个领域应用的需要。

在网络操作系统的发展过程中，局域网操作系统经历了从对等结构到非对等结构的演变过程。

(1) 对等(Peer-to-Peer)结构的局域网操作系统

对等结构的局域网操作系统的特点是：联网节点的地位平等，安装在每个网络节点的网络操作系统软件都是相同的。联网计算机的资源在原则上都可以相互共享，网上任何两个节点之间都可以直接实现通信。因此在对等结构的局域网中不存在明确的服务器与工作站之类的分工。对等结构的网络操作系统可以提供共享硬盘、共享打印机、电子邮件、共享屏幕和共享 CPU 服务。

对等结构局域网操作系统结构简单，网中任意两个节点间均能实现通信。但由于每台联网节点既要完成工作站的功能又要完成服务器的功能，这将加重联网计算机的负荷，使计算机信息处理能力下降，因此使用对等结构操作系统的局域网规模一般较小。在各种管理信息系统中，会计系统由于其自身所具有的特殊性，目前相当一部分企业会计系统通常与企业的其他计算机信息系统保持相对独立，且目前多数企业会计系统局域网规模都不大。因此对等结构的局域网操作系统对建立财会部门使用的局域网还是具有一定意义的。

(2) 非对等结构的局域网

非对等局域网操作系统是将联网节点分为有明确分工的两类：网络服务器和网络工作站。其中网络服务器采用高配置与高性能的计算机，以集中方式管理局域网的共享资源为网络工作站提供服务。工作站可以采用较低配置的计算机，主要为用户访问本地资源和访问网络资源提供服务。非对等结构局域网操作系统软件也分为两部分，一部分运行在服务器上，另一部分运行在工作站上。由于服务器集中管理网络资源与服务，因此是局域网的逻辑中心。安装在服务器上的操作系统软件是局域网操作系统的核心部分。

(3) 基于文件服务的局域网结构

基于文件服务的局域网操作系统软件分为文件服务器软件和工作站软件。在这样的系统中文件服务器应具备完善的文件管理功能，能够对全网实行统一的文件管理，各工作站可以不参与文件的管理工作。文件服务器能为网络用户提供完善的数据、文件和目录服务。

第一代基于文件服务的局域网操作系统是一种变形级系统，即以原单机操作系统为基础，通过增加网络服务功能构成局域网操作系统。为了解决变形级系统存在的缺点，后期开发的局域网操作系统都属于基础级系统，即以计算机的硬件为基础，根据网络服务的特殊要求，利用计算机硬件和少量软件资源进行专门设计、开发的局域网操作系统。这种操作系统提供了很强的网络服务功能和优越的网络性能，为局域网的广泛使用奠定了良好的基础。目前广泛使用的局域网操作系统主要有：

- Microsoft 公司的 Windows NT(2000、XP、2003 等)；
- Novell 公司的 NetWare；
- IBM 公司的 LAN Server；
- UNIX 操作系统。

2. 局域网操作系统的基本服务功能

不同的局域网操作系统具有不同的特点，但它们所能提供的网络服务功能有很多相似之处。这些服务主要有：

- 文件服务。文件服务是局域网操作系统中最基本、最重要的网络服务功能。主要由文件服务器以集中方式管理共享文件，工作站可以根据所规定的权限对文件进行读写以及其他各种操作，文件服务器为网络用户的文件安全与保密提供必需的控制方法。
- 打印服务。打印服务也是局域网操作系统提供的最基本的网络服务功能，主要解决网络用户远程共享网络打印机的问题。
- 数据库服务。现代社会人们对信息的迫切需求，使网络数据库服务显得越来越重要。网络提供的数据库服务主要是指网络中的公共数据库可以被网中的所有用户访问。数据库可以是集中放在一个节点上，也可以是分布式的，即整个数据库放在网中若干个不同的节点上。
- 通信服务。主要解决工作站与服务器、工作站与工作站之间的通信服务。
- 信息服务。信息服务主要是电子邮件的存储、转发和文本文件、二进制文件以及图像、数字视频与语音数据的同步传输服务。
- 分布式服务。分布式服务是将分布在不同地理位置的互联局域网中的资源组织在一个全局性的、可复制的分布数据库中，网中多个服务器中都有该数据库的副本。用户在一个工作站上注册，便可与多个服务器连接。对于用户来说，一个局域网系统中分布在不同位置的多个服务器资源对于他都是透明的，用户可以用简单的方法去访问一个大型互联局域网系统。
- 网络管理服务。网络管理主要是提供网络状态监控、存储管理和网络性能分析等网络的多种管理服务。
- Internet/Intranet 服务。为适应 Internet 与 Intranet 的应用，提供对 TCP/IP 协议的支持、提供 Internet 服务、支持 Java 应用开发工具、全面支持 Internet 与 Intranet 访问。

3. 局域网操作系统——Windows 2000 中文版操作系统简介

Windows 2000 是微软公司在 Windows NT Server 中文版基础上专为企业网络所设计的操作系统。是微软公司于 2000 年发布的，号称有史以来最稳定的 Windows 操作系统。Windows 2000 自推出以来受到极大的关注，是目前使用极为广泛的局域网操作系统，也是目前大多数会计信息系统开发和运行的软件平台。

(1) Windows 2000 的版本介绍

Windows 2000 当前总共提供了 4 种版本：Professional、Server、Advanced Server 和 Datacenter Server。

Professional 基本上是属于用户端的操作系统，适合安装在企业内部的台式或笔记本计算机上。它除了具有 Windows 98 的方便性外，还强化了系统的使用、管理、安全性、网络、硬件支持等方面的功能。

Windows 2000 Server 主要用于服务器。除了作为普通服务器，系统管理员还可以视企业需要将它升级为 Windows 2000 域的域服务器。

Windows 2000 Advanced Server 主要作为电子商务或商务应用软件的平台。它除了包含 Windows 2000 Server 的全部功能，并且增加了分散式的多任务环境(丛集 clustering)的功能。

Windows 2000 Datacenter Server 是 Windows 2000 家族中最高级的产品，可作为大型数据库或大型网站的后台服务器。它包含了 Windows 2000 Advanced Server 的所有功能，并提高了各项扩展功能。

(2) Windows 2000 的软件、硬件需求

Windows 2000 可以在多种软件、硬件环境中应用。

Windows 2000 的基本硬件环境是：

- CPU。Pentium 133 MHz 或同类的 CPU。
- 内存。Professional 版至少 64 MB 内存空间。Server、Advanced Server 版至少 128 MB (建议 256 MB)内存空间。
- 硬盘。Professional 版至少 650 MB 硬盘空间。Server、Advanced Server 版至少 1 GB 硬盘空间。

Windows 2000 的软件环境是：

网络的工作站和服务器上安装 Windows 2000 需要使用 Windows 2000 的系统光盘、CD-KEY 号和相应用户数的许可协议。Windows 2000 的用户终端网络(工作站)上使用的操作系统虽然可以是 Windows 98 、Windows NT Workstation，但要充分发挥 Windows 2000 的管理远程计算机、使用较安全的登录协议等，用户端最好还是使用 Windows 2000 Professional。

(3) Windows 2000 的主要技术特点

Windows 2000 的基本功能如下：

- 多任务功能。多任务是指在同一个系统中，可以同时执行多种任务，彼此之间能独立执行或是分工合作。Windows 2000 利用抢先式多任务的原理，提高系统整体执行效果。
- 文件与打印服务器。Windows 2000 可作为文件服务器与打印服务器，并提供跨平台的服务。
- 应用服务器。Windows 2000 可以担任多层式结构中应用程序的系统平台，并结合 Web 服务，提供弹性、稳定的分步式操作环境。
- 集中管理。Windows 2000 以域为管理单位，方便系统管理员集中管理域内的用户、计算机以及各种设备。
- 远程访问服务。Windows 2000 可以提供远程访问的服务，让用户端通过调制解调器等设备联机进入域。

Windows 2000 新增的功能如下：

- 支持最新的多种硬件设备。Windows 2000 号称支持 11 000 种以上的各类硬件设备，使得操作系统可以充分发挥最新的硬件设备的功能。如支持即插即用设备功能，支持

高级设置及电源接口(ACPI)、图形加速端口(AGP)、通用串行总线(USB)等。

- 加强存储介质的管理。如支持多种文件系统；增加磁盘配额功能使系统管理员可以控制用户的磁盘使用空间；可以对文件或文件夹加密，即使硬盘被盗，他人也不能解读加密过的文件或文件夹；加强远程存储；提供磁盘整理工具；增强备份程序等。
- 增加管理工具。Windows 2000 特别强调“零管理”概念，以尽量减少网管人员的工作负荷。如 Windows 2000 通过 MMC 整合了管理界面，使 Windows 2000 的所有管理工具都遵循同一规格，方便系统管理员的操作；采用组策略，可让系统管理员集中管理用户与计算机的环境；通过委派管理来分散管理工作；采用分布式文件系统，可以方便系统管理员与用户访问分布在整个网络上的文件等。
- 提高系统安全性和稳定性。加强了安全功能和系统保护功能，以提高系统的安全性和稳定性。
- 提供网络功能。支持异步传输方式与光纤通道、改善路由结构等，提供了更多网络功能。

1.4.3　信息资源管理技术

企业信息资源管理可以从管理机制和技术两个方面去实现。在管理机制方面包括：制定并落实信息资源的管理制度，建立信息资源管理的规范和标准，建立和培养信息资源管理队伍以及对信息管理工作的监督和控制。在技术方面信息资源管理主要包括：信息资源调查，信息资源总体规划，信息管理软件、硬件选型及建设等。本节主要介绍与信息资源管理密切相关的数据库技术、数据仓库技术和数据挖掘技术。

1.4.3.1　数据库技术

数据库是数据管理中常用的技术，是借助于计算机保存和管理大量复杂数据和信息的软件工具。对于企业管理信息系统，可以这样来理解数据库：数据库是为了满足某一组织中多个应用需要，在计算机系统中按照一定的数据模型组织、存储和使用的相互关联的数据集合。数据库以便于存取和检索的方式组织这些信息，使用户能根据需要处理数据和完成重复的工作。

1. 数据库技术的主要特点

数据库研究的主要问题是如何科学地组织和存储数据；如何高效地获取数据和加工处理数据并保证数据的安全性、可靠性和持久性。利用数据库技术进行数据管理的主要特点如下。

(1) 数据库具有面向多种应用的、复杂的数据组织和结构

由于一个企业、一个部门有多种应用程序。为了使数据库中存储的数据能够满足多种应用的要求，它不仅要存储原始数据，还要存储数据对象间的关系，使所有应用程序的数据组织化、结构化，以减少数据的冗余，节省存储空间。

(2) 具有高度的数据独立性

数据库系统中，由于数据的存储结构和数据的逻辑结构之间是相互独立的。它们之间的映射关系是靠数据库管理系统提供的接口实现的，而应用程序直接与数据的逻辑结构相关，所以，改变数据库中数据的存储结构时，只要不改变数据的逻辑结构，就可不改变应用程序。

另外，数据的全局逻辑结构(指数据库模式)与局部逻辑结构(指应用子模式)之间具有相互独立性。当整个系统的逻辑结构改变时，可以改变全局模式与每个应用于模式之间的映射关系，而与某个具体应用相关的子模式可以不改变。因而该应用程序也不用改变。从而简化了应用程序的编制和维护。应用程序、数据的逻辑结构和数据的物理结构之间的映射关系如图 1-8 所示。

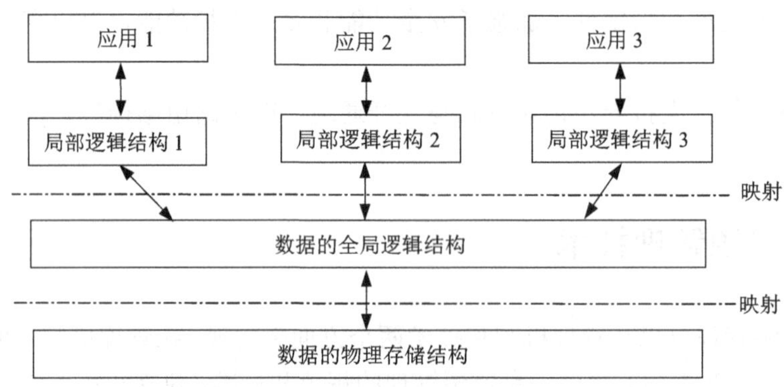

图 1-8　应用程序、数据的逻辑结构和数据的物理结构之间的映射关系

(3) 实现了数据的高度共享，并保证数据的完整性和安全性

使用数据库可以实现数据资源的共享，可使多个用户同时并发地存取同一个数据库或数据库中相同的数据项或相同的数据记录。为此，数据库管理信息要提供 3 种控制机制：多用户并发控制机制、数据完整性管理和数据的安全性保证机制。

2. 数据库的类型

数据库有多种分类，数据库系统按其规模大小可分为：小型数据库，如 FoxBase、Access 等；中、大型数据库，如 SQL Server、INFORMIX、Sybase、Oracle 等。多数商品化管理软件针对不同规模的企业可以允许同一个软件选配不同的数据库系统。这时往往按数据库规模来判定。

对于系统开发来说，对数据库的分类，更多考虑的是数据库的数据模型。这是因为不同数据模型的数据库其开放性不同，而开放性较差的数据模型在模式建立后增加或删除实体都比较困难，因此难以参与数据集成。在购买企业管理信息系统软件时，一定要了解软件是在什么类型的数据库上开发的，以避免将来系统集成时产生不必要的麻烦。

按数据模型来划分数据库可分为：层次数据库、网状数据库、关系数据库、面向对象数据库、工程数据库、多媒体数据库等。其中层次数据库和网状数据库已遭淘汰，关系数据库在一般信息系统中正在发挥着巨大作用，几乎所有大型数据库都是关系数据库。面向对象数据库、工程数据库和多媒体数据库正在蓬勃发展中。

关系型数据库由若干个关系组成，每个关系都用一张二维表描述，每个关系均有一个名称。每个关系表是若干个记录的集合，每个记录都包含若干属性，关系数据库就是大量二维关系表组成的集合。一个关系表通常存储在计算机磁盘上的一个文件中，一个数据库本身通常存储在计算机磁盘上的一个或几个文件中。数据文件是按用户规定的顺序和类型存储的。

关系型数据库具有结构简单，查询方便，能处理多对多关系等特点。关系数据库有坚实的理论基础，这也是关系数据库得到广泛应用的原因。

1.4.3.2　数据仓库技术

1. 数据仓库的基本概念

随着市场竞争的加剧和信息系统的发展，常常需要从大量的原始数据中提取有用的信息。由于这些信息的提取既要求联机服务，所涉及的数据量也大，使得传统的数据库系统已无法满足这种要求。

随着客户机/服务器技术的日趋成熟和并行数据库的发展，信息处理技术的发展趋势是：从大量的事务型数据库中提取数据，并将其转换为新的格式，即把数据聚合在一种特殊的格式中，为决策者提供信息支持。随着此过程的发展和完善，这种支持决策的、特殊的数据存储技术即被称为数据仓库(Data Warehouse，DW)。在对大量的会计数据进行分析时往往需要使用数据仓库技术和数据挖掘技术。

目前数据仓库还没有统一的定义，对于数据仓库可以描述为：数据仓库是支持管理决策过程的、面向主题的、集成的、稳定的、不同时间的数据集合。

数据仓库的数据量很大，一般 10 GB 左右，它是一般数据库数据量的 100 倍。

数据仓库主要应用在两个方面。

(1) 使用浏览分析工具在数据仓库中寻找有用信息。

(2) 利用数据仓库中的信息提供决策支持。

数据仓库不是现成的软件产品，而是一种解决方案，是对原始数据进行各种处理并转换成有用信息的处理过程。用户可以通过分析这些信息从而做出策略性的决策。另外，数据仓库所保存的是历史数据，一般不作修改，用户针对数据仓库的操作主要是查询。这种查询通常都非常复杂，主要有两种：一种以报表为主，从数据仓库中产生各种形式的报表；另一种则是随机的、动态的查询。

2. 数据仓库的结构

(1) 数据仓库的逻辑结构和物理结构

数据仓库是存储数据的一种组织形式，它从传统数据库中获得原始数据，先按辅助决策的主题要求形成当前基本数据层，再按综合决策的要求形成综合数据层(又可分为轻度综合层和高度综合层)。随着时间的推移，由时间控制机制将当前基本数据层转换为历史数据层。可见数据仓库中逻辑结构由 3 层到 4 层数据组成，它们均由元数据(Meta Data)组织而成。数据仓库中数据的物理存储形式有多维数据库组织形式(空间超立体形式)和基于关系数据库组织形式(由关系型事实表和维表组成)。

(2) 数据仓库系统

数据仓库系统(DWS)由数据仓库、仓库管理和分析工具 3 部分组成，其结构形式如图 1-9 所示。

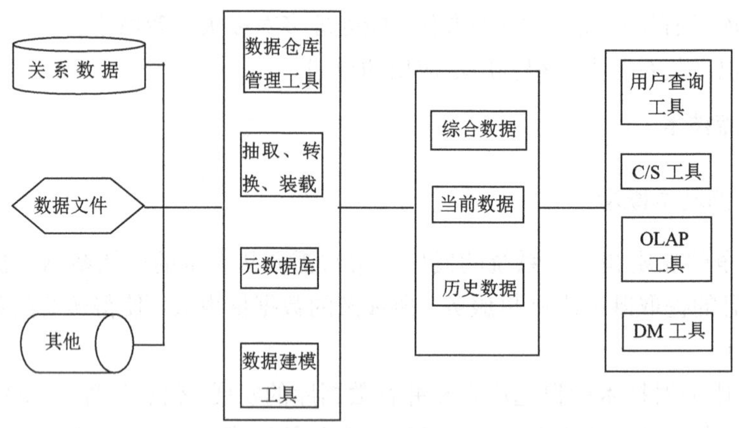

图 1-9　数据仓库系统结构

- 源数据。数据仓库的数据来源于多个数据源，包括企业内部数据、市场调查报告及各种文档之类的外部数据。
- 仓库管理。在确定数据仓库信息需求后，首先进行数据建模，然后确定从源数据到数据仓库的数据抽取、清理和转换过程，最后划分维数及确定数据仓库的物理存储结构。元数据是数据仓库的核心，它用于存储数据模型和定义数据结构、转换规则、仓库结构、控制信息等。仓库管理包括对数据的安全、归档、备份、维护、恢复等工作，这些工作需要利用数据库管理系统(DBMS)的功能。
- 分析工具。用于完成实际决策问题所需的各种查询检索工具、多维数据的 OLAP 分析工具、数据开采 DM 工具等，以实现决策支持系统的各种要求。

1.4.3.3　数据挖掘技术

数据仓库使企业拥有大量信息和对信息的直接利用。如何才能从这些数据中捕获到真正有用的信息并做更深入的应用，使其在企业管理和决策中发挥最大作用，是企业管理信息化工作的重要环节。能够有效解决这个问题的最新技术就是数据挖掘技术。数据挖掘可以描述为：从大量的数据中发现新的、更重要的信息，很可能使决策更为有效，这个过程称为数据挖掘。

数据挖掘技术简单地说，是使用复杂的统计分析和模型技术来揭示隐藏在各类数据库中的模式和关系。这些模式和关系用普通方法难以发现，而数据挖掘是通过建立模型来发现这些模式和关系的。因此，数据挖掘技术的关键是建立模型。能否从大量的数据记录中挖掘出有用的信息和知识，主要取决于两个方面：一是确定分析算法；另一个是要对企业的数据有深刻的理解。

1.4.4 信息资源处理模式

在企业管理软件的设计上，信息资源常用的处理模式主要有：主机/多终端方式，文件服务器、客户机/服务器和浏览器/服务器模式等。其中客户机/服务器模式是信息资源处理的一种重要方式，在管理信息系统中应用极为普遍。随着 Internet 的快速发展，在网络系统中越来越广泛地使用浏览器/服务器模式。客户机/服务器模式和浏览器/服务器模式是目前管理信息系统设计的基本模式。

1. 主机/多终端方式

主机/多终端方式又称为集中式。这种方式，系统所有的程序都在主机中运行，所有数据都存放于主机内，用户通过本地或远程终端访问主机。终端仅由键盘、显示器及与主机通信的设施组成(哑终端)。在计算机发展的早期，由于计算机价格昂贵、专业人员缺乏，这种方式曾在比较长的一段时期内被广泛应用。

2. 文件服务器模式

文件服务器模式(File/Server，F/S)是指在局域网中，数据是集中存放的，而所有的应用处理和数据处理却是分散于用户所使用的计算机一端。数据集中存放于文件服务器上，该服务器仅负责从服务器硬盘上查询所需要的数据文件并通过网络发送给计算机用户。用户的计算机上有数据库管理系统，负责处理服务器来的数据文件，处理完的结果又以数据文件的方式通过网络存放于文件服务器上。

在文件服务器模式下，当企业日益发展，部门间相互传输的数据量日益增大时，局域网负担会过重。为了减轻网络传输的负荷，人们也会自然想到有无必要经网络传输全部数据文件。因为事实上，很多查询仅是有限几个数据或是几条记录，在网上传送整个文件是没有必要的。这就要求服务器一方具有处理能力，仅将处理的结果经网上传送。因而文件服务器不仅存放文件还应有处理能力。

3. 客户机/服务器模式

客户机/服务器模式(Client/Server，C/S)虽然是代表 20 世纪 90 年代的计算模式，但客户机/服务器的概念在 20 世纪 80 年代就出现在软件界。它最早用于描述软件的体系结构，表达两个程序之间的关系。即一个程序为应用程序，而另一个程序为其服务，称为服务程序。

集中式和文件服务器模式这两种模式顺应了当时的计算机发展的技术状况，因此都在一定程度上获得了较为广泛的应用。但这两种模式在长期使用中暴露的问题，也促使技术人员考虑新的模式。随着计算机和局域网的发展，分布式体系结构的建立，客户机/服务器概念被引入到系统分布和集成的环境之中。人们认识到在信息系统中应当合理地分布数据存储和数据处理，分布(Distributed)实际是分散(Dispersed)和集中(Centralized)之间的一种合理的、艺术的平衡，系统的各个部分在逻辑上呈现为一个整体，而在物理上合理地分散。客户机/服务器模式就体现了这样一种“规模适化(Rightsizing)”的思想，故客户机/服务器模式不仅仅体现了网络的软件、硬件结构也体现了另一种思维方式。

(1) 客户机/服务器模式的基本概念

客户机/服务器模式的基本概念可以描述为：客户机/服务器模式是一种在分布式环境下的计算模式。这种模式将信息系统中的数据和逻辑处理在客户机(Client)和服务器(Server)之间进行恰到好处的分配。

客户机/服务器模式中，一个或多个客户机与一个或多个服务器，以及支持客户机、服务器进程通信的网络操作系统共同组成一个分布式计算、分布式处理的系统。在这样的系统中，应用可以分为前端的客户机和后端的服务器两部分。客户机提出服务请求，网络将用户请求传送到服务器，服务器执行用户请求完成所要求的操作，并将结果回送用户。前端客户机部分为每个用户所专有，运行在计算机或工作站上，执行前台功能。它提供一个用户界面，负责完成用户命令和数据的输入，并根据用户要求提供所得到的结果。后台服务器部分由多个用户所共享，向客户机提供服务，主要负责系统数据存储管理和提供应用服务。由于服务器有足够能力做到把其处理后用户所需数据，而不是整个文件，通过网络传输给客户机，减轻了网络的传输负担。众多的客户机则可并行地运行各自的应用处理工作，因此可以明显地改善整个系统的运行性能，有效地增加系统的可扩充性和可维护性。客户机/服务器模式可以建立在 Windows NT Server 上，也可以建立在 NetWare 上。由于客户机/服务器模式具有的这些优异性能，使其成为设计大型应用软件的理想选择。客户机/服务器模式如图 1-10 所示。

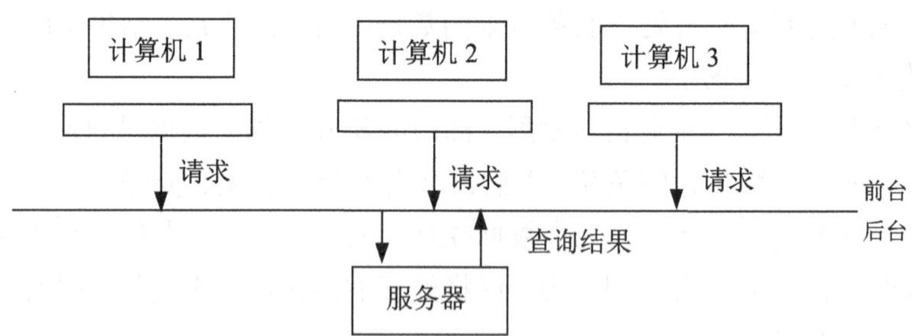

图 1-10　客户机/服务器模式示意图

从上图可见，单从物理结构和外形看，客户机/服务器模式和文件处理模式似乎没有多大区别，似乎仅将文件服务器换成为数据库服务器，但实质上区别是巨大的，因为无论从数据存储或数据处理角度看，这种模式都改变了文件处理模式，故人们并不将客户机/服务器模式称为一种网络结构或一种系统，而是一种计算模式。

(2) 客户机/服务器模式的特点

- 分离和协同工作。客户机和服务器是两个分离的逻辑实体，但它们之间又彼此协同工作。服务器提供服务，客户机请求服务，是服务的消费者，它们之间根据服务的观点对功能进行了明确的划分。
- 共享资源。一个服务器可以在同一时刻对许多客户机进行服务并且协调它们对于共享资源的访问。

- 可扩展性。客户机/服务器系统可以水平或垂直扩展。所谓水平扩展是指可以添加多个客户机而不会对系统性能造成太大影响；所谓垂直扩展是指可以移到更大、更快的服务器上或移到多台服务器支持的系统中。
- 基于消息的交换。客户机和服务器是一对耦合的系统，它们之间通过消息(Message)机制发生交换行为，消息是服务请求与回答的收发机制。
- 服务封装。服务功能封装于服务器中，服务器像一个专家，只要接到请求，就会自行决定提供服务，因此只要消息接口不发生变化，服务器的版本升级对客户机就没有任何影响。
- 规模适度优化。客户机/服务器模式在客户机和服务器各方面合理地分配了业务处理逻辑功能和数据的存储，最大限度地发挥了客户机、服务器和网络系统的效益，是一种规模适中的模式。
- 服务器对用户透明。一个与服务器通信的客户机可以完全不知道服务器的软件和硬件以及物理特点。

4. 浏览器/服务器模式

浏览器/服务器模式(Browse/Server，B/S)是一种基于 Internet 和 Intranet 基础上的应用模式。浏览器/服务器模式中，对数据的处理和运算本质上与客户机/服务器模式相似。但由于浏览器/服务器模式中集成了 Internet 的功能，且用户界面类似浏览器，因而可以方便地进行跨地区的访问，极大地方便了用户的使用。因而是一种极具发展潜力的应用模式。

(1) 浏览器/服务器的 3 层计算模式

随着 Internet/Intranet 快速发展，针对客户机/服务器模式不足之处，一种新兴的分布式计算模式——浏览器/服务器应运而生。本质上，浏览器/服务器模式也是一种客户机/服务器模式，它是一种由传统的二级客户机/服务器模式发展而来的三级客户机/服务器模式，并结合 Web 应用而生成的。

在基于 Internet 的 3 层浏览器/服务器模式中，应用模型被清晰地划分为表示层(Presentation)、业务逻辑层(Business Logic)和数据服务层(Data Service)，如图 1-11 所示。

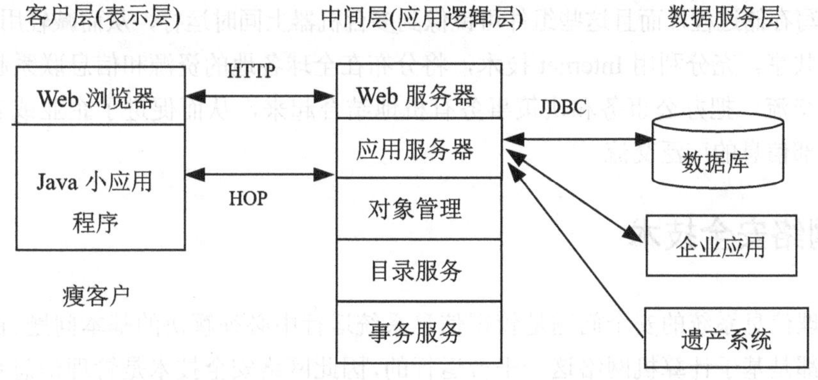

图 1-11　浏览器/服务器 3 层计算模式

浏览器/服务器模式简化了客户机的工作，主要负责显示数据和用户交互的表示逻辑。这样客户机上只需安装简单配置的客户端软件，形成所谓的瘦客户。在客户端，不需要专门开发用户界面，统一采用 Web 浏览器与 Web 服务器建立连接。通过浏览器向分布在网络上的多个服务器发出请求，进行信息的查询、更新等。客户端运行代码可以从位于中间层的 Web 服务器下载到本地的浏览器中予以执行。

事务处理和数据存储等业务逻辑由位于中间层的应用服务器去完成。中间层由多台服务器组成，通常分为 Web 服务器、应用服务器及其他服务设施。

应用服务器负责真正实现业务逻辑服务和对数据库访问等工作。接收从 Web 服务器发出的消息，根据服务要求与其他管理和服务设施交换，实现资源的存取和返回应答等功能。可利用多进程/线程、动态负载平衡、对象管理、目录服务、事物服务等特性，提高数据访问性能和响应速度。

数据服务层由数据库系统和已有系统组成，负责管理应用系统的信息资源，根据应用服务的请求进行资源操作，并将操作结果返回应用服务器。

(2) 3 层浏览器/服务器模式的优势

结构浏览器/服务器模式的信息系统具有标准化、开放性、分布式等许多优势，对传统的管理信息系统的体系结构产生了重大影响，主要体现在以下几个方面。

- 使用简单。客户端用户使用单一的浏览器软件，特别适合非计算机人员使用，也避免了用户端应用程序版本控制和更新的困难。
- 维护方便。业务逻辑集中放置在服务器上，由所有的用户共享，使系统的维护工作方便集中。
- 标准化。Intranet 采用事实上工业标准的协议和技术标准，具有良好的扩展性和开放性。
- 安全性。客户不再直接访问数据库，安全管理可以基于组件来授权，而不是授权给用户，从而提高安全性。
- 降低负荷。应用程序组件可以共享与数据库的连接，数据库服务器不必为每个活动用户保持一个连接，从而降低了数据库服务器的负担。
- 减少工作量。开发人员可以在业务逻辑层利用常用开发工具开发可重用组件，而不是编写存储过程，而且这些组件可镜像到多台机器上同时运行，从而减轻用户的负载。
- 资源共享。充分利用 Internet 技术，将分布在全球各地的资源和信息联系起来。
- 信息交流。把办公事务和决策事务有机地结合起来，从而促进了企业或者企业联盟中内部信息的广泛交流。

1.4.5　网络安全技术

企业管理信息系统的安全问题是管理信息系统运行中必须解决的基本问题。由于管理信息系统几乎都是基于计算机网络这一平台运行的，因此网络安全技术是管理信息系统重要的基础技术。保护网络安全的技术很多，本节就目前较为流行的防火墙、加密、身份认证技术、防病毒技术作一简单介绍。

1.4.5.1　系统防火墙技术

1. 防火墙的基本概念

防火墙是指一个由软件系统和硬件设备组合而成的，在内部网和外部网之间的界面上构造的保护屏障。所有的内部网和外部网之间的连接都必须经过此保护层，在此进行检查和连接。只有被授权的通信才能通过此保护层，从而使内部网络与外部网络在一定意义下隔离，防止非法入侵、非法使用系统资源，执行安全管制措施，防止企业信息从企业的网络上被非法输出，记录所有可疑的事件。

2. 防火墙的功能

(1) 保证企业网络平台不受到入侵。该保障要求防火墙封锁所有信息流，然后对希望提供的服务逐项开放。这是一种非常实用的方法，可以营造一种十分安全的环境，因为只有经过仔细挑选的服务才被允许使用。

(2) 提供完善的审计机制。对所有的事务处理进行审计，以便安全管理和责任追究。

(3) 保护关键部门不受到来自内部或外部的攻击。

(4) 确保所有应用都是授权访问。为通过 Internet 与远程访问的雇员、客户、供应商提供安全通道。

(5) 数据源控制。使用过滤模块来检查数据包的来源和目的地，根据系统管理员的规定接收或拒绝接收数据包。

(6) 应用级控制。扫描数据包的内容，查找与应用相关的数据。

(7) 网络数据包级控制。在网络层对数据包进行模式检查。

(8) 广泛的服务支持。通过将动态的、应用层的过滤能力和认证相结合，可实现 WWW 浏览器、HTTP(超文本传输协议)服务器、FTP(文件传输协议)等的支持。

(9) 使用授权控制。客户端认证只允许指定的用户访问内部网络，或选择服务。

(10) 反欺骗。欺骗是从外部获取网络访问权的常用手段，它使数据包好似来自网络内部，防火墙能监视这样的数据包并扔掉它们。

3. 防火墙的组成

防火墙主要包括安全操作系统、过滤器、网关、域名服务和 E-mail 处理 5 部分。有的防火墙可能在网关两侧设置两个内、外过滤器，外过滤器保护网关不受攻击，网关提供中继服务，辅助过滤器控制业务流，而内过滤器在网关被攻破后提供对内部网络的保护。防火墙本身必须建立在安全操作系统所提供的安全环境中，安全操作系统可以保护防火墙的代码和文件免遭入侵者攻击。这些防火墙的代码只允许在特定主机系统上执行，这种限制可以减少非法穿越防火墙的可能性。具有防火墙的主机在 Internet 界面称为堡垒式计算机，它可以暴露在 Internet 中，抗击来自黑客的直接攻击。

4. 防火墙的局限性

虽然防火墙对保护网络安全具有重要作用，但是任何技术都会有其局限性。防火墙技术也不例外。防火墙技术的局限性主要表现如下：

(1) 防火墙不能抵御来自内部的攻击。防火墙只能抵御经由防火墙的攻击，不能防范不经由防火墙的攻击。防火墙只是设在内部网和 Internet 之间，对其间的信息流进行干预的安全设施。在一个单位内部，各部门之间设置的防火墙也具有类似特点，都不能用于防范内部的攻击。这些主要由内部系统的认证和接入控制机构来解决。

(2) 不能防范人为因素的攻击。对于由公司内部人员恶意攻击，用户误操作造成的威胁以及由于口令泄露而受到的攻击，防火墙无法防范。

(3) 难以完全地防止受病毒感染的软件或文件的传输。由于操作系统、病毒、二进制文件类型(加密、压缩)的种类太多且更新很快，防火墙无法逐个扫描每个文件以查找病毒。

(4) 不能防止数据驱动式的攻击。当有些表面看来无害的数据邮寄或复制到内部网的主机上并被执行时，可能会发生数据驱动式的攻击。例如，一种数据驱动式的攻击可以使主机修改与系统安全有关的配置文件，从而使入侵者下一次更容易攻击该系统。

1.4.5.2　网络加密技术

防火墙技术是一种被动的防卫技术，与之配合使用的安全技术还有数据加密技术。数据加密技术是为提高信息系统及数据的安全性和保密性，防止秘密数据被外部破译所采用的主要技术手段之一。

网络加密常用的方法有链路加密、端点加密和节点加密 3 种。链路加密的目的是保护网络节点之间的链路信息安全。端点加密的目的是对源端用户到目的端用户的数据提供加密保护。节点加密的目的是对源节点到目的节点之间的传输链路提供加密保护。

1. 信息加密技术的基本概念

(1) 加密和解密

加密是指采用数学方法对原始信息(通常称为“明文”)进行再组织，使它成为一种不可理解的形式，这种不可理解的内容称为密文。解密是加密的逆过程，即将密文还原成原来可理解的形式。

(2) 算法和密钥

加密和解密过程依靠两个元素，缺一不可，这就是算法和密钥。算法是加密或解密的一步一步的计算过程。在这个过程中需要一串数字，这个数字就是密钥。

(3) 密钥的长度

密钥的长度是构成密钥的数字的位数。密文的破译实际上是破译者经过长时间的测试密钥以找到作为密钥的数字，破获密钥后，解开密文。为了使得加密系统牢固，难以破获密钥，就必须使用长钥。例如，一个 16 位的密钥有 2 的 16 次方(65 536)种不同的密钥。顺序猜测 65 536 种密钥对于计算机来说是很容易的。如果 100 位的密钥，计算机猜测密钥的时间需要好几个世纪了。因此，密钥的位数越长，加密系统就越牢固。

2. 加密技术

目前，加密技术分为两类，即对称加密和非对称加密。

(1) 对称加密

在对称加密方法中，对信息的加密和解密都使用相同的密钥。也就是说，一把钥匙开一把锁。使用对称加密方法将简化加密的处理，进行通信的双方都不必彼此研究和交换专用的加密算法，而是采用相同的加密算法并只交换共享的专用密钥。如果进行通信的双方能够确保专用密钥在密钥交换阶段未曾泄露，那么机密性和报文完整性就可以通过对称加密方法加密信息和通过随报文一起发送报文摘要或报文散列值来实现。对称加密算法，每一对通信方需要一个密钥，众多的密钥造成密钥管理的困难。

对称加密算法的优点是有很强的保密强度，且能经受住时间的检验和攻击，但其密钥必须通过安全的途径传送。因此，其密钥管理成为网络安全的重要因素。

(2) 非对称加密

在非对称加密体系中，密钥被分解为一对，即一把公开密钥和一把专用密钥。这对密钥中的任何一把都可作为公开密钥(加密密钥)通过非保密方式向他人公开，而另一把则作为专用密钥(解密密钥)加以保存。公开密钥用于对机密性的信息加密，专用密钥则用于对加密信息解密。专用密钥只能由生成密钥对的一方掌握，公开密钥可广泛发布，但它只对应于生成该密钥的通信方。

由于加密技术是国家控制的技术。美国很多加密技术的出口自然受到美国国家安全局的限制。例如，目前美国可以使用 128 位的安全套接层技术，但出口的算法密钥一般只允许达到 40 位，它的安全性显然比 128 位的密钥算法差得多。近来美国对这方面的限制有所放松，允许出口较尖端的技术应用于银行系统。这对于整个世界银行系统的安全性是很有好处的。但就我国而言，开发自己的高强度加密技术还是很有必要的，因为只有把加密技术牢牢地掌握在自己手中，才能够比较主动地把握各类信息的安全性。

1.4.5.3 身份认证技术

强有力的身份认证技术能够在网络和信息资源周围构筑一个安全屏障，确保只有授权用户才能进入。身份认证技术发展到今天已经成为网络信息系统中必不可少的一部分，扮演着极其重要的角色。

一般来说，用户身份认证可通过 4 种基本方式或其组合方式来实现。

1. 口令方式

口令是应用最广泛的一种身份识别方式，该模式要求用户在登录系统时输入自身的账号和口令，系统根据用户的输入信息判断用户是否合法。这种方式被用于所有应用系统登录等应用。

口令一般是长度为 5 位至 8 位的字符串，由数字、字母、特殊字符、控制符等组成。口令的选择一般应满足以下 3 个原则。

(1) 容易记忆。

(2) 不易猜中。

(3) 不易分析。

第一条是针对用户本人而言的，另两条则是针对想非法入侵系统的人而言的。但可以看出，第一条原则与另两条原则之间却有着一定的矛盾。因为容易记忆的东西往往是用户比较熟悉的，如亲友的生日、姓名、家里的电话号码等。这些虽然容易记忆，但也同时是容易猜中的。而且用户很喜欢只用小写字母或数字作为口令，这就给黑客破译口令带来了方便。所以口令的选择一定要慎重，而且应该定期更换。在满足以上条件的前提下，口令的长度应该尽量长，因为越长的口令越不容易被破译。

当然，口令的管理方式也是一个重要问题。如果用户的口令都存储在一个文件中，那么一旦这个文件暴露，非法用户就可获得口令。

2. 人体生物学特征方式

人体生物特征方式是基于某些人体生物学特征，如指纹、声音、DNA 图案、视网膜扫描，不同人相同的概率十分小，用它可直接进行身份认证。但这种方法一般造价较高，适用于保密程度很高的场合。

3. 标记方式

标记是一种用户所持有的，记录着用于机器识别的个人信息的物理介质。它的作用类似于钥匙，用于启动电子设备。访问系统资源时，用户必须持有合法的随身携带的这种物理介质。典型的物理介质是磁卡、智能卡等。智能卡的原理是在卡内安装计算机芯片以取代磁卡中的磁介质，这样就克服了磁卡易受环境影响，而且也易被修改和转录的缺陷，使身份识别更有效、更安全。但智能卡仅仅为身份识别提供了一个硬件基础，要想得到安全的识别，还需要与安全协议配套使用。

一个典型的应用是：内置智能卡芯片的通用串行总线(Universal Serial Bus，USB)接口硬件身份认证令牌。由于其具有硬件级的安全存储性能，超小便携的外形和计算机之间直接连接的方便接口，被广泛用在企业级访问控制解决方案、网上银行等应用方案中。

4. 数字签名

在日常社会生活、商务和经济往来中，盖章签名和识别签名(认证)是经常遇到的。如信件、文件、钱款的收发，挂号邮件、合同、契约及协议的签订等都离不开签名。手工签名有固定不变，易模仿，易伪造，手续繁杂等缺点。随着计算机通信网的发展，人们希望通过电子设备实现快速、远距离的沟通和交易，数字(或电子)签名应运而生。

数字签名在信息安全(包括身份认证，数据完整性，不可否认性以及匿名性等)方面有重要应用，特别是在大型网络安全通信中的密钥分配、认证以及电子商务系统中具有重要作用，数字签名是实现认证的重要工具。

数字签名与手书签名的区别在于，手书签名是模拟的，且因人而异，而数字签名是 0 和 1 的数字串，因消息而异。数字签名可做到既保证签名者无法否认自己的签名，又保证接收方无法伪造发送方的签名，还可作为信息收发双方对某些有争议信息的法律依据。因此，它除了具有手工签名的全部功能外，还能够鉴定一条消息，查证消息的发送者以及消息本身的真实性，检查通信过程中可能的欺骗和干扰，具有易更换，难伪造，可通过远程线路传输等优点。

数字签名是通过用密码算法对数据进行加、解密交换实现的。是一种利用密码技术来验证发送者身份和消息完整性的手段。用 DES 算法、RSA 算法都可以实现数字签名。

数字签名有两种：一种是对整体消息的签名，它是消息经过密码变换的被签名消息整体。另一种是对压缩消息的签名，它是附加在被签名消息之后或某一特定位置上的一段签字图样。

1.4.5.4　网络防病毒技术

目前，国内各种防病毒软件所采用的网络防病毒方法，基本可以分为：病毒预防、病毒监测、病毒消除和综合方法。

1. 病毒预防

病毒预防方法的基本做法是通过常驻计算机内存，优先获得系统的控制权，监视和判断系统中是否有病毒存在，进而阻止计算机病毒进入计算机系统和对系统进行破坏。常用的技术手段有引导区保护，可执行程序加密，系统监控与读写控制等。

2. 病毒监测

病毒检测方法通过提取计算机病毒的各种特征来进行判断。如文件长度的变化、自身完整性校验等。病毒检测一直是病毒防护的主要方法之一，但是随着病毒的种类和可能的切入点的大量增加，识别异常代码串的进程变得越来越复杂，而且容易产生错误和疏忽。因此，最新的防病毒技术应将病毒检测、多层数据保护和集中式管理等多种功能集成起来，形成多层次防御体系，具备较强的网络病毒检测能力。

3. 病毒消除

病毒清除方法是病毒传染的反过程。病毒传染通常利用一些非法的程序和数据，去侵占磁盘的某些部位。而清除病毒软件正是找出磁盘上的这些病毒代码，并把它们除掉，恢复磁盘的原状。病毒清除软件是消除病毒危害的有效方法。但清除病毒软件只能检测杀除已知病毒，而对新病毒却无能为力，必须随着新病毒的出现而不断升级。

4. 防病毒控管系统

防毒中央控管系统是一整套防病毒管理平台，可让管理人员通过单一的主控台管理网络内的所有防病毒软件，具有平台独立等特点。

1.5　本书基本的逻辑框架

1.5.1　本书的理论基础

会计信息系统是将计算机技术、网络技术、信息技术和管理控制理论用于财务会计工作的结果。这一客观现实决定了现代会计理论、管理控制理论和计算机技术、网络技术、信息技术是本书的理论基础。在这里需要特别指出的是以计算机和网络技术为基础的现代信息技术对会计信息系统的影响。正如《创建信息时代的组织》一书的作者在前言中所强调的：

"当信息技术取代了人的工作时，它使任务或流程自动化；

当信息技术扩展了人的工作时，它使任务或流程信息化。"①

"当利用信息技术进行重组时，它使任务或流程发生根本变化。"

这段话也非常形象地说明了"信息技术是推动社会进步和企业管理革新的能动力量"这一论断的原因。

1.5.2　本书基本的逻辑框架

本书以现代信息技术应用于会计工作所产生的重大变革为基本线索，以会计信息系统工作原理和应用方法为主体，以财务业务一体化的会计信息系统为对象，突出强调了企业会计信息系统提供企业管理信息的能力和加强会计事前、事中控制能力的问题。同时注重当代国际、国内先进管理思想及其相应管理信息系统的介绍。从而为消除信息孤岛，建立企业管理信息系统奠定坚实的基础。

本书在编写思想上特别注重理论与务实相结合，摈弃了同类教材或者单纯注重编程或者着重介绍某一财会软件具体使用方法的传统编写方法。从会计人员的需求出发，既介绍会计信息系统的内部结构，也介绍目前多数企业使用的主流软件的一般使用方法。以期在提供给读者完整的理论体系的同时，使读者掌握这一类会计信息系统软件的使用方法。因此在教材第 1 章中首先对会计信息系统的内涵和相关理论及会计信息系统的技术基础——网络系统进行介绍，系统阐述了计算机会计和会计信息系统有关的理论问题。在此基础上对构成企业会计信息系统的有关子系统在第 2 章至第 9 章中逐个进行介绍，使读者掌握各子系统设计的目的、子系统的内部结构、数据处理方法及输入、输出的内容和使用方法。在对各子系统进行介绍时本书以财务业务一体化的会计信息系统为对象，打破了同类教材通常只介绍账务处理、报表、工资和固定资产的传统。

---

① 【美】小詹姆斯 I，卡什等. 刘晋，秦静译.创建信息时代的组织——结构、控制与信息技术. 东北财经大学出版社，2000 年 10 月

在读者掌握系统使用的基本方法后，本书第 10 章介绍了企业会计信息系统建设的基本步骤和管理需要注意的问题，并在第 11 章介绍了 ERP(企业资源计划)、企业预算管理、资金集中结算等企业管理信息系统的最新发展。目的是使读者对先进的企业管理信息系统有所了解，从而明确企业会计信息系统的发展方向，并在建设企业会计信息系统的同时为今后的发展奠定基础。

需要特别强调的是：《会计信息系统》是一门实践性很强的课程，在学习本课程时必须注意理论联系实际。在这里理论联系实际包括两个层次：其一是各子系统的工作原理、内部结构、数据处理等理论内容与具体的会计信息系统软件相联系，学会目前使用广泛的财务业务一体化的会计信息系统的使用方法。其二是会计信息化理论与企业的管理时间相联系，明确理论的学习是为根据企业的具体实际，建设、使用和管理企业会计信息系统服务。企业会计信息系统建设与使用、管理的实践经验又会进一步促进有关理论的发展，从而为建立适合我国国情的、先进的企业管理信息系统理论奠定坚实的基础。

本 章 小 结

计算机会计是以计算机为基本处理工具，研究和解决现代企业所面临的财务会计工作的理论和实务的简称。开展计算机会计工作的基本目的是充分利用现代电子技术和信息技术进行企业财会信息的处理，为加强企业管理提高企业经济效益服务。

计算机会计工作的基本内容是：研究以计算机为基本处理工具的会计基本理论、开发适用于不同企业、不同层次的高水平的会计软件，推广计算机会计的应用和加强对计算机会计的管理。

计算机引入会计工作具有无可估量的重大作用。这种作用主要体现在提高了会计核算的质量和效率、增强了提供会计和有关管理信息的能力、促进了会计理论的发展。从而为会计职能从单一核算型模式向核算与管理有机结合的综合模式转变创造了良好的条件。

为了取得良好的应用效果，会计及有关管理人员应该对会计信息系统的功能结构及不同类型企业的应用方案有所了解，以便在企业会计信息系统建设中取得事半功倍的良好效果。

考虑到会计专业人员对计算机往往比较陌生，因此本章在第 1.4 节简要介绍了网络环境下会计信息系统所涉及的基本技术知识，以便于在学习相关内容时查阅。

案 例 分 析

某食品有限公司是一家私营的商贸企业，专业批发奶粉、液体奶及休闲食品，创建于 1995 年，是目前该市最大的从事专业批发奶粉、液体奶及休闲食品的现代化公司。公司实力雄厚，机构完善，覆盖了整个市区的销售网，是凯玛、博利、好运来等多家大超市的供货商，拥有稳定的客户源。

随着近年来市场需求的快速发展及市场竞争的日趋激烈，公司现有的传统信息管理方式跟目前企业快速增长的速度已相形见绌，业务处理总是拖拖拉拉，相关信息无法快速反馈，对市场变化反应极慢。该公司清醒地认识到，如不想办法摆脱目前的这种状况，公司日后必定会在不断发展壮大中处于被动。然而如何突破这种束缚企业前进的壁垒，使企业能够在稳定中获得长足的发展呢？一时之间成了摆在公司领导桌面上一道急需解决的问题。

在对自身进行诊断以后，公司发现了在管理中存在的弊端和不足，问题主要表现在：

(1) 信息实时共享差。这种情况往往使财务不能及时地反映客户与公司的往来账款，销售部门不能实时了解客户的应收款往来情况，使回款与发货的控制不能及时衔接。

(2) 库存账目不清，没有做到明细对应。仓库保管员对货物入库的情况无法及时查询，无法给销售部门提供及时的数据。

(3) 库存账目与实物对应不上，经常出现库存盘亏、盘盈现象。

(4) 销售与库存信息经常脱节，造成开了出库单，商品是否发出不清楚，商品发出多少不清楚，库存商品够不够不清楚，经常出现发错商品的现象，影响客户的满意度。

(5) 业务流程缺乏有效地实时控制，工作效率不高，送货车经常走重复的路线，造成运送货物车辆费用居高不下。

如果你作为财务主管认为：

1. 企业应该如何通过信息化手段解决企业存在的具体管理问题，以加强企业管理，提高企业经济效益，推动企业稳健发展？

2. 从加强企业财务管理的角度提出一个针对企业存在问题的解决方案。

复习思考题

1. 什么是计算机会计？计算机会计的基本工作内容是什么？
2. 数据处理的基本环节有哪些？它们的基本作用是什么？
3. 简要叙述会计信息系统的基本工作方式及其与手工系统的区别。
4. 计算机会计和手工会计在内部控制上有哪些联系和区别？
5. 为什么说企业管理现代化的重要标志是管理信息化？
6. 建立企业会计信息系统的基本目的是什么？
7. 简要叙述财务业务一体化的会计信息系统的结构和不同行业的解决方案。

第2章 系 统 管 理

系统管理是会计信息系统在财务业务一体化管理应用模式下，系统为各个子系统集成运行提供的一个公共管理平台。各种商品化会计信息系统的管理模块设计方式和功能结构差别较大，但是所有软件系统管理模块的工作原理、功能和基本的使用方法是基本相同的。本章从为会计信息系统集成运行提供公共管理平台这一基本目的出发，介绍系统管理模块的工作原理、功能结构和基本使用方法。

2.1 系统管理概述

当今，会计信息系统的发展早已超越了会计核算的范畴，成为与企业的购销存业务处理、财务数据分析密切结合的财务业务一体化的财务管理信息系统。为了完成不同的工作任务，会计信息系统本身由多个子系统组成，各个子系统服务于企业的不同层面，为不同的管理需要服务。子系统本身既具有相对独立的功能，彼此之间又具有紧密的联系，它们共用一个企业数据库，拥有公共的基础信息，相同的账套和年度账，为实现企业财务、业务的一体化管理提供了基础条件。为了对会计信息系统中各子系统的运行提供良好的服务，需要一个管理各子系统的公共任务和数据的管理平台，因此在财务业务一体化的会计信息系统中设置了系统管理子系统。会计信息系统中所有子系统的运行都必须以此为基础。

系统管理子系统具体包括以下几个方面的功能。

2.1.1 账套管理

每一个独立核算的单位都有一套完整的账簿体系，把这样一套完整的账簿体系建立在计算机系统中就称为一个账套。账套实质上是一组相互关联的数据。每一个单位都可以为其自身和每一个独立核算的下级单位建立一个核算账套。各账套数据之间相互独立，互不影响，使资源得以最大程度的利用。目前常用的会计信息系统软件都可以建立999套账套以满足企业多种会计核算和业务处理使用。

账套管理功能一般包括建立账套、修改账套、删除账套、引入账套、输出账套等。

2.1.2 年度账管理

年度账与账套是两个不同的概念。一个账套中包含了相应核算单位所有的财务数据，把这些财务数据按年度进行划分，称为年度账。年度账可以作为系统操作和管理的基本单位，因此设置年度账主要是考虑到财务数据管理上的方便性。

年度账管理包括年度账的建立、引入、输出和结转上年数据，清空年度数据。

2.1.3 系统操作员及操作权限的集中管理

为了保证系统严密的内部控制，系统管理提供了操作员及操作权限的集中管理功能。通过对系统操作分工和权限的管理，一方面可以避免与系统使用无关的人员进入系统，另一方面可以对系统所包含的各个子系统的操作进行协调，以保证职责严明，各负其责，流程顺畅。

操作权限的集中管理包括定义操作者角色、设定系统用户和设置功能权限。

2.1.4 设立统一的安全机制

对企业来说，系统运行安全，数据存储安全是必需的，为此，每个应用系统都无一例外地提供了强有力的安全保障机制。如设置对整个系统运行过程的监控机制，设置数据自动备份，清除系统运行过程中的异常任务等。

2.1.5 系统管理子系统的使用权限

鉴于系统管理子系统在整个会计信息系统中的地位和重要性，因此，对系统管理子系统的使用，系统予以严格控制。系统只允许以两种身份注册进入系统管理：一是以系统管理员的身份；二是以账套主管的身份。

1. 以系统管理员的身份注册系统管理

系统管理员负责整个应用系统的总体控制和维护工作，可以管理该系统中所有的账套。以系统管理员身份注册进入，可以进行账套的建立、引入和输出，设置操作员和权限，监控系统运行过程，清除异常任务等。

系统管理员是系统中权限最高的操作员，他要对系统数据安全和运行安全负责。通用会计信息系统中一般预置默认的系统管理员及口令，企业在正确安装应用系统后，应该及时更改系统管理员的密码，以保障系统的安全性。

2. 以账套主管的身份注册系统管理

账套主管负责某一个或一些账套的维护工作。主要包括对所管理的账套进行修改、对年度账的管理(包括创建、清空、引入、输出以及各子系统的年末结转)，以及该账套操作员权限的设置。

对所管辖的账套来说，账套主管是级别最高的，拥有所有模块的操作权限。

账套主管需要由系统管理员指定，因此首先必须以系统管理员的身份注册系统管理，建立账套和指定相应的账套主管之后，才能以账套主管的身份注册系统管理。

2.2　账套的建立和管理

在会计信息系统的使用中建立账套和对账套进行严格的管理是计算机会计信息系统有效和安全运行的基础，是一项严肃而重要的工作，需要由专人负责认真完成。对于目前绝大多数使用通用商品化会计软件的单位来说，这项工作完成得好坏对于是否能有效地完成单位会计核算和业务处理具有特别重要的意义。

2.2.1　建立账套

1. 建立账套的意义

手工会计系统进行会计核算工作时需要建立一套账簿，以便对企业发生的各种经营活动进行记录。当使用计算机会计信息系统软件代替手工进行工作时，同样需要有这样一套账簿体系以便记录经济活动有关的数据。在计算机系统中建立账簿体系的工作由建立账套功能来完成。

在计算机会计信息系统中建立账套本质上是为每一个独立核算单位准备一套数据库文件，以便记录经济活动的各种数据。由于目前绝大多数单位通过购买通用会计软件开展本单位的会计信息化工作，而每个企业的核算方法、行业特征、管理要求是各不相同的，建账的过程也是将通用软件与单位的实际业务相结合的过程。建账过程包括建立企业的单位基本信息、核算方法、编码方案等。一个通用软件能否有效地完成单位的会计核算和业务处理与这些参数的设置是否合理具有密切的关系。这些参数设置完毕，系统投入使用后，这些参数一般就不可以进行修改，因此在进行这些参数设置时，必须对企业各部门需要的管理信息进行仔细的分析，以便合理设置这些参数。

2. 建立账套的基本流程

建立账套需要按一定的顺序进行工作，各种不同的商品化软件建立账套的工作顺序设计不完全相同，但要做的工作是基本相同的。这里给出建立账套的基本流程，如图 2-1 所示。在后面将详细介绍每个环节的具体内容。

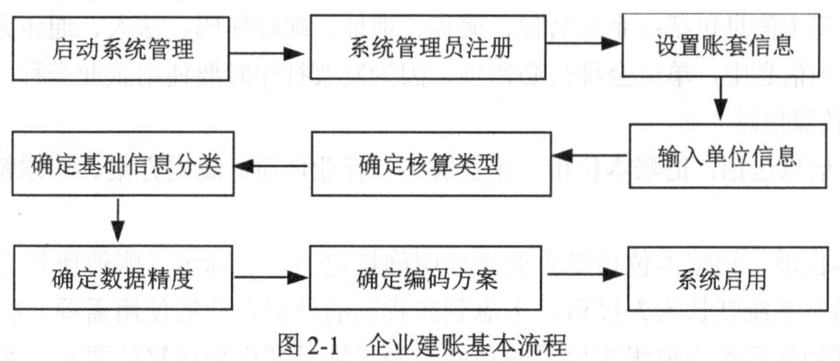

图 2-1　企业建账基本流程

3. 建立账套的设置内容

由于建立账套是企业应用会计信息系统的首要环节，其中涉及很多与日后核算相关的内容。为了方便操作，在系统管理中都设置了建账向导，用来引导用户的建账过程。建立账套时，需要向系统提供以下表述企业特征的信息，归类如下。

(1) 账套基本信息

账套基本信息包括：账套号、账套名称、账套路径及账套启用日期。

- 账套号。账套号一般是系统规定长度的一组数字，账套号不允许重复。由于在一个会计信息系统中，可以建立多个核算单位账套，为了方便系统进行处理，因此必须设置账套号作为区分不同账套数据的唯一标识。
- 账套名称。账套名称一般用来描述账套的基本特性，可以输入核算单位简称或用该账套的用途命名。账套号与账套名称是一一对应的关系，共同来代表特定的核算账套。
- 账套路径。用来指明账套数据文件在计算机系统中的存放位置，为方便用户，应用系统中一般预设一个存储位置，称为默认路径。默认路径可以允许用户更改，但除非必须修改，否则一般不要修改账套路径。
- 账套启用日期。用于规定该企业用计算机进行业务处理的起点，一般要指定年、月、日。启用日期在第一次初始设置时设定，一旦启用不可更改。
- 企业的会计期间设置。目前我国的会计信息系统软件主要是确认会计月份的起始日期和结账日期。其中会计期间的起始月主要是为了适应在不同国家使用。手工处理会计业务时，为了准时编制报表，很多单位习惯确定月末的某一天，如 28 号为结账日，结账日以后的会计业务放到下月处理。为了适应这些单位的使用习惯，软件也提供了结账日的设置。

特别需要注意的是：随着我国企业股份制改造的开展，审计调账的凭证如何处理，记录在那个会计期间的问题日益突出。手工会计业务处理，限于条件，只能是哪个月得到审计结论，调账凭证记录在哪个月。而这是违背审计应该调的是去年年底、今年年初的余额这一本意的。国外财务软件在会计期间设置功能中设置了 13 月甚至 14 月等虚拟会计期间，供调账使用，以解决调账问题的账务处理。这种设置专门的调账会计期间的设计方法是值得我国财务软件设计时借鉴的。

(2) 核算单位基本信息

核算单位基本信息包括：企业名称、简称、地址、邮政编码、法人、通讯方式等。

在以上各项信息中，单位全称是必需项，因为发票打印时要使用企业全称。

(3) 账套核算信息

账套核算信息包括：记账本位币、企业类型、行业性质、编码方案、数据精度、账套主管等。

- 记账本位币。记账本位币是企业必须明确指定的，它标示了账簿所记金额数据的比重，通常系统默认为人民币。考虑到在我国的外资企业的使用需要，很多软件也提供以某种外币作为记账本位币的功能。为了满足多币种核算的要求，系统都提供设置外币及汇率的功能。

- 企业类型。企业类型是区分不同企业业务类型的必要信息，选择不同的企业类型，系统在业务处理范围上有所不同。
- 行业性质。行业性质表明企业所执行的会计制度。由于我国还没有废止行业制度，从方便使用出发，系统一般内置不同行业的一级科目供用户选择使用，在此基础上，用户可以根据本单位的实际需要增设或修改必要的明细核算科目。
- 编码方案。编码方案是对企业关键核算对象进行分类时，规定编码的级次及各级编码的长度。以便于用户进行分级核算、统计和管理。可分级设置的内容一般包括科目编码、存货分类编码、地区分类编码、客户分类编码、供应商分类编码、部门编码和结算方式编码等。编码方案的设置取决于核算单位经济业务的复杂程度，核算与统计要求。一般来说，编码的级次越多，提供的分类信息越丰富
- 数据精度。数据精度是指定义数据的保留小数位数。在会计核算过程中，由于各企业对数量、单价的核算精度要求不一致，有必要明确定义主要数量、金额的小数保留位数，以保证数据处理的一致性。

以上账套参数确定后，系统会自动建立一套符合用户特征要求的账簿体系。

2.2.2 修改账套

账套建立完成后，如果发现有些参数有误需要修改，或者希望查看建账时所设定的信息，可以执行账套修改功能。只有账套主管有权修改账套，即便如此，有些系统已使用的关键信息仍无法修改，如账套号、启用会计期。

2.2.3 输出和引入账套

账套的输出和引入即通常所说的备份和恢复，这是保障计算机内数据安全的重要操作。

1. 账套输出

账套输出是将系统产生的数据备份到活动硬盘、U盘、可读写光盘等存储介质的操作。一方面为保证数据的完整性，另一方面当系统遭受意外破坏时，可以利用备份数据尽快恢复系统，从而保证企业日常业务的正常进行。

输出账套时需要注意以下问题。

(1) 每次输出都应该标明备份的是什么时间的数据，例如，使用输出日期作为文件放置输出的账套文件的文件夹名。以免恢复数据时发生错误。

(2) 备份的账套文件应妥善保管，以免流失。这是因为企业的会计数据往往包含了大量的企业经济秘密。

(3) 备份文件需要长期保存的应使用可擦重写光盘来备份会计数据。

2. 账套删除

如果企业初始建账时数据错误很多或某些情况无需再保留企业账套，可以将机内账套删除。账套删除会一次将该账套下的所有数据彻底清除，因此执行此操作时应格外慎重。为数据安全起见，系统一般提供账套删除前的强制备份，并且只授权于系统管理员。

3. 账套引入

与账套输出对应的是账套的引入。引入账套功能是指将系统外某账套数据引入本系统中。在计算机环境中，系统及数据安全性是企业首要关注的。无论是计算机故障或病毒侵犯，都会致使系统数据受损，这时利用账套引入功能，恢复备份数据，可以将损失降到最小。另外，这一功能为集团公司的财务管理提供了方便。子公司的账套数据可以定期被引入母公司系统中，以便进行有关账套数据的分析和合并工作。如果仅需要定期将子公司的账套数据引入到总公司系统中，最好预先在建立账套时就进行规划，使各公司的账套号不一样，以避免引入子公司数据时因为账套号相同而覆盖其他账套的数据。

2.2.4　企业年度账数据的管理

在系统管理软件中，用户可以建立多个账套，每个账套中可以放多个年度的会计数据。由于系统自动保存了多个会计年度的历史数据，对利用历史数据的查询和比较分析就比较方便。当然计算机内保存的历史数据太多也会占据较大的存储空间。为了使用户可以自由的管理多个会计年度的数据，所以系统设置了年度账管理的功能。

年度账管理主要包括：建立年度账、年度账的输出和引入、结转上年数据、清空年度账。对年度账的管理只能由账套主管进行。

1. 建立年度账

新年度到来时，应首先建立新年度核算体系，即建立年度账，再进行与年度账相关的其他操作。

2. 年度账的输出和引入

年度账操作中的输出和引入与账套操作中的输出和引入的含义基本一致，作用都是对数据的备份与恢复。但两者的数据范围不同，年度账操作中输出和引入的不是整个账套的全部数据，而是针对账套中的某一年度的数据。为了区分这两种不同类型的备份文件，系统会用特定的文件名称或扩展名来进行标识。

3. 结转上年数据

一般情况下，企业是持续经营的，因此企业的会计工作是一个连续性的工作。每到年末，启用新年度账时，就需要将上年度中的相关账户的余额及其他信息结转到新年度账中。如果企业管理信息系统涵盖了财务、供应链等多个模块，进行年度数据结转时还要注意先后顺序。

一般来说，采购系统、销售系统年度数据结转为第一级次，然后是库存管理与存货核算，当供应链的结转完成之后，就可以执行应收款管理和应付款管理的年度结转。以上各项和工资管理、固定资产管理的年度结转完成后，才可以执行成本管理的年度结转，最后是账务处理系统。

4. 清空年度数据

如果年度账中错误太多，或者不希望将上年度的余额或其他信息全部转到下一年度，这时便可使用清空年度数据的功能。“清空”并不是指将年度账的数据全部删除，而还是要保留一些信息的，如账套基础信息，系统预置的科目报表等。保留这些信息主要是为了方便用户使用清空后的年度账重新做账。

2.3 操作员及权限的管理

为了避免无关人员非法进入会计信息系统，也为了避免相关人员越权进行非法操作，会计信息系统的每一个子系统进入之前都要对操作人员进行权限检查。因此在会计信息系统使用前需要明确规定系统每一个操作人员的岗位分工和操作权限。

岗位分工与权限设置功能是对财会人员财务分工的设置和管理，即对系统操作使用人员进行的工作职责和权限的规定。会计信息系统中有一名系统管理员，为了方便用户使用，软件设计时即设定了系统管理员。用户购买软件后只需修改系统管理员的口令即可。系统管理员在系统中的作用相当于财务负责人，对系统具有最高的操作权限。系统管理员确定操作使用人员人数，并为每一名操作人员分配工作权限。

不同的会计信息系统软件，操作权限的确定方法不同，使用较多的有两种：一种以每一菜单项作为一个操作权限；另一种是将操作权限按使用模块分为账务处理、应收、库存管理与存货核算等，每一模块下又分为若干权限，如系统设置、凭证输入、凭证审核等。内部控制设计严格的软件，不光对操作的内容，如输入凭证划分权限，而且可以对使用的具体科目、有权操作的金额限制划分权限。对于大型企业这种权限控制是非常必要的。

为了完成对操作员的管理，系统设有“操作员管理”功能模块，由系统主管据此确定每一工作人员的操作权限。同时系统设有“口令修改”功能，供每名操作人员设定自己的口令。通常包括系统管理员在内的任何人员都无法查看和修改其他人员的口令。当系统启动或系统运行中更换操作人员时，系统都将查验操作人员的身份和口令并进行登录，如果输入的口令和姓名与设置不符，系统将拒绝该操作员进入，这样可以既防止工作人员越权操作，也可以防止无关人员非法进入系统。

2.3.1 操作人员工作权限划分的基本原则

操作人员的权限划分必须依据会计的有关法规和计算机会计信息系统内部控制的需要

来进行划分。一般来说，会计信息系统操作员的工作权限划分应满足以下基本要求。

(1) 不相容的职权必须分隔。例如，记账凭证的制单和审核不能是同一个人。

(2) 不相容的岗位必须分隔。例如，出纳不应兼任记账凭证的输入。

(3) 不同的处理层次一般应该分隔。例如，凭证的输入和记账、结账等工作一般应分隔。

(4) 需要重点保证数据安全的工作应与其他工作分隔。例如，支票管理功能应由专人负责。

(5) 其他制度特别规定需要分隔的应该分隔。例如，系统的开发、维护人员不应进行日常业务处理工作。

2.3.2　操作员及权限的管理

操作员指有权登录并使用系统的人。操作员管理包括：操作员的增加、修改和删除，由系统管理员全权管理。

1. 增加操作员

增加系统操作员时，必须明确以下关于操作员的特征信息：操作员编号、姓名、所属部门和操作员密码。

- 操作员编号是系统区分不同操作人员的标志，因此必须唯一。
- 操作员姓名一般会出现在其处理的票据、凭证上，因此应记录其真实姓名，以便对其操作行为进行监督。
- 操作员密码是登录系统的通行证，也是计算机环境下不同于手工操作的控制方式之一，初始时由系统管理员统一设置，使用后由操作员本人定期更改，以确保不被他人窃取。输入操作员密码时，为安全起见，一般系统要求输入两次，核对一致后才予保存。输入过程中为确保不被他人注意，往往采用屏幕屏蔽的方式，如屏幕显示“*”号用来代表录入的口令字，口令字可以为空，可以为字母、汉字、数字及部分符号。

2. 修改或删除操作员

操作员刚刚设置完成，可以对其姓名及口令进行更改，一旦以其身份进入过系统，姓名便不能被修改和删除。

3. 设置操作员权限

设置操作员权限是从内部控制的角度出发，对系统操作人员进行严格的岗位分工，严禁越权操作的行为发生。

前面已谈到系统中的两种角色，即系统管理员和账套主管。两者都有权设置操作员权限，所不同的是，系统管理员可以指定或取消某一操作员为一个账套的主管，也可以对各个账套的操作员进行授权。而账套主管的权限局限于他所管辖的账套，在该账套内，账套主管默认拥有全部操作权限，可以针对本账套的操作员进行权限设置。

账套主管自动拥有所有模块的操作权限。可以为一个操作员赋予几个模块的操作权限，如将购销存业务处理赋予一个操作员；也可以为一个操作员赋予一个模块中部分功能权限，如出纳是日常财务工作中的一个岗位，在系统中属于账务处理模块，与出纳有关的有日记账管理、出纳凭证签字、资金日报的管理等，赋权时需要将账务处理功能选中，再将其他出纳不能操作的功能细项排除即可。

如进一步，还有更为精细的功能权限的划分，目的都是方便管理，保证系统使用的安全性。

2.3.3 系统运行安全管理

在会计信息系统中不光通过设置操作员和权限对系统的使用进行事前的控制，还通过系统运行监控提供用户对系统的运行进行事中的监控和事后的查证及分析。除此以外，系统还提供了一些特殊功能以保障系统的正常、安全的运行。这些功能称为系统安全管理。

1. 系统运行监控

系统运行控制是对系统的使用进行事中监控和事后查证及分析的重要功能。目前我国有关会计信息系统的管理制度要求将系统运行监控记录作为会计档案保管。

以系统管理员身份注册进入系统管理后，可以查看到两个部分内容：一部分列示的是已经登录的子系统；还有一部分列示的是登录的操作员在子系统中正在执行的功能。这两部分的内容都是动态的，它们都根据系统执行的情况而自动变化。

除此以外，在系统管理中还提供了上机日志功能，日志记录了所有登录系统的操作员姓名和使用情况(上下机时间、操作的具体功能等情况)以便使所有的操作都有所记录、有迹可寻。以备系统管理人员事后对问题操作进行查证和对系统使用情况进行分析。

2. 注销当前操作员

如果需要以一个新的操作员身份注册进入，以启用系统其他功能，就需要将当前的操作员从系统管理中注销；或者需要暂时离开，而不希望他人对系统管理进行操作的话，也应该注销当前操作员。

3. 清除系统运行异常

系统运行过程中，由于死机、网络阻断等原因都有可能造成系统异常，针对系统异常，应及时予以排除，以释放异常任务所占用的系统资源，使系统尽快恢复正常秩序。

2.4 基础信息设置

在会计信息系统中，每一个账套都是由若干个子系统构成的，这些子系统共享公用基础信息，基础信息是系统运行的基石，是运行会计信息系统的前提条件。如果基础资料不完整，系统的日常业务处理就无法进行。因此在启用新账套之始，应根据企业的实际情况，结合系统基础信息设置的要求，事先做好基础数据的准备工作，再按照软件系统的要求将其建立到计算机系统中，这样可使初始建账工作顺利进行。

基础信息设置功能在不同的软件中设计不完全相同。目前国内软件大致上有两种设计方式。

一种是所谓渐进式的设置，即在建账时只对最基本的编码规则进行设置，基础信息的具体内容可以在系统使用过程中逐步进行设置。考虑到系统的每个子系统在单位实际应用中都可能单独运行，因此基础信息可集中在一个基础信息设置模块中设置，也可在各子系统中分别设置。这种方式用户使用比较灵活，但系统必须保证各子系统设置的同一性质的内容保持一致并共享。

另一种方式是集中进行设置，一次完成全部基础信息设置后，启用系统。系统启用后基础信息只能添加同类信息而不能修改和删除已设定的基础信息。这种方式设置较严格，用户在实现前必须做好充分的准备，保证设置一次成功完成，对于缺乏使用经验的用户来说，使用不够方便。

会计信息系统运行所需要的基础信息内容很多，一般包括：与企业管理相关的设置，如企业职能部门、职员档案信息；与往来单位相关的信息设置，如客户分类/客户档案、供应商分类/供应商档案等；基本核算信息的设置，如外币、会计科目、结算方式、银行账号等。如果还需要管理与企业购销活动相关的信息，如用应付款系统记录采购发票信息，用应收款系统记录销售发票信息，则还需要设置计量单位、存货分类及存货档案等。为了叙述的方便，本节只对涉及系统总体的基础信息设置作一原则性的介绍，大量基础信息的具体设置在各子系统中详细叙述。

2.4.1　部门档案

部门指某使用单位下辖的具有分别进行财务核算或业务管理要求的单元体，不一定与企业实际的职能部门相对应。部门档案用于设置部门相关信息，包括部门编码、名称、负责人部门属性等。其中部门属性主要用于描述部门特征，如该部门属于企业管理部门还是生产车间。

一般来说，会计信息系统中所有模块均需要使用部门档案信息。账务处理系统可以按照部门考核收入或费用；工资管理系统按部门管理发放和管理职工工资；固定资产管理系统按部门管理各项资产并计提折旧费用；应收、应付系统按部门进行业务记录，提供按部门进行考核的依据。

2.4.2　职员档案

这里的职员是指企业的各个职能部门中参与企业的业务活动，且需要对其进行核算和业绩考核的人员，如企业采购管理员、库房管理人员等。职员档案用于设置职员相关信息，包括职员编码、职员名称、所属部门、职员属性等。其中职员属性用来描述该职员是属于企业管理人员还是业务人员。

除固定资产管理系统和成本管理系统外，其他系统均可能用到职员档案信息。

2.4.3 客户/供应商分类

客户/供应商分类是指按照客户/供应商的某种属性或某种特征，将客户/供应商进行分类管理。企业可以从自身管理要求出发选择分类方式，以便于对业务数据的统计、分析。如可以按照行业或者地区对客户/供应商进行划分。

建立起客户/供应商分类后，必须将客户设置在最末级的客户/供应商分类之下。如果在建账时选择了客户/供应商分类，就必须先建立客户/供应商分类档案，再增加具体的客户/供应商档案；若对客户/供应商没有进行分类管理的需求，可以直接建立客户/供应商档案。

2.4.4 客户/供应商档案

客户/供应商档案主要用于设置往来客户/供应商的档案信息，便于对客户/供应商及业务数据进行统计和分析。客户/供应商档案中包含的信息非常丰富，不仅有反映客户/供应商基本情况的客户/供应商编码、客户/供应商名称、客户/供应商简称、所属分类和地区，还要包括与信用相关的信息，如信用等级、信用额度等，以及与收付款结算相关的税号、开户银行、银行账号等信息。

客户/供应商基础信息一般用于账务处理、应收、应付及购销存业务模块中。

2.4.5 基础信息设置的顺序

由于企业基础数据之间存在前后承接关系(如必须在设置客户分类的基础上再设置客户档案)，因此，基础档案的设置应遵从一定的顺序，如图 2-2 所示。明确了基础数据之间的关联，可以使得基础档案的设置顺利进行。图中未列出的项目，不存在先后顺序问题。

设置基础信息之前应首先确定基础信息的分类编码方案，基础信息的设置必须遵循分类编码方案中的级次和各级编码长度的设定。以会计科目编码为例，如果在确定编码方案时，设置会计科目编码规则为 4-2-2-2，意味着企业会计科目编码共分 4 级，1 级会计科目为 4 位，2 级会计科目为 2 位，3 级会计科目编码也为 2 位。那么在建立会计科目时，就需要遵从以上设置原则。

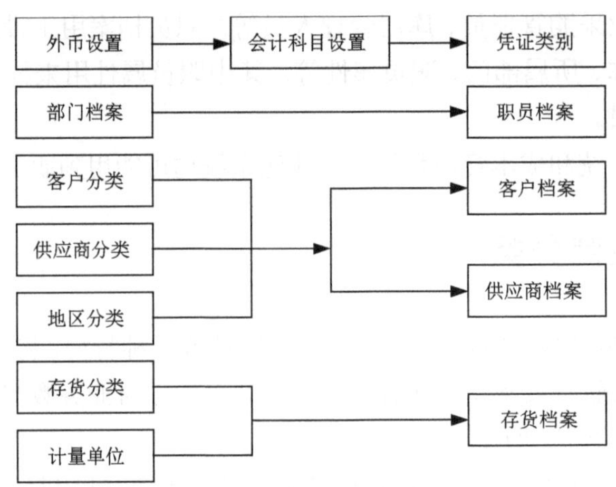

图 2-2　基础档案的设置顺序

本 章 小 结

系统管理是会计信息系统中最基础的一个部分，它对系统中所有子系统的公共任务进行统一管理，包括账套管理、年度账管理、操作员及权限管理、系统安全运行管理几个方面。基础档案设置是会计信息系统运行的基础，基础档案设置应遵从一定的顺序，要满足编码方案的需要。理解本章内容是学好会计信息系统的基础，是系统应用的良好开端。

本章的重点是账套管理、操作员及权限管理的作用及其使用方法。其中账套管理中有关参数设置和操作员操作权限的确定是本章的难点。

案 例 分 析

某家电有限公司，行业性质是制造业，主要业务是生产销售小家电，如电风扇、除湿器等。企业产品直接销售给用户和通过批发给销售商两种方式。客户以本地区为主，全国各地也有一些客户，其中北京客户较多并且是企业重点发展地区，现准备扩大北京地区的市场。企业最关注的问题是应收账款的及时收回。企业选择用友 ERP-U8 会计信息系统。信息部提出客户分类编码体系如下：

客户分类

第 1 级 1 位；(1)直接　　(2)批发

第 2 级 2 位：(201)外地　　(202)本地

第 3 级 2 位：(20201)A 产品　　(20202)B 产品　　(20203)C 产品　……(20227)其他

明细档案：(2010001)甲客户……(02010011)乙客户……

1. 作为企业财务主管你觉得这一编码方案是否合适？如果不合适你准备如何与信息部门沟通以使你的意见能够被接受。

2. 为了提供企业需要的管理信息，你觉得哪些科目需要设置成客户往来核算？

3. 作为财务主管你如何为财务部门的人员分配工作岗位和确定操作权限？

复习思考题

1. 系统管理的主要功能是什么？
2. 建立账套的意义是什么？其主要的环节有哪些？
3. 设置操作员及其操作权限的目的是什么？操作权限设置的原则是什么？
4. 什么是年度账？年度账与账套的关系是什么？年度账的管理包括哪些内容？
5. 系统安全管理包括哪些内容？
6. 输出和引入账套的作用是什么？对于会计信息系统安全使用具有什么意义？

第3章　账务处理子系统

账务处理子系统是会计信息系统的一个重要的子系统。凡是企业进行财务管理和会计核算所需的会计信息，都是由账务处理子系统对发生的经济活动的数据进行处理后取得的。账务处理子系统要涉及到整个会计核算中的记账、算账、报账过程，以及会计数据处理中的凭证、账簿，因此账务处理子系统是会计信息系统的基础和核心，是整个会计信息系统最基本和最重要的内容。

3.1　账务处理子系统的工作原理及功能结构

账务处理子系统的基本功能是将会计记账凭证经过一定的数据处理过程形成会计账簿，无论是手工条件还是计算机条件，都必须完成这一基本功能。但是计算机条件下数据处理的具体方法与手工不同，因而数据处理的流程也会发生很大的变化。

3.1.1　账务处理子系统手工处理方式

在手工条件下，会计核算具有一整套科学的方法体系。它主要包括：设置会计科目及账户、复式记账、填制与审核凭证、设置与登记账簿、成本计算、财产清查、编制会计报表。这些会计方法是相互联系、紧密结合的。其中前 4 个方法既是账务处理子系统处理业务的基础，也是记账、算账的一般方法。为了及时、正确、完整地处理会计业务，不同规模、不同业务量和业务属性的企业，采取了不同的会计核算组织程序，也称为账务处理程序，如记账凭证核算组织程序、科目汇总表核算组织程序、汇总记账凭证核算组织程序等。

3.1.2　账务处理子系统计算机处理方式

使用计算机处理会计业务，原有手工条件下根据原始凭证编制记账凭证、根据记账凭证按科目分类生成有关日记账和明细账、根据账簿记录编制会计报表，这一基本的处理程序并没有发生变化。由于计算机具有运算速度快，业务处理能力强，数据处理精度高等特点。使用计算机处理会计业务，需要根据计算机工作特点，制订计算机条件下新的的账务处理流程。计算机条件下日常会计业务的账务处理流程如图 3-1 所示。

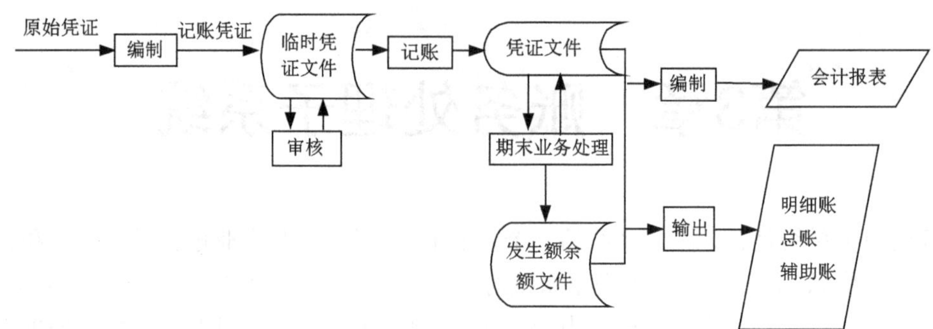

图 3-1　计算机账务处理子系统业务处理流程

3.1.3　计算机账务处理子系统的数据流程

在计算机账务处理子系统中伴随系统业务处理过程的数据流程如图 3-2 所示。

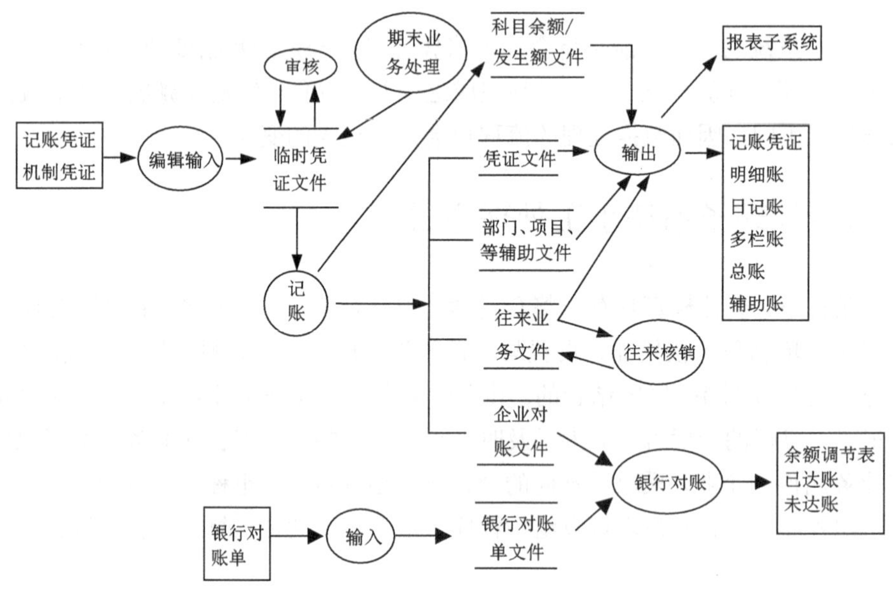

图 3-2　计算机账务处理子系统数据流程

计算机账务处理子系统中会计业务处理的基本流程如下：

(1) 编辑输入记账凭证或机制凭证。其中记账凭证是指手工输入到计算机的会计凭证，在单独使用账务处理子系统时，此类凭证是输入到计算机中的主要凭证，一般在输入时应注意审核其正确性。机制凭证是指由计算机生成的两种凭证：一种是对于某些具有规律性，且每月都发生的期末结转业务，由计算机根据设置自动生成其记账凭证，这类凭证一般称为机制凭证。另一种机制凭证是由计算机会计信息系统中其他子系统生成的记账凭证。

(2) 对输入的记账凭证进行审核。无论是手工输入的记账凭证还是机制凭证，都需要再次进行审核，以确保其正确性。

(3) 人工控制由计算机自动完成记账工作。在计算机条件下记账已不具有手工条件下将记账凭证分门别类记入账簿的含义。这里的记账操作，是指分别更新记账凭证文件，科目余额及发生额文件，部门、项目、往来等辅助文件以及单位银行对账单文件，并删除临时凭证文件中已记账的凭证。记账的另一目的是为了保证会计数据的安全和正确，对于已记账的会计数据只能使用留有痕迹的修改方法。因此记账操作在计算机条件下成为对记账凭证错误的修改是否留有痕迹的分界。

在计算机条件下，无需再区分总账、日记账、明细账。这是因为计算机具有强大的数据处理能力，需要查询、打印有关账簿时，由计算机对系统内存放记账凭证的文件自动进行处理并输出有关内容。

(4) 人工控制由计算机自动完成结账工作。当进行结账时，计算机将自动进行总账与明细账的核对，总账与各种辅助账的核对，同时结束本月业务的处理。

(5) 人工控制由计算机自动进行银行对账。银行对账是根据银行对账单文件和企业对账文件中的银行业务进行对账，同时生成银行余额调节表及已达账和未达账。

(6) 在计算机会计账务处理子系统第一次投入使用时，也有类似手工的建账工作，这一工作通过对系统的初始设置来完成。

3.1.4 通用账务处理子系统基本功能结构

一般来说，一个完整的通用账务处理子系统的功能结构包括以下几方面。

(1) 系统初始化。包括：科目、凭证类别、初始余额录入，结算方式，部门、客户、供应商、初始银行未达账、初始未核销往来账等设置。

(2) 凭证处理。包括：凭证的录入、审核、查询和修改。

(3) 账簿输出。包括：查询和打印各种已记账凭证、总账、日记账、明细账及各种汇总表。

(4) 期末业务处理。主要完成期末结转业务记账凭证的自动编制和期末结账工作。包括月末的“月结”及年末的“年结”工作。

(5) 现金和银行管理。主要是支票管理和根据输入的银行对账单及机内有关数据自动完成银行对账工作，并自动编制余额调节表。

(6) 往来管理、部门管理、项目管理等辅助核算项目的管理。

账务处理子系统的主要功能结构如图 3-3 所示。

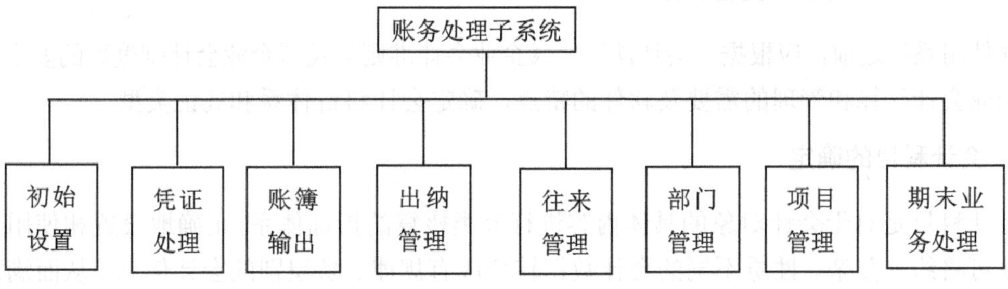

图 3-3 账务处理子系统功能结构示意图

3.2　账务处理子系统的初始化

账务处理子系统在开发过程中，重点考虑的是系统的通用性，即不同行业账务处理和财务管理的一般特性，为了满足各单位的具体情况，系统提供了初始设置功能。使用通用账务处理子系统的单位可以根据本单位账务处理和财务管理的具体情况，利用此项功能对系统进行设置，以满足本单位会计业务处理的需要，这种设置工作称为系统初始化。

3.2.1　账务处理子系统初始化设置概述

账务处理子系统的初始设置类似手工方式下确定会计科目和账户，设计记账凭证，制定记账规则，结转期初余额等初始建账工作。计算机账务处理子系统的初始设置一般由账套主管或账套主管指定的专人进行。初始设置工作在系统投入使用时进行，以后一般不再重新设置或修改，如需修改应在年末结账后进行。

账务处理子系统初始化需要设置的项目较多，根据其在账务处理子系统中的作用大致可以分成两个层次：第一个层次是系统工作必不可少的基本设置；第二个层次是为了方便用户使用，提高系统工作效率和灵活的处理会计业务能力的设置及其与财务管理有关的深入设置。

3.2.2　初始化设置前准备工作

一般软件都规定初始化设置是在系统投入使用前进行的，系统一旦投入使用，除某些项目可作少量增加或调整外，多数项目既不能够修改也不能够删除。因此进行初始化设置前必须做好充分的准备工作。

3.2.2.1　仔细阅读《使用手册》

由于所有的初始化工作都与软件的功能结构、设置方法和使用要求密切相关，因此在进行初始化准备前必须认真阅读软件的使用说明书，充分理解并掌握系统提供的功能内容及其使用方法，从而根据本单位业务处理的需要和软件的特点进行充分的准备。

3.2.2.2　确定会计科目、凭证类别等

在使用系统之前，应根据《会计法》、《企业会计准则》及《企业会计制度》的要求，结合本企业会计核算和管理的需要及软件的特点，确定会计科目体系和凭证类型。

1. 会计科目的确定

会计科目是对于会计对象的具体内容进行分类核算的指标体系。正确地设置和使用会计科目就可将纷繁复杂、性质不同的会计数据转变成有规律、易识别的会计信息，从而满足各方面的要求。

会计科目体系的设置应考虑以下几方面的要求。

(1) 设置会计科目必须满足会计核算的要求

科目的设置首先要满足会计核算的要求。要根据不同单位经济业务的特点，以全面核算其经济业务的全过程及结果为目的，使全部经济业务在所设置的科目体系中都能得到反映。

(2) 设置会计科目必须满足管理的要求

会计信息系统不是仅仅以完成会计核算为目的，还要为企业管理提供各种信息，从而为考核、分析单位的经营状况，实施控制，做出预测、决策提供依据。而这些要求都可以通过合理地设置科目体系得到满足，如费用科目按部门设置明细，可以考核各部门的费用开支情况；销售类科目按地区设置明细，可了解单位的市场情况，等等。

(3) 设置会计科目必须满足报表的要求

会计报表是会计信息系统输出的基本信息之一，报表中的各项数据应能方便地从机内账中自动生成。报表中的各个要素，应能从各级会计科目中找到。这些要素可以直接对应一个或多个完整的科目。如果一个报表要素的内容只对应一个科目的部分内容，将会给报表的编制带来极大的困难。

(4) 设置会计科目要保持相对稳定性

账务处理子系统为了保证数据处理的正确性，一般都要求在系统投入使用后，不能对科目进行修改和删除，只有年末结完账后才可以修改科目，日常业务中一般只允许增加少量的同级科目。因此进行科目设置时必须考虑企业经济活动的发展前景，留出较充分的余地。

(5) 设置会计科目要满足会计制度的要求

我国的会计制度对 1 级科目的名称、编码、使用范围都有明确的规定，不允许各单位进行修改，只能在制度允许的条件下进行适当的增删，单位在确定科目体系时必须遵循这一规定。

2. 记账凭证类型的确定

记账凭证是账务处理子系统最基本的数据来源。在账务处理子系统中确定合理的记账凭证类型，不仅可以有效地对记账凭证进行管理，还可以根据不同记账凭证的特点采取相应的控制措施来保证记账凭证中会计科目的正确使用。在账务处理子系统中记账凭证一旦设定并使用，一般来说，既不允许修改也不允许删除，因此必须根据单位会计核算和管理的需要确定好记账凭证的类别。

3.2.2.3 准备会计数据资料

在系统运行前，应对系统所需的各种基础数据进行整理，以满足系统运行的要求。这些数据包括以下方面。

1. 往来账户数据的准备

会计信息系统与手工会计相比，加强了往来核算和管理，一般会计软件对往来账户的处理是将往来账户设置成辅助账，系统在登记往来账户的总账和明细账的同时，还按单位名称和个人姓名在辅助账数据文件中按辅助账的特点进行明细登记。如果不对往来账款进行整理，单位名称和个人姓名使用不规范，将会发生记串账的情况。因此必须对往来账户的有关信息如：单位名称、个人姓名、地址、电话、邮政编码等资料进行认真的整理，做到名称使用规范，有关资料齐全，以符合账务处理子系统的要求。

2. 银行账数据的准备

如图 3-2 所示，账务处理子系统一般都提供银行对账功能，但在启用此项功能之前，必须在系统中录入最近一次对账企业方与银行方的调整前余额，以及启用日期之前的单位日记账和银行对账单的未达项，对于系统所需的这些数据，都要事先整理出来。

3. 科目余额的准备

在会计核算中，各会计期间的会计数据是相互衔接的，这种衔接是通过科目余额结转来进行的。因此账务处理子系统使用之初，必须将各个会计科目的期初余额输入到计算机中。如果账务处理子系统启用日期不是年初，则还需要将系统使用之前当年各科目的、各月的借贷方发生额合计输入计算机，以便今后编制年终会计报表使用。

一般账务处理子系统只需要输入最低级科目的发生额和余额，其上级科目的发生额和余额可由计算机自动进行计算而生成。为了获取系统所需的这些数据，在系统投入使用之前必须对手工会计账簿进行清理，结平所有账户，列出所有明细科目的发生额、余额的清单，以备账务处理子系统初始化设置使用。

4. 凭证摘要的规范化

记账凭证都要求填写简明扼要并能确切反映经济业务的实质内容的摘要。在会计信息系统中为了提高编制凭证的效率，减少汉字的输入量，一般设有凭证摘要库以便存放单位常用的摘要，使用时通过摘要编码或现场帮助功能，自动输入摘要的内容。这就要求在系统使用之前，必须对单位使用的摘要进行认真的规范化，这种规范化一方面是指对摘要表述的规范化，另一方面还要符合软件的要求，如商品化通用软件一般都对摘要有长度的限制，使用摘要的字数不能超过此长度。

3.2.2.4　确定会计组织和人员分工

由于计算机账务处理子系统的工作方式和流程与手工会计有较大的区别，因此计算机账务处理子系统投入使用前需要根据会计信息系统的工作特点进行工作岗位的重新划分并确定每一岗位的工作权限，以便在系统初始设置时进行操作权限设置确保账务处理子系统的运行安全。

3.2.3　会计科目设置

通用账务处理子系统一般在系统设计时不固定会计科目，而是由用户灵活地设置会计科目。用户使用系统时根据本单位会计业务处理和财务管理的需要及特点，在遵循系统要求的基础上设置本单位的会计科目体系。会计科目设置是指将单位会计核算中使用的科目逐一地按要求描述给系统，并将科目设置的结果保存在相关文件中，从而实现对会计科目的管理。会计科目不仅是计算机进行会计数据处理的依据，而且是通用账务处理子系统与具体单位的、具体业务相联系的纽带。因此科目设置的好坏对系统应用至关重要。

会计科目设置的主要内容包括：会计科目的代码、名称，会计科目的性质、类型，对应账户的格式。另外多数账务处理子系统软件，科目所需要的辅助核算的要求一般也在科目设置功能中进行标识。

设置会计科目应由具有建账权限的操作人员进行，设置时必须从 1 级科目开始逐级设置明细科目。科目设置功能的用户对话框如图 3-4 所示。

图 3-4　科目设置用户对话框

3.2.3.1　科目设置的内容

1. 科目代码

在账务处理子系统中，为了便于计算机识别和处理会计数据，需要对每一会计科目进行编码，以便节约计算机存储单元，提高运算速度。同时，对会计科目的编码还可以促进会计业务工作的标准化；便于反映会计科目间的逻辑关系；减少汉字输入的工作量。因此科目编码在会计信息系统中被广泛采用。

根据我国现行会计制度，为保证会计数据口径一致，财政部对 1 级会计科目的代码和名称做了统一规定，对其他各级会计科目的名称只做了原则规定和说明。在进行科目代码设置时，1 级科目代码应该使用财政部统一规定的代码。其他各级科目代码应按使用单位的实际情况，在满足核算和管理要求的基础上自行设置。但这种设置还应符合前面所设置的会计科目编码规则。通常对会计科目进行编码采用分组的顺序码。

由于账务处理子系统运行时计算机只以科目代码来识别账户，因此科目编码非常重要，除上面所说原则外，编码时还需要注意以下问题。

(1) 科目代码应输入全码，即从 1 级科目至本级科目的各级代码组合而成的代码组。

(2) 科目代码必须具有唯一性，即每一个会计科目有而且只有一个代码来代表。

(3) 科目代码要在满足核算和管理要求的前提下适合计算机识别和分类处理。

(4) 科目代码应简单明了，便于操作人员记忆和使用。

(5) 科目代码既要反映科目间的统属和逻辑关系，也要尽量减少位数，以免增加输入和运算的工作量，增加出错的可能性。

(6) 考虑到单位业务的扩展和管理要求的不断提高，科目代码还应具有一定的扩展性，以便需要时能够灵活对科目进行增删。

如图 3-5 所示的是科目代码的一种编制方案。

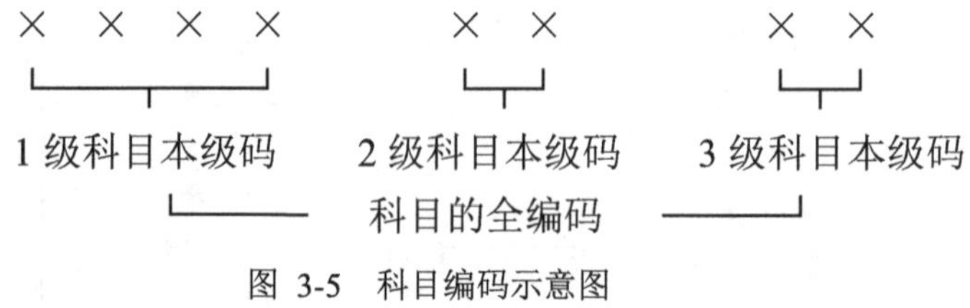

图 3-5　科目编码示意图

按照上述编码方案，“银行存款”科目的编码可设置如下：

1002	银行存款
100201	银行存款——工商北京行
10020101	银行存款——工商北京行——人民币户
10020102	银行存款——工商北京行——美元户
10020103	银行存款——工商北京行牡丹卡
100202	银行存款——建行北京行
…	

2. 科目名称

科目名称指的是会计科目的名称。设置时可以是汉字也可以是西文字符，但不允许为空。1 级科目名称应与会计制度规定的正式名称一致，明细科目的名称在软件允许的长度范围内应能尽量与其上级科目体现一种归属关系。

3. 科目类型

科目类型指会计制度中规定的科目类型，包括资产、负债、所有者权益、成本、损益 5 种类型。

4. 账页格式

定义该科目在账簿打印时的默认打印格式。通常系统会提供金额式、外币金额式、数量金额式、外币数量式 4 种账页格式供选择。

5. 辅助核算的设置

通用账务处理子系统一般都提供了多种辅助核算(也称为辅助账类)功能。开设辅助核算账簿可以起到较好的管理作用，可以对科目结构起到较好的优化作用并可大量减少科目的数目。当然开设辅助核算账簿也会增加初始设置的工作量。这些辅助核算账包括：部门核算、个人往来核算、客户往来核算、供应商往来核算、项目核算等。

6. 其他核算

其他核算用以说明本科目是否有其他核算要求。

(1) 日记账

日记账用于标注需要生成日记账形式账簿的会计科目。一般而言，现金和银行存款科目必须设置成日记账，也可以将其他的需要进行日记账核算的科目设置成日记账。系统对含有此类科目的凭证记账时，会自动将其发生额记入总账、明细账及相应的日记账。

(2) 银行账

对需要进行银行对账的科目(一般来说，为银行存款类科目)设置为银行账。被设置为银行账的科目在输入记账凭证时，系统将要求输入相应的结算凭证方式和结算凭证号；记账时，不但将该笔业务记入总账、明细账，而且还将结算方式、结算号、金额、方向、业务日期等内容记入银行辅助账，以便与银行核对账目。

应该注意的是：只有需要进行对账的科目才能设置为银行账，不需要对账或不能够对账的科目不能设置为银行账。否则将使辅助账文件中的记录越积越多，从而占有计算机的硬盘存储空间，影响计算机的运行速度。

(3) 数量金额账

对需要进行数量核算的科目，只需在设置会计科目时在“计量单位”一栏中输入相应的数量核算单位，系统会自动为该科目设立数量金额类账。输入记账凭证时，当涉及到此类科目时，系统还要求输入数量(应与设定的单位相适应)、单价以便对输入金额的正确性进行检验。

(4) 外币账

涉及外币的账户，除记录人民币的金额外，还需记录相应的外币金额，这些科目应设置成外币类。设置成外币类的科目还应在“外币名称”一栏中设置外币的币种。

3.2.3.2　科目设置时应该注意的问题

(1) 会计科目的建立应先建上级科目，再建其下级科目。

(2) 一个科目可同时设置两种辅助核算，例如，管理费用既想核算各部门的使用情况也想了解各项目的使用情况，那么可以同时设置部门核算和项目核算。

(3) 辅助核算必须设置在末级科目上，但为了查询或出账方便，有些科目也可以在末级和上级设置辅助核算。但若只在上级科目设置辅助核算，其末级科目没有设置该辅助核算，系统将不承认，也就是说当上级科目设置有某辅助核算时，其末级科目中必须设置有该辅助核算类，否则在上级所设置的辅助核算是无效的。

(4) 手工会计进行账务处理时设有多栏账。手工多栏账的每一个栏目设有该科目下的一个明细科目。为了尽量符合会计人员的工作习惯，在计算机账务处理子系统中多栏账在打印时实现。用于查看或打印某指定上级科目的多栏明细账，多栏账所涉及的明细科目应由用户选取，如果不选，系统会列示所有下属明细科目。

(5) 账务处理子系统所有科目由用户根据本单位的实际情况及业务特点进行设置，设置时用户可以任意修改或增删科目(增加和删减科目应逐级进行)。年度结账后可以对科目进行适当调整，并应调整相应的科目余额。除此以外，科目设置完成系统投入日常使用后，通常只允许增加少量同级科目，而不能在最低级科目下再增加下级科目。在使用过程中，允许对科目某些项目进行修改(允许修改的项目数量很少)，不允许删除任何已使用的会计科目。因此科目设置应认真仔细的一次完成。设置好的科目可以打印输出，形成科目一览表供用户日常查询。因此科目设置完成后一般不要随意进入设置功能，以免无意中破坏了设置。

3.2.4　会计科目辅助核算设置

一般来说，为了充分体现计算机管理的优势，在企业原有的会计科目基础上，应对以往的一些科目结构进行优化调整，充分发挥计算机账务处理子系统提供的辅助核算功能，深化、强化企业的核算和管理工作。

当企业规模不大，往来业务较少时，可采用和手工方式一样的科目结构及记账方法，即将往来单位、个人、部门、项目通过设置明细科目来进行核算管理；而对于一个往来业务频繁，清欠、清理工作量大，核算要求较严格的企业来说，应该采用账务处理子系统提供的辅助核算功能进行管理，即将这些明细科目的上级科目设置为末级科目并设置为辅助核算科目，然后将这些明细科目设置为相应的辅助核算目录。一个科目设置了辅助核算后，它所发生的每一笔业务将会登记在总账和辅助明细账上。各辅助核算说明如下。

1. 个人往来辅助账

账务处理子系统对个人往来业务的处理提供了以下两种不同的解决方案。

一种是模仿手工会计的处理方法。采用这种方法有关会计科目的设置与手工处理科目设置相同，即在其他应收、其他应付科目下按费用类别设置 2 级科目，在 2 级科目下按往来的个人或单位设置明细科目。在这种方式下这些科目不必设置辅助核算类别，适合传统的手工会计习惯，但会造成会计科目数量繁多，不利于款项的清理和统计分析。因此只适用于业务较少且相对固定的单位使用。

另一种是辅助核算方式。即利用系统的辅助核算功能将有关科目设置成个人往来类。一般对个人往来业务清理工作量较大的单位，如出差工作多且差旅费借支也较多的单位，可采用将“其他应收款——差旅费借支”等科目设置成个人往来辅助核算，以便使用账务处理子系统提供的个人往来管理功能加强个人往来业务的核算和管理。

两种核算方法核算科目设置如下：

(1) 采用模仿手工会计方式

1133　其他应收款

113301　其他应收款——差旅费借支

11330101　张三　(不设置辅助核算类别)

11330102　李四　(不设置辅助核算类别)

(2) 辅助核算方式

1133　其他应收款

113301　其他应收款——差旅费借支　(个人往来类)

个人往来中的张三、李四等个人不再作为一个明细科目设置，而是在系统提供的个人往来目录中进行设置。以上两种科目设置方式，可以达到相同的核算和管理目的，但后者显然比前者简单的多。

当科目体系中有个人往来核算类科目时，需要进一步的设置以下内容。

(1) 职员档案。个人往来中很多业务是企业与企业内部职工之间发生的往来经济业务，如其他应收款的差旅费借支和其他应付款中的押金等。因此当某一科目设置为个人往来时应在职员档案中登记职员个人的姓名及其编号。为了便于进行管理和统计分析，职员按所属部门进行分类，因此个人往来目录设置必须在部门目录设置完毕后进行。

(2) 个人期初余额的录入。为了确保手工会计系统与会计信息系统的连续性，个人往来的期初未达账项应逐一输入系统。

2. 客户/供应商往来核算

在只使用账务处理子系统的单位，与个人往来辅助账类似，客户/供应商往来核算也可用两种方法进行核算。由于多数企业不光使用账务处理子系统，而且使用购销存和应收、应付子系统，这类企业应收、应付业务由相应的子系统而不是账务处理子系统处理。采用何种模式工作，系统使用“受控系统”选项来进行控制。如使用应收、应付子系统则相应科目“受控系统”设置成“应收系统”或“应付系统”。如果只使用账务处理子系统则“受控系统”为空。

如果在账务处理子系统处理客户/供应商往来业务，则与个人往来类似，需要设置客户分类及档案和供应商分类及档案以及在期初数据录入客户/供应商的期初未结清的明细数据。以便进行每一客户/供应商的明细核算。具体设置方法可参见企业内部供应链管理有关章节。

3. 部门辅助核算

部门核算通常适用于收入和费用类科目。为了加强管理，企业对各种收支类科目除了需要按类别进行核算外，还需按部门进行核算，如管理费用科目下，首先要按类别分成管理人员工资、办公费、差旅费、业务招待费等项目进行核算，然后还需对每个费用项目在不同部门的发生情况进行核算，这便是通常所说的“交叉立体”核算，这种核算要求在手工会计条件下是很难实现的，但在计算机条件下，利用会计信息系统提供的部门核算辅助功能，却是轻而易举的事情。

部门辅助核算的科目设置与个人往来辅助核算类似。如果不使用系统提供的核算辅助部门功能，即模仿手工会计方式，则会计科目可设置如下：

5502	管理费用	
550201	管理人员工资	
55020101	设备科	(不设置辅助核算类别)
55020102	供应科	(不设置辅助核算类别)
…		
550202	办公费	
55020201	设备科	(不设置辅助核算类别)
55020202	供应科	(不设置辅助核算类别)
…		
550203	差旅费	
55020301	设备科	(不设置辅助核算类别)
55020302	供应科	(不设置辅助核算类别)
…		

如果该单位有 10 个部门，管理费用有 10 种，那么管理费用下就有 100 个明细科目，因此，完全用组合编码的方法并不理想，如果想要得到管理费用下办公费或差旅费的总额，这种方案也不能直接得到。

如使用系统提供的部门辅助核算功能，则科目设置如下：

5502	管理费用	
550201	管理人员工资	(部门核算类)
550202	办公费	(部门核算类)
550203	差旅费	(部门核算类)
…		

这种方法将部门代码从科目代码中剥离出来，大大减少了科目的数量，对部门核算类科目所涉及到的部门在部门档案设置模块中进行设置。有了这样的设置，在凭证录入等数据处理过程中，只要根据管理费用科目的辅助核算性质，便可以完成对相应部门和有关费用的处理，从而得到管理所需的“交叉立体”信息。

当科目体系中有部门核算类科目时，需要再做进一步的设置，这些设置如下：

(1) 部门类别和档案的建立。即输入部门的类别和部门名称以及其他相关信息。其中部门编码是对部门的标识代码，要求一个部门只能有一个唯一的编码。部门可以直接进行顺序编码。若企业的部门较多，可将所有部门按需要分类后进行分类编码。

(2) 科目设置成部门核算，则在录入起初数据时需要录入部门期初。期初是指手工会计系统向会计信息系统转换时各部门对应各核算科目下的期初余额或每年的年初余额。为了加强对经费的管理，系统中可以输入该部门的预算，此预算是指各会计期间内各部门核算科目下的计划数。

4. 项目核算

项目核算是为了解决围绕一个专门的对象，将与该对象有关的所有收入、支出进行专项归集的目的而设置的功能。例如，企业的基建工程通常要进行专项核算和管理，在账务处理子系统中可以将该工程涉及到的科目设置为项目核算类；再例如，制造企业为了加强管理，经常需要分产品计算其成本、收入和利润，为满足这一要求，可以把每种产品看成一个项目，在系统中把有关的成本、收入科目设置成项目核算类。

假设某企业有 A、B 两种产品，要求分产品核算库存商品、生产成本、产品销售收入、产品销售成本。为了得到这些数据，可以使用系统提供的项目核算功能，进行以下会计科目的设置。

1243	库存商品	(项目核算类)
4101	生产成本	
410101	直接材料	
41010101	材料一	(项目核算类)
41010102	材料二	(项目核算类)
41010103	材料三	(项目核算类)
…		
410102	直接人工	(项目核算类)
410103	制造费用	(项目核算类)
410104	其他	(项目核算类)
5101	产品销售收入	(项目核算类)
5401	产品销售成本	(项目核算类)

每一具体产品只要在项目大类与项目目录设置中设置一个成本核算大类，在该大类下设置每一具体产品名称。账务处理子系统即可提供按产品分类的统计数据。

当科目体系中有项目核算类科目时，需要在项目目录功能中做进一步的设置，如图 3-6 所示。

- 核算科目：在建立会计科目时，虽然已经设定了项目核算的会计科目，但没有具体指定某科目进行哪个项目大类核算，在此应予以明确。即在项目科目中将属于该项目的科目选入该项目核算。
- 项目大类：项目大类即项目核算的分类类别，如在建工程等。
- 项目结构：为了方便用户登记项目清单，每一大项有关的栏目由用户自由设置。

● 项目分类定义和项目目录：如在建工程较多，为了分类统计和管理需要设置项目的分类和每一分类下的项目清单。例如，类别分为自营和外包；自营分类下设置两个项目：厂房改建、设备安装。

项目期初与计划录入。项目期初即某项目在某个科目中的期初余额；项目计划即某项目在某个科目中的计划发生额。由于项目期初和项目计划是与科目和项目相关的，所以录入时，应逐个科目录入。先录入一个科目下所有项目的期初余额和计划数，再录入另一个科目的期初余额和计划数。

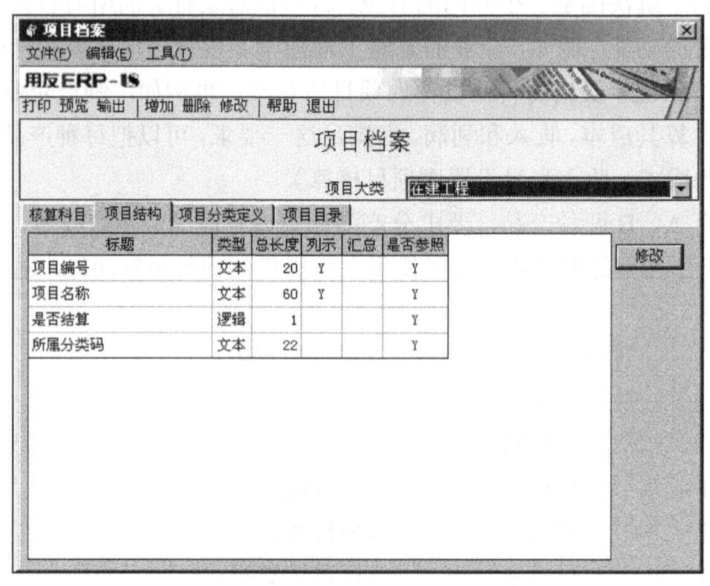

图 3-6　项目核算中的项目档案设置

完成以上设置后在录入记账凭证时即可启用项目核算功能。

需要注意的是：一般账务处理子系统对项目栏目的个数、科目可以对应的项目大类的个数等都有规定，使用时要注意软件的规定。

3.2.5　凭证类别设置

在手工会计条件下，由于各单位业务量的大小有较大差距，使用的记账凭证类别往往不同，有些单位使用一类记账凭证，所有凭证统一编号。有的单位为了便于单独反映货币资金的收付情况，往往对货币资金的收付业务编制专用记账凭证，每类凭证单独编号，形成收款凭证、付款凭证、转账凭证 3 类，或现金收款凭证、银行存款收款凭证、现金付款凭证、银行存款付款凭证、转账凭证 5 类。为了适应不同单位的不同需要，通用软件的账务处理子系统一般都设有记账凭证定义功能，以便用户根据需要进行设置。

凭证类别设置通常需要设置类别和类别名称，类别和类别名称不得重复。软件为了防止凭证用错或输入错误，在设置凭证类别的同时还允许用户对各类凭证中借贷方必须或不能出现的会计科目进行设置。例如，收款凭证，借方必须是现金或银行存款；付款凭证，贷方必须是现金或银行存款等。对于不划分凭证类别的单位则可以不设置。凭证类别设置格式如图 3-7 所示。记账凭证类别设置完毕并进入日常使用，则本年内通常不能修改或删除。

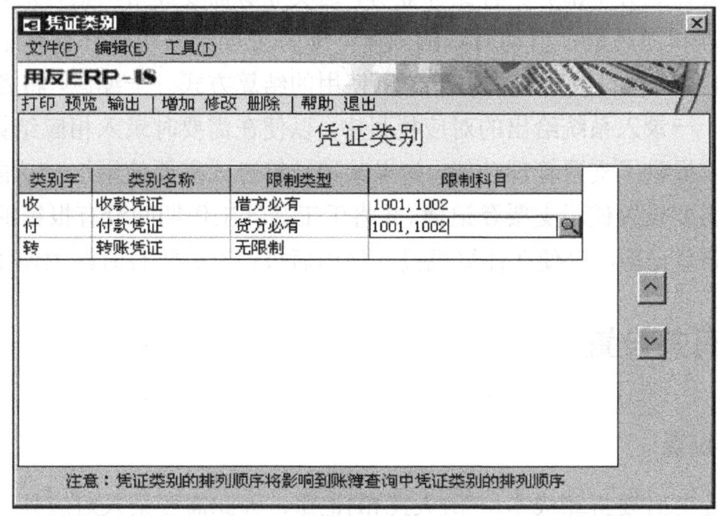

图 3-7　“凭证类别”对话框设置

3.2.6　初始数据录入

为了保证会计数据连续完整，并与手工账簿记录衔接，账务处理子系统第一次投入使用前还需要将各种基础数据录入系统。这些基础数据主要是最低一级明细科目的年初余额和系统启用前各月的发生额。其上级科目的余额和发生额由系统自动进行汇总。一般情况下，资产、费用类科目余额在借方，负债、所有者权益、收入、利润类科目余额在贷方。如果是数量金额类科目还应录入相应的数量和单价。如果是外币类科目还应录入相应的外币金额。

期初数据的录入通常以在屏幕上显示科目表，由用户逐个录入各明细科目的期初数据的方式进行。在录入期初数据时如果某一科目设置了辅助核算类别，则应录入辅助核算类别的明细初始余额，其上级科目的余额由系统自动汇总。

数据录入完毕后，通常系统将自动对数据进行校验。这些校验如下：

- 根据会计平衡公式检验资产类合计是否等于负债加所有者权益类合计。
- 根据总账、明细账统属关系检验上级科目值与所属下级科目对应值的合计是否相等，以及辅助账的合计是否与其上级科目对应值相等。
- 如果科目有发生额时，根据复式记账的原理，检验所有科目的借方发生额合计是否等于所有科目的贷方发生额合计。

如果数据录入有错误系统将提示修改，直至正确。当初始数据经过校验后，系统一般会关闭初始余额录入功能，以保证初始数据的正确性。

3.2.7　结算方式设置

任何单位的会计业务中都有银行结算业务，这类业务需要经常与银行对账。为了便于对有关票据进行管理和提高银行自动对账的效率，账务处理子系统软件设有结算方式设置功能。用户在进行结算方式设置时应将本单位所使用的结算方式一一编码，将各种结算方式码和结算方式名称一一录入系统给出的对应栏目中，以便在需要时录入相应结算方式。一些通用账务处理子系统提供了支票管理功能，如果某种结算方式需要使用这一功能，则在进行结算方式设置时还需要设置使用支票登记簿。并将手工会计工作期间没有报销的支票等单据的有关资料录入支票登记簿，以便在计算机投入使用后报销有关账目时核销使用。

3.2.8　其他有关设置

1. 外汇汇率设置

在发生外币业务时要折算成本位币(人民币)记账，因此需要录入对应外币的汇率。外汇汇率管理设置功能即用于录入各种外币的记账汇率。汇率管理通常需要设置外币币名、固定汇率和浮动汇率等，以便于录入涉及外币的凭证时，将外币金额折算成人民币记账。该项设置与企业使用的调整外汇损益的方法有关，对于采用月末一次调汇的企业每月月初在固定汇率项录入期初汇率，在月末计算汇兑损益时录入期末汇率；对于采用逐日调汇的企业则每天在变动汇率项录入当天汇率。由于汇率和外币与本位币的折算方式有关，因此在设置汇率时必须指明是采用“原币*汇率=本位币”的折算方式，还是“原币/汇率=本位币”的折算方式。此外一般还应设置汇率的小数的位数。

2. 常用凭证设置

常用凭证设置是为提高填制凭证的效率而设置的功能，所谓“常用凭证”实际上是设置一个凭证模板，在此模板中将日常发生频繁的业务凭证的摘要、对应科目预先进行定义，在填制记账凭证时使用相应的操作键调出凭证模板，录入各科目的发生额，即可快速形成一张记账凭证。

需要注意的是：常用凭证设置中的凭证编号是该常用凭证模板的编号，是调用这张凭证模板使用的，它不是记账凭证的编号。根据常用凭证模板生成的记账凭证的编号是在生成记账凭证时由计算机系统根据编制月凭证的情况自动给出的。

3. 常用摘要设置

许多账务处理子系统软件都设有常用摘要库，用户可以将经常使用的摘要建立到摘要库中，以便在录入记账凭证时快速录入业务摘要。摘要库通常包括两个主要内容：摘要码和摘要内容。在录入记账凭证摘要时可以使用摘要码快速录入摘要内容。

3.3　账务处理子系统日常业务处理

账务处理子系统日常业务处理主要包括记账凭证的录入、审核、修改和记账等工作。其中记账凭证的处理是账务处理子系统日常业务处理过程中手工业务处理和计算机业务处理的连接点，也是计算机账务处理子系统最基本、最主要的数据来源。因此凭证处理是账务处理的关键环节。由于各单位日常会计工作中需要处理的凭证数量很多，大量凭证需要依靠手工方式通过键盘录入计算机，如何快速、正确的录入凭证是凭证处理的重点。

3.3.1　凭证录入、审核和修改

3.3.1.1　凭证录入

凭证录入功能是账务处理子系统的重要功能之一，调用此项功能，可以录入记账凭证。在录入过程中，系统会自动对会计科目的合法性进行正确性检查，当凭证录入完成之后存盘时对金额进行检查。如果检查凭证正确无误，则将凭证保存在凭证文件中；否则，拒绝保存，等待操作人员修改凭证。

1. 记账凭证的类型

在会计信息系统中，记账凭证是最重要、最基础的会计数据，是据以登记账簿的依据。按记账凭证的来源不同，记账凭证可分为以下 3 种。

- 手工凭证。指根据原始凭证编制的手工录入到计算机中的记账凭证。
- 机制凭证。指已经实现计算机处理的其他业务子系统对原始凭证进行处理后编制的记账凭证。
- 派生凭证。指账务处理子系统根据系统机内已有的数据产生的记账凭证。派生凭证也是一种计算机自动生成的凭证。

2. 记账凭证的基本内容

尽管凭证的来源有不同，记账凭证的格式也有很多种，但它们的基本内容或者说本质上是相似的，都包括日期、凭证类别、凭证号、摘要、科目、金额、附件张数、各种签章等。

3. 各类记账凭证的录入方式

由于记账凭证的来源不同，将其录入账务处理子系统的方式也不完全相同。对于机制凭证，一般由各业务处理子系统根据会计业务处理的要求按统一格式编制记账凭证，然后自动传输到账务处理子系统进行账务处理。

派生凭证主要是期末业务处理时，根据设置的转账凭证模板由系统自动生成的各种摊、提、结转凭证。这类计算机生成的记账凭证由系统自动生成后，通常需经过手工检查确认后由系统自动进行相应的账务处理。

手工凭证的录入，目前的通用账务处理子系统都采用键盘录入的方式。由于手工凭证在日常的会计业务处理中占有相当的数量，因此手工凭证录入是通用账务处理子系统凭证录入的重点。在实际工作中手工凭证有两种基本的编制方法：一种是手工编制记账凭证，然后将手工编好的记账凭证录入计算机；另一种方式是直接在计算机上编制并录入记账凭证。

4. 凭证的录入

这里的凭证录入，主要是指手工凭证的录入及在凭证录入过程中辅助核算数据的录入。

(1) 凭证基本内容的录入

为了输入方便，通用账务处理子系统一般都提供了一定的输入格式。手工方式下，记账凭证的种类和格式不同，但本质上其内容和格式基本一致。为了系统设计和使用的方便，大部分通用账务处理子系统都根据需要录入的内容设计了标准格式的记账凭证，其基本格式如图 3-8 所示。

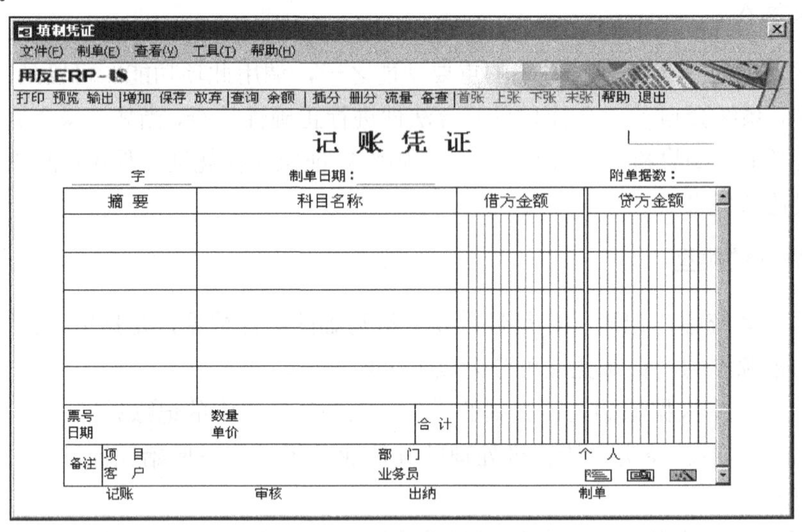

图 3-8　通用记账凭证录入格式

根据现行制度的规定，为了保证录入质量和提高凭证录入的速度，各种通用账务处理子系统软件在凭证录入时，都提供了大量的方便录入的功能。这些功能按照凭证录入的顺序说明如下：

- 日期。录入凭证填制日期时，系统通常将进入系统的当天作为默认日期。用户可以根据需要对日期进行修改。对于日期的修改，有些通用商品软件规定，用户可以根据需要对日期进行修改，但不能修改到本月最后一次记账日期之前。例如，系统最后一次记账日期是 10 月 18 日，则新填制的记账凭证日期最多可以改到 10 月 18 日，但不能改为 10 月 16 日。这样做的目的是尽量保证会计业务的连续性和账的序时连续性。但是也有一些通用软件规定，只要是本月的记账凭证就可以。用户在使用通用商品软件时应注意有关规定，以免发生数据处理错误。
- 类别。如果用户在设置凭证类别时，设定的是分类的记账凭证，则需要在此录入已定义过的凭证类别编码，通常可以使用系统提供的帮助键参照录入。

- 编号。记账凭证的编号由系统采用按月分类连续编号的方式自动完成，录入时按Enter(回车)键即可确认。
- 附件。即当前凭证的附件张数。
- 摘要。摘要是凭证录入过程中工作量最大的环节，录入时可以采用全拼、简拼、五笔、自然码等用户熟悉的汉字录入方法逐字录入，也可以使用系统提供的摘要库功能，设置好一些常用摘要，需要时利用系统提供的帮助键参照选择录入。
- 会计科目。录入会计科目时一般只需录入科目代码，系统自动列出科目名称。会计科目必须是经过设定的最低一级明细科目。为了保证录入正确，系统会对录入的会计科目进行必要的检验，如果录入的科目代码不是初始化科目设置中所设定的科目代码，系统将认为是非法科目而不予接受，并要求重新录入。

为了方便用户录入，也可使用有关快捷键参照选择录入。参照功能通常可以逐级进行。即直接按科目帮助键，计算机屏幕显示会计科目。若录入某一科目的全码然后按科目帮助键，则给出该科目的所有下级科目。

- 金额。录入金额时应注意金额的方向。每一科目不允许借贷双方都有金额，也不允许双方都为零。金额可以是红字，红字金额用负数表示。系统对于录入的金额将进行平衡检验，借方金额合计与贷方金额合计不相等的凭证系统将不予接受，并要求改正，直至相等为止。

凭证录入时需要注意以下的问题。

第一，通用账务处理子系统一般允许录入一借一贷、一借多贷、一贷多借甚至多借多贷的记账凭证，对一张凭证中的笔数没有限制。但用户在使用时仍应按会计制度的规定，一张记账凭证记录一笔完整的会计业务，不应将不同的业务记录在一张凭证上。

第二，凭证录入完毕，系统自动将进入系统时登录的操作人员的姓名填入有关签章位置。该项内容不需录入。

(2) 辅助核算数据的录入

对于设有辅助核算的会计科目，录入时系统将在相应位置开设窗口，提示录入相应内容。不同的辅助核算数据有不同的录入要求。

当录入部门核算、个人往来核算、项目核算的有关辅助数据时，系统将弹出录入辅助数据窗口，要求用户录入部门、往来个人、项目等的编码或名称，用户也可以使用功能键调出目录表选择录入有关内容。一般录入的内容应该是事先在部门目录、往来个人目录、项目目录中设置过的。如果录入的是一个事先没有经过设置的内容，系统将提示是一个非法内容。经过检查，如果确实需要新增加一个部门或一个往来个人等，则可以在凭证录入对话框调用参照窗口，使用编辑功能将有关资料追加到相应目录中。

录入记账凭证科目设有数量核算的，系统将要求录入数量和单价；需要进行外币核算的，将要求录入对应外币金额和汇率，系统会自动计算出相应的人民币金额并填入金额栏。

录入记账凭证的科目是银行类科目时，系统要求录入结算方式、票据日期和结算支票号等辅助核算数据。这些内容是系统自动进行银行对账的重要依据，也是账务处理子系统提供的支票管理功能进行支票核销的重要依据，因此应完整地输入系统。

(3) 常用凭证的使用

如果在系统初始化时已经定义了常用凭证模板，则在录入凭证时就可以调用所定义的模板。调用的方法是按系统规定调出相应业务的凭证模板，录入日期和本次业务的金额即可完成一张凭证的录入工作。

有些商品软件为用户提供了更灵活的常用凭证设置功能，使用方法更为简单，通常在编制记账凭证时操作相应功能键即可将正在编制的记账凭证设置为常用凭证。在这些系统中任意一张设置好的记账凭证都可以在凭证录入功能中设置为常用凭证供以后调用。

3.3.1.2 凭证的审核

根据计算机会计管理工作的规定，录入计算机内的记账凭证必须进行审核，这是计算机账务处理子系统非常重要的工作环节。因为尽管账务处理子系统在凭证录入的过程中设计了大量的检验功能，但一些人为的错误，例如，凭证的科目代码录入错误而导致会计科目发生额错误；凭证的借贷方金额同时发生错误，且错误金额相同。这些错误是计算机系统很难检测的。这就要由审核人员进行审核了。记账凭证的审核应由具有凭证审核权限的操作员进行，任何人员都无权审核自己录入的记账凭证，也就是说，审核人和制单人不能是同一个人。

在计算机账务处理子系统中，记账凭证的审核主要是审核手工编辑录入计算机内的记账凭证是否正确，有无录入错误。审核内容包括有关会计业务是否真实、合法；记账凭证是否与原始凭证相符；会计分录编制是否正确。审核认为有错误的记账凭证应退回制单人修改，再审核。只有审核无误的记账凭证才能据以登记机内账簿。

在计算机账务处理子系统中，录入记账凭证是计算机处理的开始，也是机内会计数据的最基本、最重要的来源。由于以后的记账、结账等工作都由计算机自动进行，无法像手工会计业务处理那样在这些环节再次进行确认和计量，因此对于录入计算机内的记账凭证进行审核就更加重要，必须对此予以高度重视。

在账务处理子系统中进行凭证审核工作，需要根据日期、凭证类别、凭证编号，将相应凭证显示在屏幕上。审核通过后，系统提供有关功能键进行确认，系统自动将审核人员姓名填入审核人员栏内，审核工作即告完成。

3.3.1.3 凭证的修改

在录入凭证的过程中，尽管系统提供了多种控制手段，但错误凭证是难免的。为了更正错误，账务处理子系统提供了记账凭证的修改功能。记账凭证的修改应由具有凭证修改权限的操作员进行。

需要对记账凭证进行修改时，根据日期、凭证类别、凭证编号调出需要修改的记账凭证，逐项修改错误内容。

根据会计制度和审计对修改错误凭证的要求，账务处理子系统对不同的凭证提供了不同的修改方法。一般有以下 3 种。

- 录入计算机，但没有进行审核的记账凭证发现错误，可以直接利用凭证修改功能进行修改。这种修改可以不留痕迹。
- 录入计算机，已经进行了审核，但是还没有记账的记账凭证发现错误，应该在凭证审核功能中由审核人取消审核，然后再在凭证修改功能中进行修改。这种修改也可以不留痕迹。
- 录入计算机，并已记账的记账凭证发现错误，则不能利用凭证修改功能进行修改。根据有关制度规定，这种错误凭证的修改必须留有痕迹。因此只能采用红字冲销或蓝字部分补充登记的方法进行修正。在这种情况中，对于涉及到银行存款科目的错误凭证，错误类型是会计科目和记账方向正确只是金额错误，根据会计制度规定可以采用红字部分冲销或蓝字部分补充登记的方法进行修正。但是为了计算机自动进行银行对账的需要，最好采用全冲、全补的方法进行修改。

3.3.2　记账

在手工会计下，记账就是将凭证上的数据抄写到各种账簿的过程，工作量非常大，而在账务处理子系统中，记账是由系统自动进行的，记账处理过程也与手工记账不同。

3.3.2.1　记账原理

在会计信息系统中，并不存在手工意义上的账簿，所有的账簿数据是在查询或打印账簿数据时由系统按会计科目进行数据分类排序而自动生成的。在计算机系统中为了保证会计数据正确录入的凭证首先存放在一个临时凭证库中，供用户进行充分的检查并对录入的错误进行修改。凭证审核签章操作或取消签章操作实际上都是对这个临时凭证库中的数据的操作。根据会计工作的要求，已记账的凭证作为正式会计记录修改必须留有痕迹。为了满足会计工作的这一要求，在计算机会计信息系统中的记账操作实际上是将临时凭证数据库中经过审核的凭证转移到另外一个稳定的凭证数据库中，该数据库中的数据不能进行修改和删除，这个数据库中的数据如果有错误必须通过红字冲销或部分补充登记或部分红字冲销的方法，进行留有痕迹的修改，从而保证正式的会计记录的正确和可靠。

同时，系统为了方便地形成各种输出(包括账簿、报表、辅助账、辅助管理信息等)，在记账时还会自动运算形成其他一些稳定的数据库。

3.3.2.2　记账过程

系统记账一般都遵循以下的过程。

1. 选择记账凭证

开始记账时，系统首先要求用户选择要记账的凭证范围。凭证范围由月份、凭证类别、凭证编号决定，系统一般给出凭证编号的最大范围作为默认值。一般月份不能为空，类别有时为空(有些商品软件规定，类别设置为统配符“*”)，系统自动将各类已审核的记账凭证全部进行记账。

2. 系统自动检验记账凭证

虽然记账凭证在录入和审核时已经经过多次检验，但为了确保会计数据的正确，系统在登记机内账簿时仍将对记账凭证进行一次平衡校验和会计科目等有关内容的检验。

3. 正式记账

做完以上工作，系统自动将选定的记账凭证登记到机内账簿中(包括部门核算、往来核算和项目核算的辅助账簿)，并进行汇总工作，计算出各个科目最新的本月发生额、累计发生额和最新的当前余额，将其保存在系统中，完成记账工作并将已记账的凭证张数显示给用户。

从上述记账过程可以看出进行记账工作需要注意以下问题。

(1) 未经审核的记账凭证不能记账。

(2) 有不平衡凭证或错误凭证时，系统停止记账。这种情况较为特殊，通常在系统投入日常使用后，违反规定修改初始设置时容易发生。

(3) 记账过程决不允许无故中断系统运行或关机。

3.4　账务处理子系统期末业务处理

期末业务的处理主要是：期末的摊、提、结转业务的处理、结账和编制会计报告。其中会计报告的编制将在报表处理子系统中进行叙述。期末业务是会计部门在每个会计期末都需要完成的特定业务。这些业务数量不是太大但处理较复杂。由于期末业务处理的主要数据来源于系统内部，各会计期间的多数期末业务处理具有很强的规律性，系统对期末业务的处理主要是由计算机根据用户的设置自动进行的。

3.4.1　期末摊、提、结转业务处理

对于期末的摊、提、结转业务的处理，系统都要求用户事先设置好正确的转账凭证模板，需要时调用设置好的凭证模板，由计算机自动生成转账凭证来完成。使用转账凭证模板生成转账凭证功能，需要注意以下几个问题。

(1) 转账凭证中各科目的数据都是从账簿中提取经处理后生成的，为了保证数据的完整、正确，在调用转账凭证模板生成转账凭证前必须将本月发生的各种具体业务登记入账。

(2) 期末的摊、提、结转业务具有严格的处理顺序，其基本的处理顺序是：工资、折旧费用的计提→其他待摊、预提费用的摊提→辅助生产成本结转→制造费用结转→生产成本结转→库存商品结转→销售成本、费用、收入结转。结转顺序如果发生错误，即使所有的转账凭证模板设置都正确，转账凭证中的数据也可能是错误的。为了避免结转顺序发生错误，转账凭证模板提供了转账序号，进行期末的摊、提、结转业务处理时，通过指定转账顺序号就可以分期、分批完成转账和记账工作。

(3) 结转生成的记账凭证系统将保存于未记账凭证库，这些凭证还需要进行审核和记账操作才能记入账簿。对这些凭证的审核主要是审核结转是否正确。对于错误的结转凭证，系统一般不提供修改功能，修改这些凭证的错误只能通过修改设置来进行。

3.4.2　自动转账凭证设置

转账凭证设置主要需要完成以下两项工作。

1. 登记一个转账凭证模板

登记转账凭证模板主要需设置的项目如下：

- 转账序号。用于标示每一个转账凭证模板的标志。由于期末的结转业务是有特定结转顺序的，在账务处理子系统中结转顺序由指定结转顺序号的方式来控制。因此转账序号与转账凭证模板必须一一对应。
- 转账摘要。由转账凭证模板生成的转账凭证中的摘要。
- 凭证类别。由转账凭证模板生成的记账凭证类别，以便系统生成转账凭证后对生成的记账凭证进行编号。

需要注意的是：这里的转账序号是转账凭证模板的序号而不是转账凭证的编号。生成转账凭证的编号是在调用自动转账凭证编制功能编制转账凭证时，由系统根据机内当月转账凭证的个数自动编号的。

2. 设置转账凭证模板

每登记一个转账凭证模板都需要对模板中的各个会计分录进行设置，这种设置主要包括：科目编码、借贷方向和金额的取数公式，取数公式实际上是告诉计算机如何从系统内获取转账凭证所需要的数据。如果涉及到的科目是部门核算类或项目核算类，且需要按部门或项目结转则还应设置部门或项目；如果不指定则系统默认为结转所有的部门或项目。设置自动转账凭证模板的对话框如图 3-9 所示。

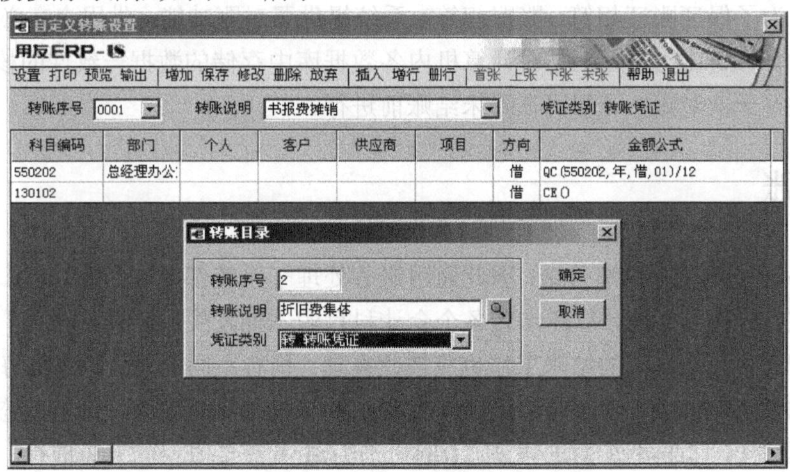

图 3-9　自动转账模板设置

为了减少用户的设置工作，一些软件将一些成本类科目的结转、汇兑损益结转、损益结转即结转模板单独设置功能，用户只需将结转的转入、转出科目设置好即可。使用这些功能设置结转凭证的模板工作可以更简单。

3.4.3　试算平衡和对账

计算机账务处理子系统试算平衡功能就是将系统中所有科目的数据按会计平衡公式进行平衡检验。对账是对各个账户的数据进行检验，以检查对应账户是否平衡。

需要说明的是：手工会计业务处理方式下的“对账”工作和会计信息系统中的“对账”工作是有重要区别的。对账的目的是为了保证会计信息的正确性和可靠性。在手工条件下，会计数据要从凭证及汇总凭证转抄到总账、明细账、日记账等账册中，在转抄的过程中必然会出现抄错的问题，从而造成账证不符、账账不符、账实不符等错误，必须进行账目核对，即对账——账证核对、账账核对、账实核对，才能保证账证相符、账账相符、账实相符。因此对账是手工会计工作不可缺少的工作环节。

会计信息系统中对会计业务处理的方式和手段发生了根本的变化，这主要体现在会计信息系统充分利用计算机数据处理速度快，准确度高，有足够的“记忆”能力等特点，在对会计日常业务数据进行处理，计算机内只保留一套经标准化处理后的原始数据，其他各种会计信息都源于此套数据，在计算机账务处理模式下，计算机内已无所谓记账凭证、日记账、总账和明细账之分，所有的数据集中存放在被称为“记账凭证库”或“流水账库”的数据库中。使用时，根据用户的需要由计算机自动进行分类、汇总等处理，以屏幕显示或打印输出的方式生成日记账、总账或明细账供用户使用。可见，在此不会发生账证、账账不符的情况．只要确保原始数据录入不出错误，账簿就不会出现错误。至于账簿记录是否与实物相符，由于存在对财产物资进行盘点的问题，这就不是计算机能够解决的了。因此，计算机账务处理子系统不存在手工意义上的对账问题。

但是，由于非法操作或计算机病毒或其他原因有时可能会造成某些数据被破坏，因而引起账账不符，为了保证账证相符、账账相符，系统提供了对账功能，供用户在必要时核对机内数据。此时的对账功能实际上是对计算机内各数据库中存储的数据一致性的核对。用户至少一个月应进行一次对账，一般可在月末结账前进行。

3.4.4　结账

会计业务的处理要求日清月结，因此通用账务处理子系统都设有结账功能。根据有关会计制度的规定，结账主要是计算和结转各个会计科目的本期发生额和期末余额，同时结束本期的账务处理工作，计算机的结账工作也应按此办理。稍有不同的是：计算机每次记账均已结出各科目的发生额和余额，因此结账工作主要是计算机控制系统改变某些状态，确定本月的数据已处理完毕，不再增加新的凭证。结账工作应由具有结账权的人员进行。

1. 通用账务处理子系统结账工作的一般处理步骤

(1) 停止本月的记账工作。

(2) 进行数据保护。数据保护的过程与记账基本相同。

(3) 进行试算平衡。

(4) 将本月各账户的期末余额结转下月，成为下月的期初余额。

2. 期末结账时应注意的问题

(1) 各科目的摊、提、结转工作必须在结账以前完成。

(2) 当月录入的记账凭证必须全部记账，如有未记账的当月凭证，系统将不能结账。结账后就不能再录入该月凭证。

(3) 上月未结账，本月无法结账。

(4) 每月只能结账一次，因此一般结账前应作数据备份，如果结账不正确可以恢复重作。

(5) 有些通用账务处理子系统初始设置中需要设定每月的结账日期，使用这些软件必须在规定的日期进行结账；否则系统将不予结账。

多数通用软件年末结账后系统会自动生成下一年度的机内账簿，并将本年各账户期末余额结转下年。但也有一些通用软件，年末结账后需要运行年初转账功能，才能完成余额的结转工作。

3.5　账务处理子系统的输出

会计核算的基本目的是对内、对外提供企业的各种财务信息，以加强管理提高企业的经济效益。为此目的账务处理子系统设计了多种会计信息的输出功能供用户使用。

3.5.1　账务处理子系统输出方式

在账务处理子系统中信息输出的方式有以下 3 种。

(1) 通过屏幕显示输出，通常称为查询。查询的内容包括凭证查询、账簿查询、汇总表查询，以及各种辅助项目的查询。

(2) 通过打印机打印输出，通常称为打印。在账务处理子系统中凡是可以查询到的内容都可以打印。

打印输出按照打印方式的不同可以分为套打和完全打印。

- 套打指采用按一定格式印好的专用打印纸进行打印工作。打印时只打印有关数据不打印表格线。这种打印方式打印速度快，账页标准美观，还可以延长打印头的寿命，但需要使用专用打印纸且打印的技术要求较高。
- 完全打印指需要输出的全部内容都由打印机打印，这种方式应用简单但打印速度慢。使用哪种方式由用户自己决定。

(3) 通过活动硬盘等输出，通常称为备份。由于备份功能对系统数据的安全有重要意义，又与系统数据恢复功能有密切联系，因此备份不光是信息输出的一种方式而且是系统维护的重要功能。

3.5.2　记账凭证输出

1. 记账凭证的输出

记账凭证是账务处理子系统最主要和最基本的数据来源，因此系统中记账凭证的数量往往很多。对记账凭证进行查询和打印时为了提高查询的速度一般需要给出限定条件。通常系统允许的条件有：按日期、类别、凭证编号进行查询，或者按科目代码、摘要关键字、发生额进行查询。通常可以按单个条件进行查询，也可以按几个条件组合进行综合查询。

由于多数单位在使用通用账务处理子系统时都采用输入手工编制并审核无误的记账凭证的方法，因此记账凭证的输出主要是对凭证进行查询。一般只在查证某些问题时才对凭证进行少量的打印。这种打印一般采用完全打印方式输出。通常凭证打印功能与查询功能在一起，对查询的内容需要打印时只要操作对应的功能键即可打印。

对于直接在计算机上根据原始凭证编制记账凭证的单位，按现行制度规定所有的凭证就必须全部打印了。

需要注意的是：作为会计档案保存的记账凭证应该是审核后的记账凭证，因此记账凭证应审核后或记账后再打印。

由于系统中的记账凭证可能处于不同的处理状态，因此凭证的查询分两种情况：一种是包括未记账凭证在内的所有记账凭证查询；一种是已记账的记账凭证的查询。

2. 科目汇总表的输出

为了提供某一科目某一时间范围的发生额和余额，系统提供了凭证汇总功能。凭证汇总同样需要录入汇总条件和汇总凭证的范围。运行凭证汇总功能，系统自动进行凭证汇总并将产生的科目汇总表显示在屏幕上。需要打印时，操作对应的功能键系统即可将结果打印输出。科目汇总同样分已记账凭证和包括未记账凭证的所有凭证两种情况进行查询和打印。

在计算机账务处理子系统中凭证汇总的目的主要是提供用户需要的综合信息。另外多数企业装订记账凭证时在每本记账凭证前装订一张该本凭证的汇总表，以方便对凭证档案作严格的管理。这与手工处理会计业务，汇总记账凭证是为了登记总账完全不同。在计算机账务处理子系统中记账和凭证汇总完全无关，这也是计算机账务处理子系统与手工方式记账的重要区别之一。

3.5.3　账簿输出

账簿输出分日报单输出、日记账输出、明细账输出、总账输出和辅助账输出。每种输出均有查询和打印两种输出方式。查询输出方法与凭证查询使用方法类似，使用时用户需要录入查询条件，系统根据用户录入的条件在屏幕上显示需要的账簿内容。需要打印时，用户可以操作对应功能键系统即将用户需要的账簿内容打印出来。

由于制度规定采用计算机替代手工记账的单位也需要保存文字的会计凭证和账簿，结账前和结账后打印的账簿应该有所区别。因此多数账务处理子系统软件，除了在账簿查询功能中设有打印功能供用户打印查询需要的账簿内容外，还设置了单独的账簿打印功能供用户打印全部结账后的账簿。这种打印功能用户不能选择打印范围，运行后系统自动打印制度规定的全部账簿。不是根据结账数据打印的账簿，系统一律作有特殊标记。为了减少明细账的打印工作量，一些通用软件设置了“满页打印”功能，该功能可控制系统对某些明细科目不足一页的部分留待以后打印．用户可根据会计制度的规定选择使用该功能。

账簿输出的格式由科目设置中的账类所决定，可以输出三栏式、数量金额式、复币式、多栏式等用户需要的各种账簿。也可以输出各种日报单。与手工会计不同的是，计算机账务处理子系统可以输出任何一级会计科目的对应账簿。

3.5.4　辅助核算信息输出

系统设置辅助核算功能的目的之一是提供更多的管理信息，不同的辅助核算提供的管理信息不同。

3.5.4.1　部门核算信息

计算机账务处理子系统中，如果用户进行了准确的部门核算与管理的设置，系统就可自动生成部门核算与管理的数据。

1. 部门核算信息

系统可通过屏幕显示或打印的部门核算账主要有以下几种形式。

(1) 部门总账

系统可根据用户指定的部门核算科目和会计期间，输出该部门核算科目下指定期间内各部门的期初余额、借贷方发生额及期末余额；也可根据用户指定的部门和会计期间，输出该部门下指定期间内对应各个部门核算科目的期初余额、借贷方发生额及期末余额。

(2) 部门明细账

系统可根据用户指定的部门核算科目和会计期间，输出该部门核算科目在指定期间内分部门的明细账；也可根据用户指定的部门和会计期间，输出该部门在指定期间内对应各个部门核算科目的明细账；还可通过指定部门核算科目及部门和会计期间，输出该科目、该部门下指定期间内的明细账。根据建立会计科目时所定义的账页格式，明细账的具体格式有金额式、原币金额式、数量金额式和原币数量式 4 种。具体输出明细账时，用户可选择输出格式。另外，还可输出多栏式明细账。

2. 部门管理信息

部门核算不仅为财务会计部门深入核算企业内部各部门的收入情况及各项费用的开支情况提供了方便，而且通过部门核算产生的核算数据，为企业及部门对部门业务的管理和各项费用的控制与管理提供信息。

(1) 部门收支分析表

部门收支分析表是对各个部门或部分部门指定期间内的收入情况和费用开支情况汇总分析的报表。统计分析的数据可以是发生额、余额或同时发生额和余额。

(2) 部门计划执行报告

部门计划执行报告是各部门的实际执行情况与计划数据的对比报表。通过部门计划执行报告，可以为管理者提供各部门完成计划的执行情况。部门计划执行报告主要有两种数据方式：一种是各部门在某部门核算科目下的实际发生额与计划发生额的对比数据；另一种是各部门在某部门核算科目下的余额与计划的比较数据。用户在具体使用时可自由选择。

3.5.4.2 个人往来信息

用户在完成了个人往来核算与管理所需的设置后，在进行日常业务时，若遇到个人往来核算业务(即科目为“个人往来”类)，系统会自动提示用户录入往来个人的代码或姓名及其所在的部门代码或名称；记账时，系统就自动生成了个人往来核算与管理的数据。

1. 个人往来核算信息

(1) 个人往来明细账

系统可提供用户指定的部门和会计期间内的部门个人往来明细账；也可以根据用户指定的科目和会计期间，输出个人科目明细账。

(2) 个人往来余额表

系统可以输出指定会计期间内某科目、某部门下所有人的发生额及余额表；指定会计期间内某部门往来个人的各往来科目的发生额及余额表；指定会计期间内某个人往来核算科目下所有人的发生额及余额表。

2. 个人往来管理信息

(1) 个人往来清理

个人往来清理是对个人的借款、还款情况进行清理，使用户及时了解个人借款、还款情况，清理个人借款。系统对个人往来账的清理是通过核销的方式进行的，通常有自动核销和手工核销两种方式。

自动核销。往来自动核销是按专认、逐笔、总额 3 种方式进行核销的。

- 专认核销方式是指对同一科目下业务号相同，借贷方向相反，金额一致的两笔分录进行自动核销。
- 逐笔核销方式是指在用户未指定业务号的情况下，系统按照金额一致、方向相反的原则进行自动核销。

- 总额核销方式是指当某个人的所有未核销的借方发生额之和等于所有未核销的贷方发生额之和时，系统则将这几笔业务进行自动核销。

系统一般在记完账后或在期末查询或打印往来账前进行自动核销，并将所有已结清的往来业务打上核销标志。

手工核销。对于由于制单过程中可能出现的误操作或其他业务原因导致无法使用自动核销的个人往来业务，可以采用手工核销的方式进行核销。

(2) 个人往来账龄分析

个人往来账龄分析是指对个人往来款余额的时间分布情况进行账龄分析，以便财务人员及时了解个人往来款项的资金占用情况，及时催收或支付款项。

(3) 个人往来催款单

系统一般都提供打印指定的个人往来的往来款项催款单的功能，以便用户及时地清理个人借款。

3.5.4.3　项目核算与管理

用户在完成了项目核算与管理所需的设置后，在进行日常业务时，若遇到项目核算业务(即科目为“项目核算”类)，系统会自动提示用户录入项目名称；记账时，系统就自动生成了项目核算与管理数据。

1. 项目核算信息

(1) 项目账输出

通过项目核算功能，主要可形成并输出以下类型的项目账。

- 项目总账。项目总账是反映某项目大类中的各个具体项目对应各个科目的各期(通过起始月份与终止月份指定的)发生额和余额的账簿。
- 某科目的项目明细账。某项目核算科目下，各项目的明细数据，有三栏式和多栏式两种格式。
- 某项目的项目明细账。某具体项目对应各个科目下的明细数据。

(2) 核对项目账

这是系统提供的进行项目账自动对账的功能。通过该功能，系统将检查核对项目账间是否相符，项目明细账与总账是否相符等，并输出核对结果。

2. 项目管理信息

项目管理是核算型软件向管理型软件过渡的又一典型功能之一。这里的项目管理实际上是为对某项业务的分项管理提供管理信息资料。项目管理主要包括以下内容。

(1) 项目统计表

项目统计表即反映各项目在各个对应科目下的期初余额、借贷方发生额及期末余额的汇总报表，通过此汇总报表可为管理者提供各项目的进展情况及各项目的开支情况，以便于对项目进行管理和控制。该功能可以统计所有项目在所有对应科目下的余额和发生额情况，也可根据用户的选择输出部分项目在其对应的部分项目、核算科目下的余额及发生额情况。

(2) 项目执行计划报告

项目执行计划报告是各项目的实际执行情况与计划数据的对比报表。它可以为管理者提供各项目完成计划的执行情况。项目执行计划报告主要有两种数据方式：一种是各项目在对应科目下的实际发生额与计划发生额的对比数据；另一种是各项目在对应科目下的余额与计划的比较数据。用户在具体使用时自由选择。

3.6 资 金 管 理

本节所说的资金，是指现金和银行存款。在手工条件下，按照内部控制制度的要求，一般单独设立出纳进行现金和银行存款的核算和管理。在出纳人员的诸多工作中对支票的管理和进行银行对账是两个比较繁杂的工作。为了方便出纳人员使用，账务处理子系统提供了支票登记簿功能和银行对账功能，以便对支票领用和单位的银行存款日记账进行严格的管理。

3.6.1 支票登记簿

支票登记簿功能是方便用户对领用支票的管理而设置的功能，使用时需要事先在结算方式设置中设置使用支票登记簿选项。当领用支票时，银行存款出纳员应使用支票登记簿功能登记支票领用时间、领用部门、领用人、支票号等项目。报销支票时通过输入记账凭证中银行辅助核算的结算方式和支票号，系统会自动在支票登记簿处记录该支票的报销日期。由于该功能可以按支票的领用部门和领用人进行各种统计，因此可以及时发现哪些支票没有报销，从而可以帮助出纳人员对支票的领用进行严格的管理。

3.6.2 银行对账

银行对账是各单位出纳员最重要的日常工作。为了避免银行存款账目发生错误，正确掌握银行存款的实际余额，同时减轻出纳人员的繁琐劳动，通用账务处理子系统设置了银行对账功能。银行对账功能用于将银行对账单和账务处理子系统内的银行存款日记账相互进行核对，产生银行存款余额调解表。

银行对账功能包括：录入初始未达账，录入银行对账单，对账，查询打印未达账，查询打印银行存款余额调节表等子功能。

银行对账的基本工作过程如下。

1. 录入初始未达账

录入初始未达账是系统初始设置的一个重要内容。它的作用是将系统启用前手工业务处理时的未达账项(即手工会计最后一次对账时的银行存款调节表中的内容)和银行所记账的余额录入计算机账务处理子系统中(企业银行存款的初始余额在初始余额设置中已录入系统)，以保证数据的连续和完整。录入时，如果该账套有多个银行对账科目，则首先选择对账科目，录入初始余额，然后按屏幕显示的格式逐项录入。录入结算单据号时应与填制记账凭证时录入的位长相同，因为这是计算机自动对账的重要依据。屏幕显示格式如图 3-10 和图 3-11 所示。

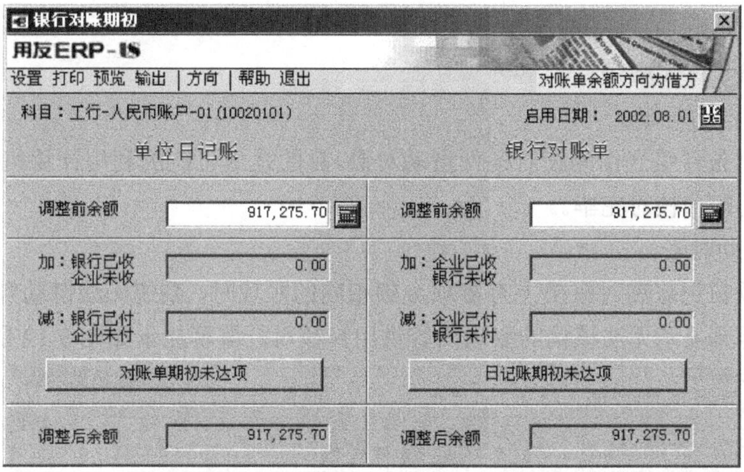

图 3-10　银行对账期初余额录入对话框

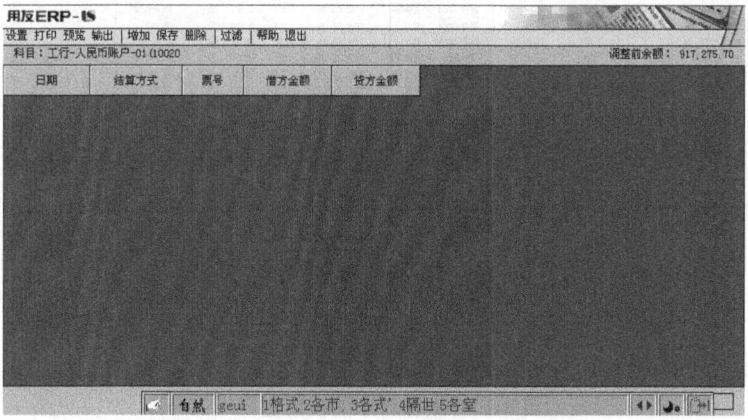

图 3-11　银行对账单期初未达账项录入窗口

初始余额录入完毕，系统将自动检测调节后余额是否平衡，如果不平衡，系统将给出提示要求改正，直至正确为止。

2. 录入银行对账单

录入银行对账单是日常银行对账工作的开始。应按屏幕显示格式(如图 3-11 所示相同)逐项、逐笔录入。不允许将几笔业务的发生额相加，作为一笔业务输入系统。

3. 银行对账

所谓银行对账，指系统对某一对账科目的银行存款日记账和银行对账单每笔业务进行核对，对于核对上的项目系统自动加注核对标记，未核对上的项目作为未达账，据以编制银行存款余额调节表。

在计算机账务处理子系统中，对账方式通常分为自动对账和手工对账，手工对账一般作为自动对账的补充。自动对账可以选择结算方式相同、结算票号相同、金额和方向相同 3 个条件中的一个或几个的组合作为确定已达账的条件。选定对账条件后系统将根据确定的条件自动标示出已达账项。

对账时可按以下步骤进行。

(1) 计算机自动对账。

先选用 3 个条件组合作为核对条件自动对账，目的是尽可能的利用计算机自动对账功能将多数较确定的账项核对完毕。

(2) 手工辅助对账。

若银行存款日记账和对账单上有多项金额相同的账项时，系统无法自动判断，只能由手工对账。此时屏幕显示无法核销的账项内容供用户核对。屏幕显示如图 3-12 所示。

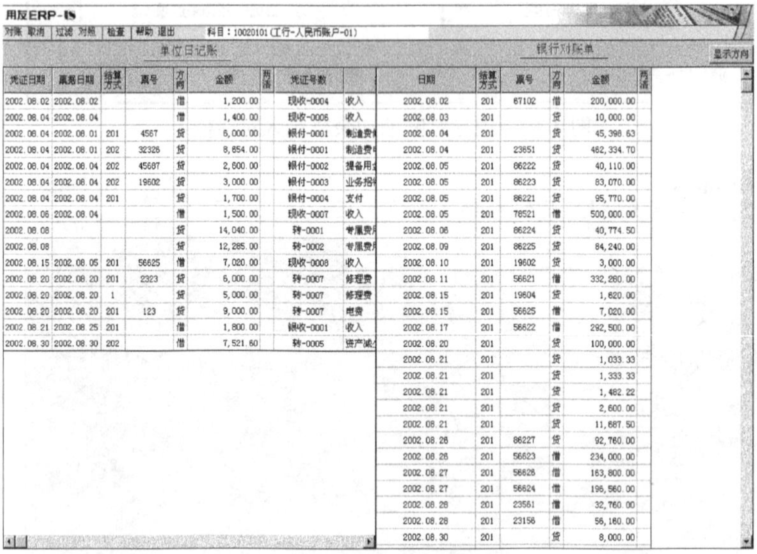

用友ERP-U8

对账 取消 | 过滤 对照 | 检查 | 帮助 退出　　科目：10020101(工行-人民币账户-01)

单位日记账

凭证日期	票据日期	结算方式	票号	方向	金额	两清	凭证号数	
2002.08.02	2002.08.02			借	1,200.00		现收-0004	收入
2002.08.04	2002.08.04			借	1,400.00		现收-0006	收入
2002.08.04	2002.08.01	201	4567	贷	6,000.00		银付-0001	制造费
2002.08.04	2002.08.01	202	32326	贷	8,654.00		银付-0001	制造费
2002.08.04	2002.08.04	202	45687	贷	2,600.00		银付-0002	提备用
2002.08.04	2002.08.04	202	19602	贷	3,000.00		银付-0003	业务招
2002.08.04	2002.08.04	201		贷	1,700.00		银付-0004	支付
2002.08.06	2002.08.04			借	1,500.00		现收-0007	收入
2002.08.08				贷	14,040.00		转-0001	专属费
2002.08.08				贷	12,285.00		转-0002	专属费
2002.08.15	2002.08.05	201	56625	借	7,020.00		现收-0008	收入
2002.08.20	2002.08.20	201	2323	贷	6,000.00		转-0007	修理费
2002.08.20	2002.08.20	1		贷	5,000.00		转-0007	修理费
2002.08.20	2002.08.20	201	123	贷	9,000.00		转-0007	电费
2002.08.21	2002.08.25	201		借	1,800.00		银收-0001	收入
2002.08.30	2002.08.30	202		借	7,521.60		转-0005	资产减

银行对账单　　显示方向

日期	结算方式	票号	方向	金额	两清
2002.08.02	201	67102	借	200,000.00	
2002.08.03	201		贷	10,000.00	
2002.08.04	201		贷	45,398.63	
2002.08.04	201	23651	贷	462,334.70	
2002.08.05	201	86222	贷	40,110.00	
2002.08.05	201	86223	贷	83,070.00	
2002.08.05	201	86221	贷	95,770.00	
2002.08.05	201	78521	借	500,000.00	
2002.08.08	201	86224	贷	40,774.50	
2002.08.09	201	86225	贷	84,240.00	
2002.08.10	201	19602	贷	3,000.00	
2002.08.11	201	56621	借	332,260.00	
2002.08.15	201	19604	贷	1,620.00	
2002.08.15	201	56625	借	7,020.00	
2002.08.17	201	56622	借	292,500.00	
2002.08.20	201		贷	100,000.00	
2002.08.21	201		贷	1,033.33	
2002.08.21	201		贷	1,333.33	
2002.08.21	201		贷	1,482.22	
2002.08.21	201		贷	2,600.00	
2002.08.21	201		贷	11,687.50	
2002.08.26	201	86227	贷	92,760.00	
2002.08.26	201	56623	借	234,000.00	
2002.08.27	201	56628	借	163,800.00	
2002.08.27	201	56624	借	196,560.00	
2002.08.28	201	23561	借	32,760.00	
2002.08.28	201	23156	借	56,160.00	
2002.08.30	201		贷	8,000.00	

图 3-12　银行对账的核销窗口

用户手工核销的具体方法是：根据摘要的内容逐项判断是否为已达账项，对已达账项操作对应功能键进行核销。手工核销的基本目的是尽量消除各种原因造成的虚假未达账。

一般造成虚假未达账的原因可能有以下几方面。

- 业务处理不规范。将两笔业务发生额相加作为一笔业务登账，如用两张支票购买相同物品合并登记一笔账。或将一笔发生额分成两笔业务登账，如用一张支票购买两种以上物品分开登账。
- 更正错账。当采用蓝字部分补充登记或红字部分冲销更正银行存款日记账的错账时，会产生银行存款日记账上两笔记录与银行对账单上一笔记录对应的情况。

如果在对账过程发现银行存款日记账中有记账错误，应使用规定的错账修正方法予以修改更正。

- 录入错误。录入对账单时将金额或结算单据号录入错误，造成计算机无法核对形成虚假未达账。

(3) 核销已达账。

核销已达账就是将已达账从机内辅助账簿中予以删除，从而避免已达账项占用过多的硬盘存储空间和影响计算机运行速度。通常对账完毕退出对账功能时，系统将提示用户是否删除已达账项，除非必须保留，一般一个月应该至少删除一次。

4. 输出对账结果

对账完毕，系统将自动生成“单位未达账项”、“银行未达账项”、“已达账项”，检查余额是否相等并编制“银行存款余额调节表”。用户可以通过显示器或打印机输出这些结果。为了彻底消除虚假未达账，还应对余额调节表作进一步的检查，这种检查只能靠人工目测来完成。检查完毕通常应该将银行存款余额调节表打印出来，作为会计档案保存。

本章小结

账务处理子系统是会计信息系统的核心子系统。它不仅改变了会计数据的处理方式，而且由于计算机数据处理特点，部分地改变了传统会计的业务流程。账务处理子系统的初始化设置工作是将一个通用商品化软件与一个单位具体的会计核算和管理衔接，及前期手工业务向计算机会计业务处理过渡的桥梁。初始化设置主要包括：科目体系设置、凭证类型设置、部门分类、档案设置、项目设置、客户/供应商分类和档案设置、初始余额录入、自动转账凭证设置等。账务处理子系统的日常业务处理包括：凭证输入、修改、审核、记账、结账及各种会计账簿的输出。凭证输入与审核是会计日常业务处理中最重要的一个环节，因为只有保证输入账务处理子系统的每张凭证是正确的，才能保证账务处理子系统输出的各种账簿及报表是正确的。计算机账务处理子系统中的记账、结账概念与手工账务处理子系统中的记账、结账概念已经有了很大的区别。特别值得一提的是账务处理子系统的辅助核算功能，只要进行合理的设置，就可以提供管理所需的各种“交叉立体”信息。账簿的输出在账务处理子系统中也变得灵活多样，系统可以随时输出各个科目在某个时期的发生额及各科目的余额，也可以输出按部门、项目等统计、汇总的数据。

案例分析

某企业准备购买商品化会计信息系统软件，在论证中有人认为：

1. 既然账务处理子系统有应收、应付辅助核算功能，因此没有必要购买应收、应付子系统。

2. 目前手工会计系统使用的会计科目体系一直沿用了多年，也没有感觉有什么问题，因此在计算机系统中完全可以照搬这一体系。

对于这些问题你是如何认识的？如果你有不同意见，你有哪些理由可以说服他们？你认为哪些类型的企业可以不必购买应收、应付子系统？哪些企业需要购买？理由是什么？

复习思考题

1. 简要叙述账务处理子系统基本业务流程并分析计算机账务处理子系统业务流程与手工会计流程的区别。

2. 账务处理子系统使用前需要做哪些准备工作？在做这些准备工作时需要注意哪些问题？

3. 账务处理子系统初始化过程中，对该系统所做的进一步控制设置主要包括哪些？

4. 简要叙述账务处理子系统初始设置的基本内容及设置原则。

5. 如何进行凭证录入和审核？在进行凭证录入和审核时需要注意哪些问题？

6. 期末业务处理包括哪些操作？使用时需要注意哪些问题？

7. 计算机会计信息系统中对账的概念是什么？为什么在计算机会计系统中也需要对账？

8. 简要叙述出纳管理的主要功能和基本使用方法。

第4章　报表处理子系统

不管是财务报表还是管理报表都是企业财务与经营数据的汇总，反映企业财务与经营状况，为企业的管理者提供决策的依据。因此，编制报表就要求全面、真实和及时。计算机的报表处理子系统与其他业务系统紧密相连，能更全面、更真实和更及时地编制报表，更好地满足企业管理与决策的需要。

4.1　报表处理子系统概述

企业的报表分为两种：一种是对外财务报表；另一种是对内管理报表。随着信息技术的不断发展及企业管理水平的提高，企业会计信息系统管理的事务越来越多，如何利用计算机报表处理子系统，更容易、更及时、更全面地编制报表将是本章要讲述的内容。

4.1.1　企业报表概述

1. 对外的财务报表

在企业日常的会计核算中，企业所发生的各项经济业务都已按照一定的会计程序和方法进行了连续、系统的反映，企业在一定时点的财务状况和一定期间的经营成果在日常会计记录中已经得到反映。但这些日常核算资料数量巨大且比较分散，缺乏系统性，企业的会计信息使用者无法直接利用这些分散的会计资料来分析评价企业的财务状况和经营业绩，据以做出正确决策。因此就有必要定期地对日常的会计核算资料加以整理、分类、调整、汇总，编制成相应的会计报表，以表格、数字和附带的文字说明的形式向有关方面提供全面、综合的会计信息。换句话说，会计报表的编制过程，就是对有关会计信息进行集中、整理和再加工的过程。更明确地说，会计报表是会计凭证数据的汇总。

根据新颁布的会计准则，企业对外的财务报表主要有：资产负债表、利润表、现金流量表和所有者权益变动表等。这些报表一般又按报表报送的时间间隔分为：月报、季报、半年报和年报。

2. 对内的管理报表

企业根据内部的管理与考核的需要，企业要编制对内的管理报表。对内的管理报表与对外财务报表的主要区别表现为以下几点。

(1) 对外的财务报表格式固定，而对内的财务报表格式不固定。

(2) 对外的财务报表是会计核算的结果，数据来源就来自会计凭证，而且这些数据都是实际发生的数据。而对内的管理报表，数据来源不单来自会计凭证，也可来自其他的业务单据；不但包含实际发生的数据，而且包括预算的数据。

(3) 对外财务报表的主体是企业，而对内管理报表的主体可能是企业，也可能是企业下属的各个单位。

(4) 对外报表的报送时间是固定的，而对内报表报送的时间根据企业的需要而定。

4.1.2　通用会计报表处理子系统概述

目前最常用而且人们最熟悉的通用报表处理子系统莫过于 Excel 了。它运算速度快，灵活实用，操作简便，功能强大，深受用户欢迎，在各种事务处理中得到广泛应用。在我国，随着计算机的日益广泛应用，办公自动化程度不断提高，各个经济管理和业务处理部门迫切希望利用计算机这一先进技术来处理日常工作中的大量庞杂的报表数据，这为报表软件的开发、推广提供了广阔的市场。各种国外的先进表处理软件不断引进国内，我国自己也开发了不少好的报表软件，这些软件在各单位的事务处理工作中发挥了重要作用。但是，这些通用表处理系统在报表的编制工作中由于受到种种因素的制约，目前使用并不广泛。这些制约因素主要有以下几方面。

1. 受商品化软件的制约

我国大多数企业使用商品化会计软件开展本单位的会计核算工作，而这些软件出于系统安全性和版权保护的需要，软件本身是加密的，系统的内部结构和源程序对用户是不公开的。因此用户很难使用通用表处理软件从各个商品化会计软件中调取数据，编制满足要求的报表。尽管有些商品化软件在这方面已做了很多的改进。

2. 受会计人员计算机知识水平的制约

我国会计人员的计算机知识普遍较低，因此即使软件公司公开会计软件的数据结构，大多数会计人员也很难使用诸如 Excel 等表处理软件从会计软件中调取数据，编制报表。

因此，目前我国绝大多数单位使用计算机编制会计报表通常使用两类表处理软件：一类是会计软件本身配备的表处理系统；另一类是使用系统或行业为特定需要设计开发的专用表处理系统。后者专用性强，运行速度快，使用简便，但只能编制规定的专门报表，通用性很差。前者通常是通用表处理系统，这类通用报表处理子系统除了提供报表生成功能外，还为用户提供了一套对报表进行维护、加工处理的完整体系，甚至针对不同行业编制好一系列常用的报表模板，以方便用户使用。这些软件格式设计和数据处理功能强大，安全保密性好，可靠性高，基本能够满足企业编制对外财务报表和对内管理报表的需要。这种通用会计报表处理子系统的使用方法是本章介绍的重点。

值得指出的是：通用会计报表处理子系统虽然有强大的会计报表格式设计和数据处理能力，但与 Excel 等通用报表处理系统比较，无论是数据分析、统计还是根据报表数据生成各种统计图形，例如，折线图、直方图等功能都有较大差距，难以编制复杂或特殊格式的会计报表。因此不少企业在编制复杂或特殊格式的会计报表时，往往借助 Excel 等通用报表处理系统，对会计报表处理子系统生成的报表数据进行二次处理。由于二次处理时需要会计软件具有 Excel 等表处理软件可以接受的标准数据接口，否则只能手工将数据输入 Excel 等通用报表处理系统，因此费工费时效率很低，只能作为特殊情况偶尔为之。

还需要指出的是：有些商品会计软件为了满足企业的报表编制、汇总和分析的需要，也为了减少开发费用，缩短开发周期，采用了将会计软件与 Excel 联系的所谓“捆绑式”的处理方法。这种方法是在会计软件中提供公开的数据接口，使用户可以方便地从 Excel 中通过数据接口或使用取数公式从会计软件中调取各种会计与业务数据。利用 Excel 强大的表处理功能、数据分析统计及图形处理功能，用户可以方便地编制所需要的各种对外与对内报表，并进行报表数据的分析和统计处理。应该说这是我国会计软件开发中值得提倡的方法。

4.1.3　报表处理子系统的基本概念

通用会计报表处理子系统处理报表数据的思路与传统手工方式一致，即首先编制会计报表的格式，然后进行数据的收集、处理，最后生成会计报表。但是，报表处理子系统对会计报表进行管理的方式却与传统手工方式有较大差异，由此形成了以下一些新的概念。

1. 报表的结构

一般而言，根据报表结构的复杂性，可以将报表分为简单表和复合表两类。

(1) 简单表

简单表是由若干行和列组成的报表，如资产负债表、利润表、现金流量表等。

(2) 复合表

复合表是由多个简单表组合形成的报表。它可以由简单表嵌套形成，也可以由多个简单表拼合而成，常见于企业的内部管理用会计报表。图 4-1 是复合表的一个实例。

对图 4-1 进行分析可知，该复合表是由 3 个简单表组合而成的，上方是一个简单表，反映产品的名称、产量、单价等信息；中间部分仍是一个简单表，反映产品在各种情况下的成本项目数据；下方也是一个简单表，反映构成该项产品的主要技术经济指标。

复合表的结构比简单表复杂得多，在处理上不如简单表那样方便，但由于目前会计软件的报表处理子系统中已广泛应用 Excel 技术，从而使得对复合表的处理也变得简便易行。总之，无论是简单表还是复合表，报表的格式和项目一般固定不变，而其中的数据却由于时间的不同而不断变化。

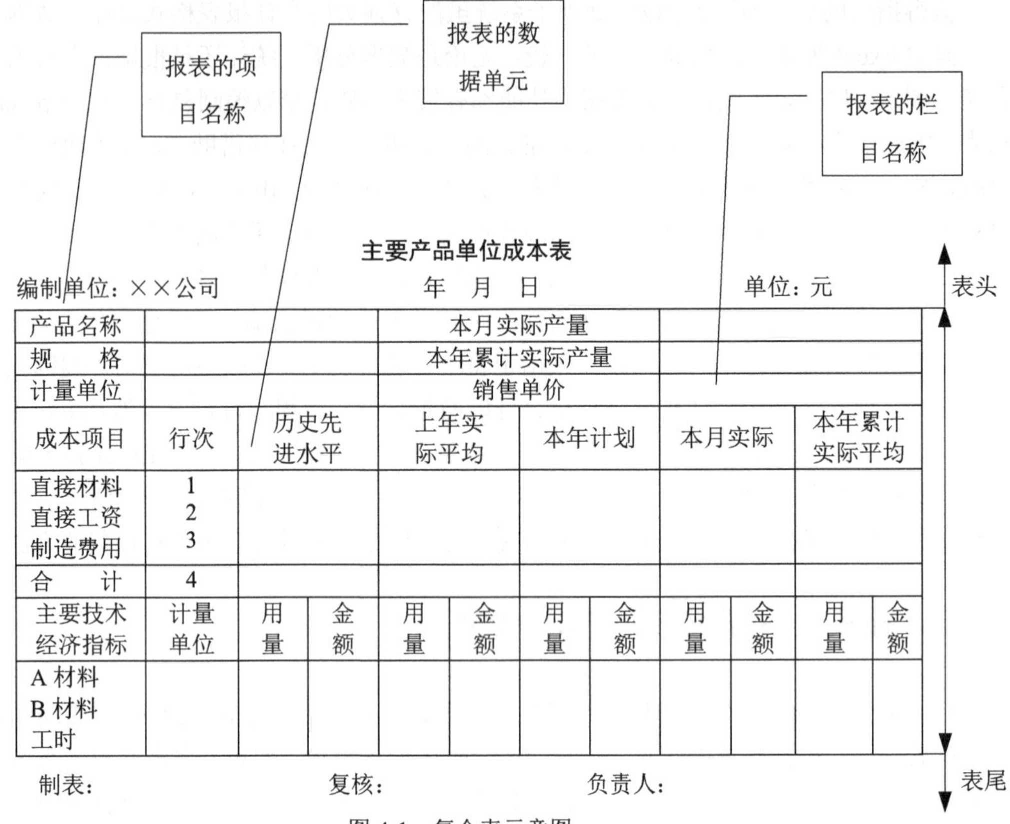

主要产品单位成本表

编制单位：××公司　　　　年　月　日　　　　单位：元

产品名称				本月实际产量							
规　　格				本年累计实际产量							
计量单位				销售单价							
成本项目	行次	历史先进水平		上年实际平均		本年计划		本月实际		本年累计实际平均	
直接材料 直接工资 制造费用	1 2 3										
合　　计	4										
主要技术经济指标	计量单位	用量	金额	用量	金额	用量	金额	用量	金额	用量	金额
A 材料 B 材料 工时											

制表：　　　　复核：　　　　负责人：

图 4-1　复合表示意图

2. 报表的格式

报表格式构建了一张报表的基本框架。在计算机报表处理子系统中，所谓报表格式实质上是一个保存在计算机中的模板，使用这个模板可以无限复制相同格式的表格供用户使用。无论简单表还是复合表，其报表格式一般包括 3 个基本要素，即表头、表体和表尾。不同单位、不同行业、不同地区、不同内容和不同时间的各种报表其区别就表现在这几部分上的不同。

(1) 表头

表头主要用来描述报表的标题、编制单位名称、编制日期、计量单位等内容，其中编制日期随时间改变，其他内容则每期固定不变。

(2) 表体

表体是一张报表的核心，它是报表数据的主要表现区域，是报表的主体。表体由报表栏目名称、报表项目名称和报表数据单元组成。其中，报表的栏目名称定义了报表的列。有的报表栏目比较简单，只有一层，称为基本栏，如资产负债表等简单表；而有的报表的栏目却比较复杂，分若干层次，即大的栏目下分若干小栏目，小栏目下再分更小的栏目，这种栏目称为组合栏，如主要产品单位成本表等复合表。报表项目名称定义了报表的行。报表数据单元由表体中除报表的栏目名称和报表项目名称之外的横向表格线和纵向表格线形成的若干方格组成，这些方格用于填写表中的数据，这些方格称为基本表单元(简称表元)。表元是组成报表的最小基本单位，每一个表元都可以用它所在的列坐标和行坐标来表示，通过行和列可以找到二维表中的任何位置的数据，通常将确定某一表元位置的要素称为维。

如果要对多个相邻单元进行相同的操作，定义组合单元和区域可以简化操作。一般，将同一行上相邻的两个以上的单元组成一个区域，在报表处理子系统中是将其作为一个单元对待，则称这个区域为组合单元；而区域是由一组单元组成的，自起点单元至终点单元构成的一个完整的长方形矩阵。区域是二维的，最小的区域是一个基本表单元，最大的区域是一个表页的所有单元。

在报表编制过程中，向报表单元中填入的内容一般只有两种：一种是文字；另一种是数字。其中文字部分通常用来表示报表的栏目名称和报表项目名称。它们在编制不同会计期间的同一张会计报表时与表头、表尾等一样，内容基本固定不变。

(3) 表尾

表尾是表体以下进行辅助说明的部分，它还包括编制人、审核人等内容。

由于报表处理子系统定义报表格式的方法与 Excel 的方法完全一致，从而能使报表的表头、表体和表尾的设置同时进行。报表格式除了表头、表体和表尾 3 大基本要素外，在具体进行设置时，还应包括报表尺寸和表格线等。

3. 报表公式、报表文件和关键字

(1) 报表公式

在计算机报表处理子系统中，报表的格式和报表的数据是分开处理和管理的。其中报表的格式起着说明数据的经济涵义和管理数据的作用，一般固定不变。而报表数据则起到反映相应经济指标大小的作用，会因时间的不同而变化。

在计算机条件下进行报表编制时，表中数据一般不由手工从键盘输入，那么，这些数据又是如何产生的呢？通过对传统手工条件下的报表数据来源进行总结，不难发现，无论是对外报送的会计报表，还是内部管理用的会计报表，一般情况下，报表中的数据可能来源于以下途径。

- 由总账各科目的余额与发生额产生；
- 由明细账各科目的发生额或余额产生；
- 由辅助账统计产生；
- 由本表计算产生；
- 由其他报表产生；
- 由其他资料产生；
- 由其他业务系统的统计数据产生；
- 直接规定字符或常数；
- 临时输入所产生的数据。

在计算机条件下，对于这种重复而有规律的业务，是通过设置报表计算公式，由计算机根据公式自动从指定的文件中调取完成的。所以设置报表计算公式，实际上是告诉计算机要取账务处理子系统与各业务系统的哪些数据。这些计算公式就是报表公式的一个最主要的构成部分。

报表公式除了上述报表计算公式外，还包括报表审核公式。报表审核公式的作用是根据报表数据间的勾稽关系检查报表数据是否正确。例如，资产负债表的左方和右方存在平衡相等的关系，“主营业务收支表”和“利润表”的很多数据是一致的，如销售收入、成本、费用、税金数据，两表之间必须相等。通过执行报表审核公式，可以发现报表计算公式中存在的部分错误，以便于对报表计算公式进行更正。

在报表的编制过程中，虽然报表中的数据在不同时间并不相同，但同一报表中各个单元填列数据的规律一般是不变的，例如，资产负债表中货币资金项目总是从现金、银行存款和其他货币资金科目调取数据并相加求和产生。因此报表公式一经设定，在编制不同时间的同一会计报表时公式的内容也是固定不变的，每次编制报表通常不需要重新设置。

由于报表的格式和公式在编制不同时间的同一会计报表时通常是不变的，报表格式和报表公式构成了同一会计报表的基本结构，因此在计算机报表处理子系统中一般将它们合称为报表结构。而将报表处理软件运行报表结构文件得到的，填列好具体数字的报表称为数字报表。

(2) 报表文件

在计算机报表处理子系统中，报表是报表处理子系统中存储数据的基本单位，它以文件的形式存储在计算机的存储器中。报表处理子系统中的打开、关闭、保存等命令都是根据报表名字进行处理的，如以“资产负债表”作为一个报表文件的名字。各个不同的报表处理子系统有不同的扩展名。

每个报表文件可以包含有多张数字报表。为了便于管理和操作，一般把经济意义相近的报表放在一个报表文件中，如“资产负债表”报表文件中就可以包含 1 月到 12 月共 12 张资产负债表，每张资产负债表都是一张二维表，将多个相同的二维表叠在一起形成一个三维表。可以说，报表文件就是一个三维表。这时，寻找某一个数据的要素需增加一个，即表页，在报表文件中确定一个数据的要素为：＜表页名或表页号＞，＜行＞，＜列＞。

(3) 报表关键字

所谓关键字，就是在对三维电子表进行操作时，在多个表页间起到对表页进行定位、辨识作用的一类特殊的标志。在一个报表文件中，可能会有若干张表结构相同，如一年的资产负债表，只有依靠关键字才能在若干张表中准确地找到想要找的表页及表单元，进而对其进行相应的操作。例如，单位编号、单位名称、年份、季度、月份、日等均可作为报表处理子系统中的关键字。报表关键字实际上是一个计算机的取值函数，通常是在报表格式设置中进行设置。

4.1.4　报表处理子系统的处理流程和主要功能

1. 报表处理子系统的处理流程

编制会计报表是会计工作的目标之一，会计报表的编制过程具有很强的规律性。在手工会计条件下，会计报表编制的基本过程可分为 3 个步骤：一是设计并绘制表格线条及有关说明文字；二是查阅账簿内容，计算并填写数据；三是根据数据间的勾稽关系检查数据的正确性。尽管目前大部分表是由上级部门统一设计并印制好的固定格式报表，但从总体来看这一基本步骤仍然是存在的。手工方式下报表的编制流程如图 4-2 所示。

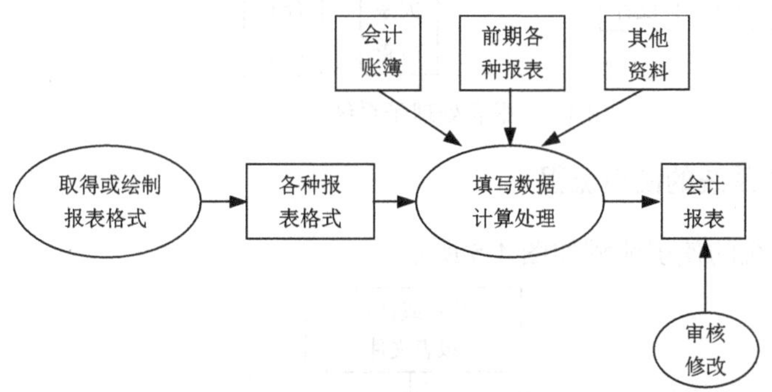

图 4-2　手工方式报表编制流程

在计算机会计条件下，报表处理子系统编制报表的基本处理流程与手工并没有什么大的区别，但是每一步骤的具体工作方法却大不相同。报表处理子系统编制报表的工作流程可分为以下 4 个步骤，即新建报表文件、报表格式及公式设置、报表编制和报表输出。其基本处理流程如图 4-3 所示。

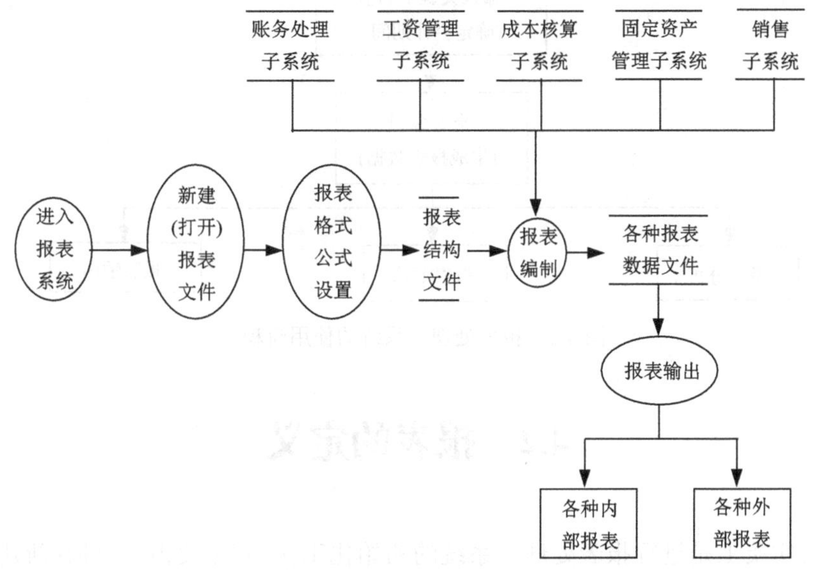

图 4-3　计算机报表处理子系统报表编制流程

2. 报表处理子系统的主要功能

报表处理子系统的主要功能包括：新建或打开报表、报表格式设计、报表公式设计、报表编制、报表勾稽关系检查、报表汇总合并传输、报表分析、报表输出、系统服务等。其功能结构如图 4-4 所示。

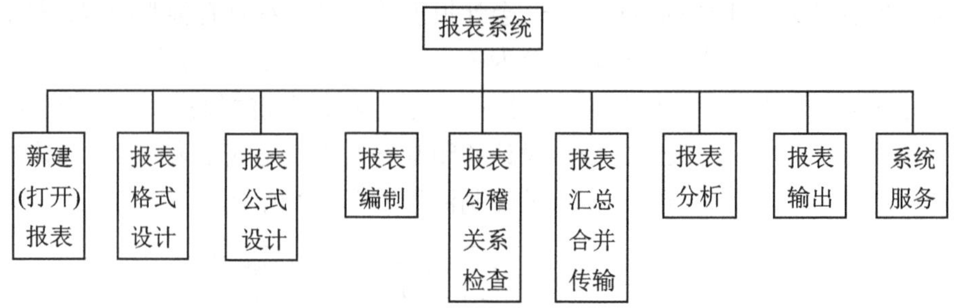

图 4-4　报表处理子系统功能结构图

3. 报表处理子系统的使用流程

报表处理子系统的使用流程如图 4-5 所示。

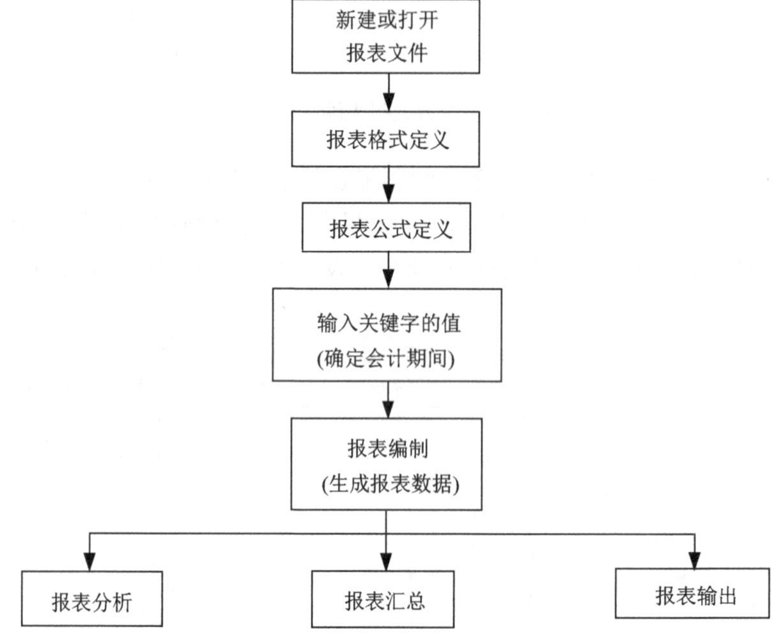

图 4-5　报表处理子系统的使用流程

4.2　报表的定义

报表定义实质上是进行报表处理子系统的初始化工作，其主要内容包括：新建报表文件、报表格式设置和报表公式设置 3 项内容。其中，报表公式的设置工作既是重点，也是难点，必须将会计知识与计算机知识有机地结合起来。只有报表定义的工作做好了，以后才可能由计算机自动、准确地编制所需的会计报表。

4.2.1 新建或打开报表文件

在计算机中，各种程序和数据都是以文件的形式存放的。会计报表处理子系统也不例外，为了制作一张新表，存放用户定义的报表格式、报表公式和报表数据，首先必须创建一个新的报表文件。报表文件建立以后，用户可以通过调用这个报表文件，对报表的格式和公式进行修改，并形成新的报表数据。一个报表文件只有一套报表格式和公式的设置，报表文件中的数据报表都是根据这一套报表格式和公式生成的。例如，根据资产负债表的格式和取数公式，建立一个报表文件专门编制资产负债表，这个报表文件不但存储资产负债表的格式和取数公式，还存储根据资产负债表的格式和取数公式而形成的各会计期间的报表数据。

4.2.2 报表格式设置

在创建或打开报表文件之后就可以进行报表格式的设置了，报表格式设置主要包括以下几个方面。

1. 报表尺寸定义

报表尺寸定义的目的是确定报表的行数和列数，其单位是表行和表栏。报表尺寸确定了，报表占用的范围也就确定了。

2. 单元属性定义

单元属性主要指的是单元内容的字体、字号、字型、对齐方式、颜色图案等设置。设置单元属性会使设计的报表更符合阅读习惯，更加美观清晰。定义单元属性可以首先确定区域，定义时对整个区域进行定义以简化操作。

3. 组合单元定义

在整表设置方式中，在设定的范围内所有的处理都是以单元为基本处理单位。在进行格式设置时，对报表的标题、表尾的说明文字等在一个单元中无法登录的较长文字，可以使用将横向几个相邻单元组合成一个组合单元。使用组合单元功能还可以解决复合报表表头的设置工作。

由于可以通过鼠标直接定位，许多处理变得简单易行，如组合单元，选择画表格线的区域等。

报表格式设计主要确定了一张报表的以下内容。

(1) 报表的框架结构。例如，报表的行数与列数，表单元的分割与合并状态。

(2) 报表单元的显示与打印格式。例如，各表单元的显示与打印的字体、字型与字的大小。

(3) 表格的文字部分。

4.2.3 报表公式设置

报表格式设计完成之后，便在计算机中以模板的形式保存，以后就可反复调用该表格，相当于已在计算机中准备了空白表格，以后编制报表时，只需要往里填入数据。前面已经讲过，虽然报表中的数据在不同时间并不相同，但同一报表中各个单元填列数据来源的渠道一般是不变的，例如，资产负债表中货币资金项目总是从现金、银行存款和其他货币资金科目调取数据并相加求和产生。因此，可以通过设置报表公式，告诉计算机取什么数据，以后计算机就可根据事先编制好的报表公式自动取得所需要的数据，从而自动产生所需要的报表。

通用报表软件中的公式分为计算公式和审核公式。

1. 报表计算公式的设置

报表计算公式是在编制报表时，确定表元的数据来源的公式，主要的作用是，在报表生成的过程中，通过设定的计算公式，系统从根据公式描述的数据库文件中提取到指定的数据，进行表达式指定的计算，将计算结果放入表元中。

确定计算公式时，主要考虑以下几个方面。

(1) 确定表元的数据来源及取数所要满足的条件

报表处理子系统中的数据一般来源于以下几个方面。

- 从账务处理子系统取数，这是报表处理子系统数据的主要来源。
- 从其他核算系统取数，如工资管理、固定资产管理、成本核算、销售等系统的数据。
- 从报表处理子系统自身取数，可以从其他报表取数，也可以从本表取数。
- 从系统外部取数，包括直接通过键盘录入，从软盘读入或通过网络传输。
- 从其他会计软件取数等。

从账务处理子系统中取到的数据如图 4-6 所示。

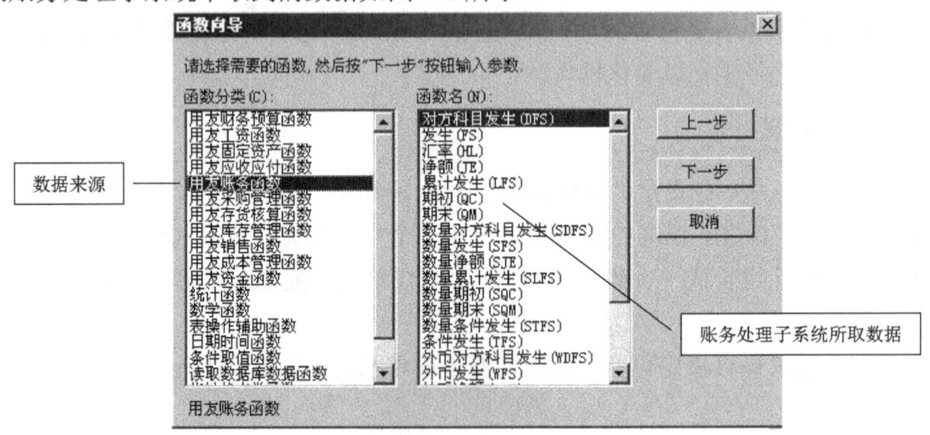

图 4-6　账务处理子系统的取数函数

账务处理子系统所取数据一般包括：

- 科目借方发生额；
- 科目贷方发生额；
- 科目期初(末)借方余额；
- 科目期初(末)贷方余额；
- 科目累计数(包括借方累计、贷方累计)；
- 某种凭证的借方与贷方发生额。

(2) 报表计算公式的构成

报表计算公式由以下基本部分构成。

- 表元及坐标。表示表元在表中的位置。
- 运算符。包括："+"、"－"、"×"、"/"、"="等。
- 表达式。将常量、变量、函数用运算符连接起来的计算公式。

例如，某报表处理子系统公式格式为：

列号行号=QC(科目编码, 会计期间, 方向, 账套号)

其中：

列号用代表列的字符表示，如 C 代表第 3 列；行号用数字表示，如 2 表示第 2 行。

QC 是一个取数函数，表示取某账套、某科目、某会计期的期初余额。

科目编码、会计期、方向、账套号是取数函数的自变量。

例如，公式：

C3=QC("101", 年, 借, 01)+QC("102", 年, 借, 01)+QC("109", 年, 借, 01)

表示在报表第 C 列第 3 行填列的数据是由 01 账套中现金、银行存款和其他货币资金 3 个科目本年期初借方余额相加得到。

又例如，公式：

C10=PTOTAL(C6: C9)

表示 C10 表元的值是其他几个表元 C6、C7、C8、C9 表元值的合计数。

(3) 报表计算公式的生成方式

通用报表处理子系统中计算公式的生成有以下两种方式。

- 通过键盘直接录入公式

在这种方式下，只需按照公式的格式输入公式，其优点是输入速度快，但要求使用者对系统比较熟悉。

- 系统采取引导输入的方式自动生成公式

在这种方式下，使用者只需按照系统提示，回答系统提出的问题，例如，从何处取数、是什么会计科目、哪个会计期间、借方还是贷方、发生额还是余额等，系统即可自动生成需要的公式，这种方法对软件初学者来说，会感到非常易学、易用，但编辑速度较慢。

(4) 函数

为简化报表数据来源的定义，通用报表软件一般是将报表编制中比较固定的处理过程作成独立的模块，向用户提供针对性较强的一整套从各种数据库文件中调取数据的函数。前面公式 C3=QC("101", 年, 借, 01)就是一个取数函数。不同的报表软件函数的具体表示方法不同，但这些函数所提供的功能和使用方法一般是相同的，用户在使用时可查阅有关说明或求助系统的帮助功能。一个报表系统编制报表的能力主要是通过系统提供的取数函数是否丰富来体现的，取数函数越丰富该报表系统编制报表的能力越强。函数架起了报表处理子系统与其他系统、同一报表文件中不同报表之间、不同报表文件之间以及同一报表内部数据传递的桥梁。

账务处理子系统的常用函数有以下几种。

- QC(科目编码, 会计期间, 方向, 账套号)：表示取某账套、某科目、某会计期的期初借方或贷方的余额。
- QM(科目编码, 会计期间, 方向, 账套号)：表示取某账套、某科目、某会计期的期末借方或贷方的余额。
- FS(科目编码, 会计期间, 方向, 账套号)：表示取某账套、某科目、某会计期的借方或贷方的发生额。
- LFS(科目编码, 会计期间, 方向, 账套号)：表示取某账套、某科目、某会计期的累计借方或贷方的发生额。

其中：

“科目编码”可以是“总账编码”，也可以是“明细科目编码”。

“会计期间”可以是“全年”，也可以是“月”。具体是哪年哪月要在报表编制时通过关键字来指定。

“方向”可以是“借”，也可以是“贷”。

“账套号”可以是系统中已建立的账套号。由于在计算机中，可能存在多个账套所以必须指明从哪个账套取数据。

另外，由于财务软件中引进了辅助核算的概念，有些明细数据要从辅助账中取得，所以在函数中加入了辅助核算单位变量。函数的公式格式为：

函数名(科目编码, 会计期间, 方向, 账套号, 辅助核算单位)

例如，“应收账款”这个科目一般是按客户进行辅助核算的，如果要取“A 客户”应收账款期末借方余额，函数的表达式为：

QM(113，月，借，0001，A 客户)

2. 报表审核公式的设置

报表审核公式是报表数据之间关系的检查公式。它主要用于报表数据来源定义完成后，审核报表的合法性；报表数据生成后，审核报表数据的正确性。

在各类会计报表中，每个数据都有明确的经济含义，并且数据间往往存在着某种对应关系，称为勾稽关系。例如，资产负债表的资产合计应等于负债与所有者权益合计，这种平衡关系就是勾稽关系。如果在资产负债表编制结束后，发现没有满足这种平衡的勾稽关系，即可以肯定该表在编制过程中出现了错误。所以，在实际工作中，利用勾稽关系对报表进行检查是保证报表正确性的重要手段。为了满足财务人员编制报表时对数据审核功能的要求，通用报表处理子系统提供了数据审核功能，财务人员只需将报表数据之间的勾稽关系用审核公式表示出来，计算机即可按照审核公式定义的勾稽关系自动对报表进行审核。

报表审核公式的设置和报表计算公式的设置方法类似。它们的主要区别在于：审核公式用于对报表数据的勾稽关系进行检验，因此审核公式中允许使用的运算符除计算公式允许使用的运算符外还可以使用“>”、“<”、“<>”等逻辑运算符。

通过前面的介绍，可以看出，报表的公式定义是十分简单的。在整个报表设置过程中，无需使用计算机术语，全部采用会计术语。在定义数据来源时，像“数据库文件名”、“字段名”、“关键字”等词汇都由软件进行内部处理，用户看到的只是账簿种类、会计科目、金额、数量等会计名词。

此外，在整个公式定义的设计过程中，软件应符合财务人员的一些固有概念。

报表公式设计和报表表样格式设计一样，也是一次性设计的。设计完毕后，在下面的报表编制环节随时生成报表数据。对于生成后的报表如发现错误，不应在生成的报表结果上直接修改，只能到报表公式设计中去找问题，先改正公式设计中的错误，然后再生成。

此外，国家和上级在不同时期对报表都有不同的要求，对于用于企业管理的内部报表，这种要求就更多，这就决定了报表设计必须能够修改，这是报表适应性的重要一环。

4.3　报表处理子系统日常工作的处理

报表格式、公式设置完成之后，以后报表处理子系统对报表的日常处理工作便集中于编制报表、输出报表、报表的汇总、分析和维护上。

4.3.1　报表的编制

设置了报表格式和报表公式只是定义了报表的结构，如果想要得到填有需要数据的报表，还需进行报表的编制工作。报表的编制是由计算机在人的控制下自动完成的，具体报表的生成主要在于对数据取值期间的定义。编制报表的作用是使系统运行载有设置好的报表结构的文件，使其中的计算公式能从相应的数据源中调取数据填入相应的表单元中，从而得到数据表，系统将自动生成一个文件用以保存得到的数据表。为了区分不同月份的同一张表，每次编制报表前系统都将要求用户输入编制日期(即关键字)如图 4-7 所示，然后，系统按照用户输入的编制日期从账务处理子系统或其他业务系统调用数据，编制当前报表。例如，当月的表已存在，系统将要求用户确认是否重编，如果用户重新编制，则新编的表将覆盖已存在的旧表。因此，如果用户修改过表格式或表公式，则必须重新将该报表编制一遍，以得到按新结构生成的报表。

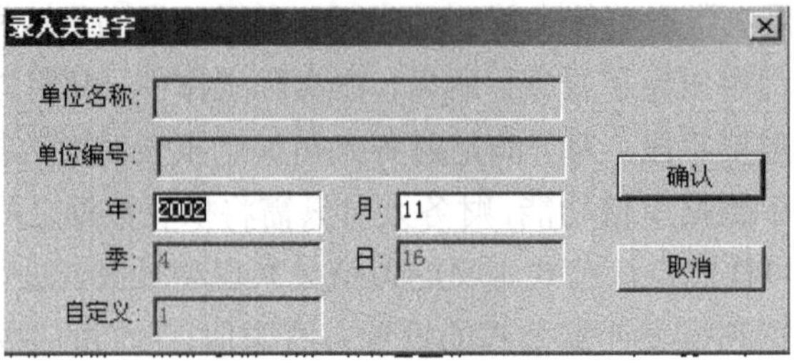

录入关键字
单位名称：
单位编号：
年：2002　月：11
季：4　日：16
自定义：1
确认
取消

图 4-7　录入关键字

在报表编制过程中，系统将对公式的格式进行检查，如有语法或句法错误系统将给予提示。但应注意的是：检查正确不等于公式的逻辑关系也正确，系统对公式的逻辑关系不进行检验，也很难进行检验。

报表处理子系统的日常工作主要是每月末编制报表并将编好的报表打印输出。每月编制报表前首先应将当月业务处理完毕(既包括日常业务的处理也包括期末摊、提、结转业务的处理)并结账。编制季度和年度报表也应按此原则处理。

注意：对会计报表的数据进行修改要视具体的情况而定，不属于报表编制方法的修改，应通过记账凭证进行调整。如果确属编制方法的问题，则通过报表数据来源的重新定义进行修改，不能对报表数据直接修改。

4.3.2　报表输出

通过对会计报表的编制，在系统内部生成了各种会计报表数据库文件，但生成的数据库文件还难以直观地反映出各种会计报表的内容，不便于报表使用者阅读，而且直接输出会计报表库文件也不利于会计档案的保存。因此，必须对生成的会计报表进行输出加工，以输出合乎规范，便于阅读，通俗易懂的会计报表。

报表处理子系统输出报表的方式主要有以下两种。

1. 屏幕显示输出

这种输出主要用于用户检查报表设置和编制是否正确，查询输出结果。

2. 打印输出

系统一般都提供打印设置功能，该功能可以对报表使用的字型、字号进行设置以调整报表字体的大小；可以对行距和列距进行设置来调整报表的大小；还可以设置表首的空行、表左面的空列，以调整表在打印纸上的位置；另外还可根据打印的需要设置页边距、页眉、页脚、纸张大小和纸张来源等。用户在打印报表前应使用该功能对相应内容进行设置，以得到满足需要的会计报表。此时输出的是按正规要求生成的正式报表。

除此以外，系统一般还可以打印空表和用户设置的公式清单，供用户检查公式设置使用。

4.3.3　会计报表的汇总和分析

1. 会计报表汇总

通用会计报表处理子系统的报表汇总功能是指：结构相同、数据不同的两张报表经过简单叠加生成一张新表的功能。

汇总会计报表一般有以下两种方式。

(1) 同一报表不同时期的汇总

该方式的汇总其目的是得到某一期间的汇总数据。同种报表不同期间的报表存放在一个报表文件中，对这些报表汇总，实际上是将按照统一格式管理的多张表页进行立体方向叠加。用户只要使用报表处理子系统提供的报表汇总命令，报表处理子系统就会自动进行汇总并生成汇总报表。

(2) 同种报表不同单位的汇总

主要用于总公司下属分公司有关报表的叠加，或者用于上级主管部门的下属单位的有关报表的叠加。

需要注意的是：报表汇总功能不能用于编制合并报表，这是因为合并报表是集团公司汇总总公司及下属各单位的有关会计报表的数据，以反映全公司的综合财务状况。合并时需要将各子公司之间的内部往来、内部投资等数据进行抵扣，而不是各子公司报表的简单叠加。编制合并报表必须使用具有编制合并报表功能的软件。进行报表汇总时，需要进行汇总的报表(编好的数据表)必须已经存在，且各表的结构必须相同。

2. 报表分析

报表分析就是使用各种方法对报表的数据进行分析。在报表软件中一般有两种分析方法：图形分析法、视图分析法。

(1) 图形分析法

图形分析法就是将报表中选定的数据以图形方式显示，使用户直观地得到数据的大小或变化的情况。

图形有比较直观、醒目、易理解等特点，在会计报表分析中早已普遍使用。图形实际上是表的延伸，它反映的仍然是分析表中的数据，只不过表现形式不同而已，一张分析表可以采用各种图形表示方式。在手工会计条件下，制图比较复杂，而且不太准确，又没有色彩。计算机处理复杂问题的准确性及彩色图形处理功能，为图形应用带来了广阔的前景。

图形分为两大类，即平面图形和立体图形。图形主要有点图、线图、直方图和饼图 4 种基本形式，其余各种图形都是基本形式的派生物。

目前国内流行的通用报表处理软件一般都提供饼图、直方图、折线图、立体图 4 种图形分析功能。

计算机制图的基本操作步骤如下：

- 选取绘图数据。
- 选择图形类型。
- 根据系统提示生成图形。

(2) 视图分析法

在报表处理子系统中，大量年度或月份数据是以表页形式分布的，正常情况下，每次只能看到一张表页。要想对各个表页的相同行列或列区域的数据进行比较，可以利用视图分析法。视图分析法是采用从某一张表或多张表中抽取具有某种特定经济涵义的数据，形成一张“虚表”，从而达到对多个报表数据在系统生成的“虚表”中进行重新分类、对比分析的效果。这种表的数据是通过数据关系公式从与其相关联的数据报表中抽取出来，反映在表上的。“虚表”本身不保存数据，因此也称这种“虚表”为视图。视图是数据报表的寄生表，没有数据报表就不可能产生视图。这种分析方法是手工会计报表分析难以实现的，因此这也是报表处理子系统提供的很有意义的重要功能。

4.3.4　报表的维护

报表的维护是报表处理子系统的一项基本功能，报表维护的基本功能有：报表的备份、报表恢复、报表删除、结构复制等。其中备份和恢复功能与账务处理子系统的备份和恢复功能类似，本处不再赘述。

1. 报表删除

实际工作中，每次编制报表都将生成一个存放数据表的文件，系统运行几年后报表的数据文件将很多，这些文件会占用大量的硬盘空间。为了系统的正常运行，需要定期(一般系统中只需保留 1～2 年数据表即可)从系统中删除以前的旧表。本功能即为此目的而设置。

使用报表删除功能时需要注意：报表删除功能不光可以删除编制得到的数据表，也可以删除表结构。报表结构一旦删除，如果需要使用只有重新设置，因此使用删除功能一定要注意系统提示，以免误删报表结构。一般情况，即使是不常使用的报表，不是绝对必要，也不应删除报表结构，这样一旦需要编制该报表，只要运行报表编制功能即可方便地生成需要的数据表。

另外，即使是确实不需要的报表结构，在删除时也应该将其备份，以备必要时恢复到系统中。

2. 结构复制

会计报表种类很多，每种报表的定义也较复杂，定义需要花费很多的时间。为了方便用户定义新的报表，报表处理子系统一般都提供了结构复制功能。使用该功能可以在定义新报表时，选择结构类似的报表进行复制，对复制过来的报表结构按需要进行修改即可使用，从而减少用户设置的工作量。

需要注意的是：报表结构复制功能只能复制报表的结构(即报表格式和报表公式)，不能复制编制后生成的数据报表。

4.4　现金流量表的编制

现金流量表是以现金为基础编制的财务状况变动表，反映企业一定期间内现金的流入和流出，表明企业获得现金和现金等价物的能力。其中，现金流量是指企业现金及现金等价物流入和流出情况，它包括经营活动产生的现金流量、投资活动产生的现金流量和筹资活动产生的现金流量。其中，现金是指企业库存现金以及可以随时用于支付的银行存款；现金等价物是指企业持有的期限短、流动性强、易于转换为已知金额现金，价值变动风险很小的投资。

财政部于 2006 年 2 月颁发了《企业会计准则 31 号——现金流量表》，准则规定了“现金流量表”编制的报表格式和各项目应填列的内容。对“现金流量表”的填制方法，准则规定主表采用直接法，附注(补充资料)采用间接法编制。同时介绍了工作底稿法和 T 型账户法两种具体的编制方法。两种编制方法出发点不同，编制过程也有差异，但无论哪一种方法都是以“资产负债表”和“利润表”数据为编制基础，以总账、明细账及记账凭证等资料为依据，对每一项目进行分析并编制调整分录，从而编制出现金流量表。由于整个编制方法的设计是以手工工作方式为基础的，难以适应计算机系统的工作特点。因此需要根据计算机工作特点设计“现金流量表”的具体编制方法，以便会计人员使用财务软件简单方便地编制“现金流量表”。

基于计算机工作的特点，使用财务软件编制“现金流量表”可以采用以下的基本处理方式：在科目初始设置时，将与现金流量变化有关和与现金流量无关的数据分开；在经济业务发生、会计凭证输入时，将不同现金流量分类的数据分开，以便编制“现金流量表”时，能分类汇总直接在表中列示，从根本上解决期末编制“现金流量表”的困难。下面介绍如何编制现金流量的主表。

编制现金流量的主表的方法又分为两种：一种是事先的方法，又称为辅助账法；另一种是事后的方法，又称为标志字段法。

4.4.1　辅助账法

辅助账法实现的基本操作步骤如下：

(1) 首先在账务处理子系统的初始设置中，设置现金流量表中各现金流量的项目，如图 4-8 所示。同时在科目设置时，将现金、银行存款设置为现金科目，交易性金融资产设置为现金等价物。很多财务软件已经预先设置好了现金流量表中各现金流量的项目，在此就可省略了。

项目编号	项目名称	是否结算	所属分类码	方向
18	偿还债务所支付的现金		0302	流出
10	处置固定资产、无形资产和		0201	流入
19	分配股利、利润或偿还利息		0302	流出
12	购建固定资产、无形资产和		0202	流出
04	购买商品、接受劳务支付的		0102	流出
22	汇率变动对现金的影响流出		0401	流出
21	汇率变动对现金的影响流入		0401	流入
16	借款所收到的现金		0301	流入
09	取得投资收益所收到的现金		0201	流入
17	收到的其他与筹资活动有关		0301	流入
03	收到的其他与经营活动的现		0101	流入
11	收到的其他与投资活动有关		0201	流入
02	收到的税费返还		0101	流入
08	收回投资所收到的现金		0201	流入
13	投资所支付的现金		0202	流出
15	吸收投资所收到的现金		0301	流入
24	现金及现金等价物净减少额		0501	流出
23	现金及现金等价物净增加额		0501	流入
01	销售商品、提供劳务收到的		0101	流入
06	支付的各项税费		0102	流出
20	支付的其他与筹资活动有关		0302	流出
14	支付的其他与投资活动有关		0202	流出
07	支付的与其他经营活动有关		0102	流出
05	支付给职工以及为职工支付		0102	流出

图 4-8　设置现金流量表的项目

(2) 在输入有关现金及现金等价物科目的凭证时，要标记出此凭证中的现金流入或流出属于现金流量表中哪种项目的流入或流出，如图 4-9 所示。

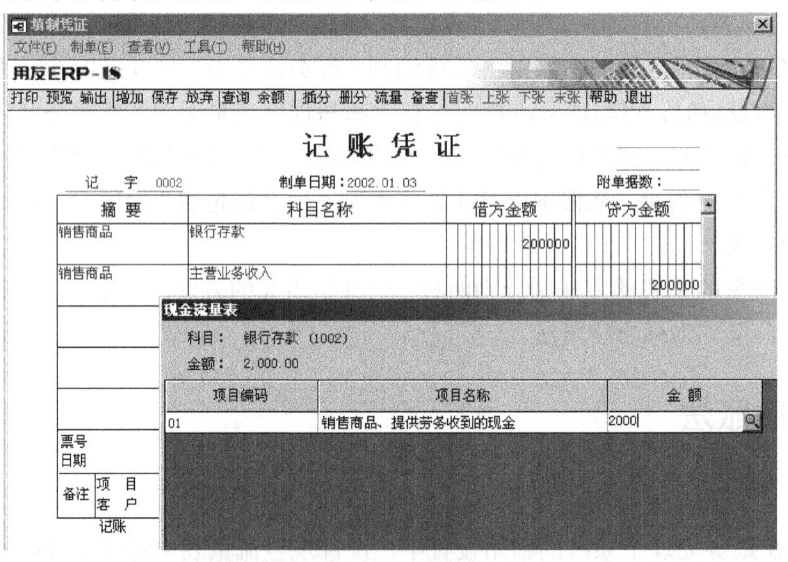

图 4-9　输入现金流量表项目

(3) 在账务处理子系统或报表处理子系统中，对这些现金流入或流出项目进行汇总，即可得出现金流量表，如图 4-10 所示。

现金流量统计表

项目分类：-

项目	方向	金额
销售商品、提供劳务收到的现金	流入	102,000.00
现金流入 小计	净流入	102,000.00
支付给职工以及为职工支付的现金	流出	70,000.00
现金流出 小计	净流出	70,000.00
经营活动 小计	净流入	32,000.00
购建固定资产、无形资产和其他长期资产所支付的现金	流出	-80,000.00
现金流出 小计	净流入	80,000.00
投资活动 小计	净流入	80,000.00
吸收投资所收到的现金	流入	100,000.00
现金流入 小计	净流入	100,000.00
筹资活动 小计	净流入	100,000.00

图4-10　现金流量表

4.4.2 标志字段法

标志字段法是用在凭证输入时没有标记现金流入或流出的项目，那么事后只能利用这种方法编制现金流量表了。

标志字段法实现的基本操作步骤如下：

(1) 指定现金科目，例如，现金、银行存款、短期投资、计算机自动将带有这些科目的凭证挑选出来。

(2) 设定每一种现金流量项目所对应的凭证样式，例如，销售商品、提供劳务收到的现金，可能的凭证样式如下。

借：银行存款
　　贷：主营业务收入
借：现金
　　贷：主营业务收入
借：银行存款
　　贷：应收账款

(3) 计算机将自动寻找所设定的各种样式的凭证，找到后将凭证中现金科目的金额自动汇总到所指定的现金流量的项目中去。例如，找到“借：银行存款　贷：主营业务收入”样式的凭证，计算机自动将“银行存款”科目的余额汇总到“销售商品、提供劳务收到的现金”项目中去。

(4) 有些带有现金科目的凭证不属于任何设定的样式，计算机将列出这些凭证，再通过手工选择每一凭证中现金流入或流出属于的现金流量项目。

(5) 对这些现金流入或流出项目进行汇总，即可得到现金流量表。

本 章 小 结

编制财务会计报告是会计处理程序的终点，信息使用者可以通过财务会计报告及时了解企业的财务状况、经营成果和现金流量等会计信息，所以，报表处理子系统是任何会计信息系统不可缺少的重要组成部分。由于财务会计报告的编制过程重复而且有很强的规律性，所以在一般的财务软件中都提供了报表处理子系统或会计报表模块，以帮助使用者及时、方便地编制需要的各种财务会计报告。本章以常用的财务软件提供的报表处理子系统为基础，主要从 4 个方面进行阐述：第一部分主要介绍报表处理子系统的基本概念、处理流程和主要功能；第二部分主要介绍报表处理子系统的初始化工作，包括建立报表文件、报表格式及公式的设置；第三部分主要介绍报表处理子系统的日常处理工作，包括编制报表、输出报表、报表的汇总和分析以及报表维护；第四部分主要介绍编制现金流量表的基本原理和基本方法。通过本章的学习以及配合上机实验，能使学习者了解和掌握如何利用财务软件生成所需要的各种对外的财务报告和对内的管理报告。

案 例 分 析

海尔集团利用计算机网络技术，实现了财务信息的共享。在此基础上，利用计算机的报表处理子系统，将各地各分公司的每天(或每小时)的财务数据及时传递到集团财务中心，在集团财务公司可以随时生成各公司的财务报表，再通过合并报表模块，生成汇总与合并报表，这样能够便捷地、及时地生成各种反映企业经营和资金的动态报表。

复习思考题

1. 报表处理子系统的数据来源有哪些？
2. 一个报表文件为什么只能存放一种报表？
3. 为什么报表能够一次设置，多次使用？
4. 手工条件下一般在会计期末才能编制会计报表，计算机条件下也是这样吗？如果不是，隔多长时间可以编制一次会计报表？
5. 如果要编制现金流量表，在账务处理子系统的科目初始设置和凭证输入应该如何处理？
6. 报表处理子系统从其他系统取数据采用何种形式？
7. 在编制利润表时，由于财务费用科目，既可能是贷方余额，也可能是借方余额，应该用何种函数才能正确取数？
8. 什么样的报表可以汇总？

第5章　工资管理子系统

工资的核算和管理是人力资源管理的基本内容。工资核算的目的是能够正确和及时地确认人工费用，从而正确核算企业的经营成果。但由于职工的工资项目较多、人数较多，为工资费用的正确核算带来了一定的困难。利用计算机工资管理子系统将能解决这些困难，能更准确、更及时地进行工资核算。

5.1　工资管理子系统概述

工资核算是所有单位会计核算中最基本的业务之一。工资核算和管理的正确与否关系到企业每一个职工的切身利益，对于调动每一个职工的工作积极性，正确处理企业与职工之间的经济关系具有重要意义。企业的工资费用是产品成本的重要组成部分，加强劳动工资管理，合理调配人员组织生产，有效控制工资费用在成本中的比例，可以有效地降低产品成本。

5.1.1　工资核算业务概述

1. 职工薪酬的构成与确认

根据新颁布的会计准则，职工薪酬是指职工在职期间和离职后提供给职工的全部货币性薪酬和非货币性薪酬，既包括提供给职工本人的薪酬，也包括提供给职工配偶、子女或其他被赡养人的福利等。包括工资奖金津贴、职工福利费、各类社会保险费用、住房公积金、工会经费和职工教育经费、非货币性福利、辞退福利、其他与薪酬相关的支出，共8项内容。

企业应当在职工为其提供服务的会计期间，根据职工提供服务的受益对象，将应确认的职工薪酬全部计入相关资产成本或当期费用，同时确认为应付职工薪酬负债。

确认应付职工薪酬金额时，很多项目国家(或企业年金计划)统一规定了计提基础和计提比例，例如，应向社会保险经办机构(或企业年金基金账户管理人)缴纳的医疗保险费、养老保险费、失业保险费、工伤保险费、生育保险费等社会保险费，应向住房公积金管理中心缴存的住房公积金，以及应向工会部门缴纳的工会经费等，应当按照国家规定的标准计提。国家(或企业年金计划)没有明确规定计提基础和计提比例的，企业应当根据历史经验数据和自身实际情况，计算确定应付职工薪酬金额。

2. 工资核算

企业工资核算主要包括以下工作。

(1) 编制职工工资单。工资单是记录职工工资中各项明细数据的基本文件。编制职工工资单是工资业务处理的第一步，也是整个工资核算的基础。

(2) 生成工资汇总表。根据工资单生成工资汇总表的基本目的是将工资单中的不同工资项目的数据按职工工作岗位和工作性质等进行汇总，为编制工资核算记账凭证准备数据。由于我国大多数单位工资项目都较多，构成比较复杂。不同工作岗位、不同工作性质的人员工资汇总数据要在不同的科目中进行核算；同一人员不同工资项目的数据也会在不同的科目中进行核算。工资汇总表就是用来保存工资单中的数据按核算需要分别进行汇总得到的汇总数据，以便据此生成工资核算的记账凭证。

(3) 编制工资核算的记账凭证以便进行账务处理和进行成本核算。

5.1.2　工资管理子系统的构成模式和任务

1. 工资管理子系统的构成模式

在企业会计信息系统中，工资管理子系统有两种基本的构成模式。

一种模式是将人力资源管理和工资管理结合在一起形成的人力资源管理子系统。这种模式的基本出发点是：在知识经济日益发展的今天，人的因素是影响企业成败的关键因素。为了经济合理的获取和保持高素质的人力资源，单靠优越的工资待遇和福利制度还远远不够，还应该建立起科学合理的录用、业绩考核、工资标准、晋升制度和培训人才的办法，以及对人力资源的成本和价值进行正确的核算。在这样的系统中，常规的工资管理是系统的一个重要的基本构成部分。这种模式在工资管理方面揭示了会计从单纯的核算向全面管理发展的重要方向。但由于人力资源的需求和业绩考核如何量化、人力资源如何核算这两个关键问题尚处于理论探讨和实践摸索阶段，目前还没有成形的理论和实施的具体方法，即使对人力资源核算最基本的问题，即人力资源究竟是企业的一项投资，还是人力资源所有者对企业的一项投资在理论上尚没有定论。不同的出发点得到的核算体系具有很大的区别，因此这种模式的实现还有困难。至于目前有些软件公司推出的人事工资管理系统，其基本构架是将人事管理和工资核算合并在一个系统中。这种系统并没有将人事管理和工资管理有机地结合在一起，因此与全面的人力资源管理还有很远的距离。

另一种模式是在全面完成工资核算的基础上增加了一些管理需要的职工个人基本档案资料的记录，例如，学历、技术等级、职务职称和年龄等，以便系统可以根据人员管理的需要提供各种分析统计资料。这种模式的出发点是以完成工资核算为基本目的，在此基础上提供尽可能多的管理信息。这是目前我国绝大多数工资管理子系统采用的基本模式。

2. 工资管理子系统的任务

工资管理子系统的核算和管理任务主要包括以下内容。

(1) 根据企业各部门提供的职工劳动的数量和质量及考勤情况，及时、准确输入与职工工资有关的原始数据并计算职工的工资，包括职工应发工资、个人所得税和各种代扣款并编制工资单。以便发放工资并正确反映和监督企业与职工的工资结算情况。

(2) 根据职工的工作部门和工作性质，汇总分配工资费用和计提职工福利费、劳动保险费等，并生成相应的记账凭证。以便进行工资费用的账务处理和正确的计算产品的成本。

(3) 根据管理的需要提供有关的工资统计分析数据。

(4) 及时处理职工调入、调出，内部调动及工资调整数据。

5.2　工资管理子系统内部结构分析

5.2.1　工资管理子系统的特点

工资数据的核算和管理是所有单位财会部门最基本的业务之一。工资核算的时效性强，在职工人数多的企业，工资业务的处理是一项繁重的工作。这些要求决定了工资管理子系统具有以下特点。

1. 数据量大

由于历史原因我国大多数企业工资项目较多，因此工资管理子系统原始数据量大。其中有关职工姓名、编码、标准工资等每月固定不变的数据需要在系统中长期跨年保存。另外每月变动的数据量也比较大，在进行工资业务处理时的数据修改、输入的工作量也大。

2. 业务处理的时限性、准确性要求高

工资的发放有确定的时间限制，工资问题与职工的个人利益密切相关。因此必须按企业规定的工资发放日期完成工资业务的处理并保证数据处理的正确。

3. 核算方法简单

工资业务的核算方法比较简单，每月进行工资业务处理时只要输入每一职工的有关变动数据即可，有很强的规律性和重复性。便于计算机处理。

5.2.2　工资管理子系统业务处理流程

工资管理子系统业务处理过程的主要步骤如下：

(1) 对来源于企业各部门的考勤、加班和产量工时记录进行审核，并计算病事假扣款、个人所得税和应发工资等，综合行政部门的代扣款计算职工实发工资。

(2) 根据以上原始数据和计算结果编制工资表。

(3) 对工资表数据按职工所属部门和工作性质进行汇总，编制工资汇总表及工资费用分配表、个人所得税申报表、职工福利费计提表等。

(4) 根据各汇总报表编制记账凭证，并进行账务处理。

工资管理子系统业务处理流程如图 5-1 所示。

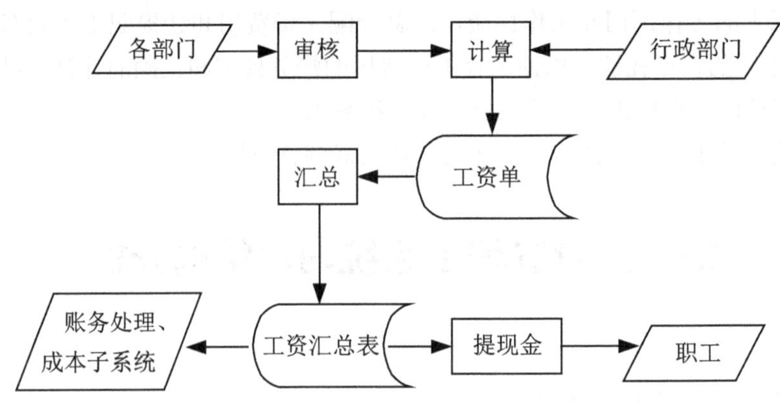

图 5-1　工资管理子系统业务处理流程图

5.2.3　工资管理子系统的数据处理流程

1. 工资管理子系统的内部数据处理流程

工资管理子系统的内部数据处理流程可以分成以下几个工作过程。

(1) 系统初始设置。工资管理子系统首次投入运行时，需将企业现有职工的全部原始资料输入计算机，以形成系统的基础数据库。为了减少数据输入的工作量，规范部门名称、工资性质等内容，并为进行工资数据分类汇总提供依据。在初始设置中应进行部门、职工工作性质以及学历、职称、职务等编码设置，并形成相应的数据词典文件，以备系统提示、检索、汇总使用。

除此以外，还需要设置应发工资、实发工资等计算公式和工资自动转账模板。

(2) 编制工资结算单。根据系统内存储的工资固定数据和输入的每一职工当月的各种变动数据，以及根据人事部门的通知输入可能发生的职工调动和提职、晋级发生的工资变动数据，以此编制工资结算单。

(3) 汇总工资结算单数据。按指定条件汇总工资结算单数据，以生成工资汇总表及工资费用分配表、个人所得税申报表、职工福利费计提表、票面分配一览表等。

(4) 编制工资记账凭证，并向账务处理子系统传送凭证。

2. 工资管理子系统与其他会计系统的数据关系

工资管理子系统主要与账务处理和成本核算子系统存在数据传递关系。其中，工资管理子系统与账务处理子系统的数据关系是：在工资管理子系统中根据转账数据文件自动生成的转账凭证，需传送到账务处理子系统进行账务处理。为了保证数据的一致性，在设置自动转账凭证模板或向账务处理子系统传送数据时，需要检查凭证涉及的会计科目在账务处理子系统是否存在。

工资管理子系统与成本核算子系统的数据关系是：将工资费用分配表数据传送到成本核算子系统，供计算成本时使用。

3. 工资管理子系统数据处理流程图

工资管理子系统数据处理流程如图 5-2 所示。

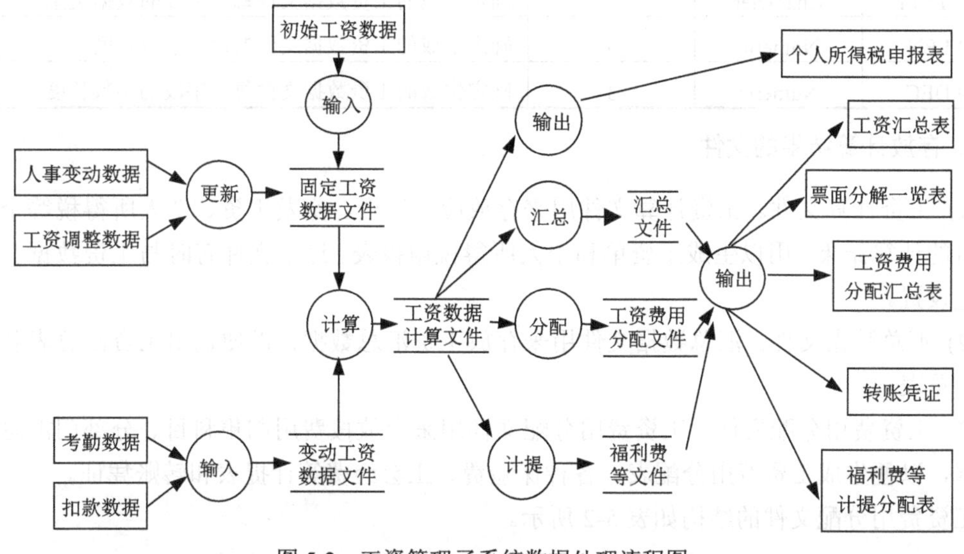

图 5-2　工资管理子系统数据处理流程图

5.2.4　工资管理子系统的数据文件

工资管理子系统的数据文件主要有以下几个。

1. 职工工资数据文件

职工工资数据文件用来存放职工工资的基础数据。考虑到工资数据从处理频率来说可以分成：固定数据(固定不变或很少变动数据)，例如，姓名、职工编码、标准工资等；变动数据，例如，考勤、产量工时数据等。为了处理的方便两类数据有时设置两个数据库分开存储和处理。工资数据库按存储的工资数据项目设置字段。

由于各单位工资项目差别很大，为使系统具有通用性，该数据库一般由用户在进行工资项目设置时设定其结构，并根据设定的结构描述文件生成职工工资数据文件。

职工工资数据文件的结构如表 5-1 所示。

用户设置的每一工资项目作为该结构文件的一个记录存放，系统将根据该结构文件自动生成工资数据文件。

表 5-1　职工工资数据文件的数据结构

字　段　名	字 段 类 型	字 段 宽 度	说　　明
FILED NAME	Character	10	存放设置的工资项目，在生成的工资数据文件中将作为字段名
EILED TYPE	Character	1	确定生成的工资数据文件每一字段的数据类型
FILED LEN	Numeric	3	确定生成的工资数据文件的每一字段长度
FILED DEC	Numeric	3	确定生成的工资数据文件每一字段的小数长度

2. 存放计算结果的文件

(1) 工资计算文件。工资计算文件用来存放应发工资、实发工资、个人所得税等个人工资项目的计算结果。用以生成工资单和个人所得税申报表。这个文件有时与工资数据文件合在一起设置。

(2) 汇总数据文件。汇总数据文件用来存放工资汇总数据，以便输出工资汇总表和票面分解一览表。

(3) 工资费用分配文件。工资费用分配文件用来存放按费用归集科目、分部门汇总的工资数据，以便生成工资费用分配表、各种保险费、工会经费等计提表和转账凭证。

工资费用分配文件的结构如表 5-2 所示。

表 5-2　工资费用分配文件的数据结构

字　段　名	类　　型	宽　　度	说　　明
部门代码	C	5	
工作类别	C	5	
科目代码	N	9	存放工资记账凭证中的借方科目
应付工资	N	12	存放分部门按工作类别汇总的应付工资
福利费	N	12	存放分部门按工作类别汇总的福利费
工会经费	N	12	存放分部门按工作类别汇总的工会经费

3. 基础代码文件

基础代码文件的作用与其他子系统并无区别。在工资管理子系统中主要有部门代码、人员类别代码，以及反映职工构成类别特点的学历、职务、职称等代码的文件。

5.2.5　工资管理子系统的代码

工资管理子系统最主要的代码是职工个人编码。为了分类汇总的需要，职工个人编码应包含分类汇总所必需的信息。因此职工个人编码通常是由职工所属部门编码、人员类别编码和个人顺序码组合而成的群码。其中，部门编码主要作用是代表单位内部各部门，以便分部门编制工资汇总表。人员类别编码的主要作用是代表不同工作性质或不同岗位的职工，以便按工作性质或岗位进行工资汇总和工资费用的分配。

在工资管理子系统中还需要利用一些辅助信息。这些辅助信息主要是为了提供有关工资的管理信息，例如，职工的学历、职务、职称等。这些编码一般可以采用顺序码。

编码设置时应注意：各单位一般都有很多部门，这些部门通常都有一定的级次和统属关系。工资软件一般都提供了分级汇总功能，因此在进行部门设置时应注意体现部门间的层次和统属关系，以便充分提供有关的管理信息。

为了能充分体现这种关系，部门编码应采用类似会计科目编码的分组顺序码。例如：

01——基本生产　　0101——×车间　　010101——××班组

在进行部门和职工类型设置时必须认真考虑账务处理和成本核算对工资汇总数据的需求。一般来说，凡是在不同科目中处理的必须分别编码。例如，部门中的基本生产部门、辅助生产部门、管理部门等分别编码。管理人员、生产人员、退休人员等分别编码。

5.2.6　工资管理子系统的功能结构

根据工资业务处理的需要，工资核算子系统应具有以下的基本功能。

1. 系统初始设置

系统的初始设置主要是设置系统工作必不可少的各种编码信息和初始数据。在工资管理子系统中由于各单位的工资项目一般相差较大，因此，系统具有设置适合具体单位需要的工资项目的功能。

2. 日常业务数据录入

主要是录入考勤、产量工时等每月变动的工资数据。另外其他可能变动的工资数据也在此功能中处理。

3. 工资的计算与分配

工资的计算包括：职工日工资的计算、职工个人应付工资合计、个人所得税的计算及实发工资的计算。工资费用的分配包括：工资费用分类、汇总、统计和进行工资费用的明细分类核算。

4. 工资数据的输出

工资数据的输出包括：工资数据的查询，工资单、工资汇总表的打印，以及向账务处理子系统、成本核算子系统输送规定格式的数据和工资管理所需要的各种管理信息等。

5. 系统维护和管理

系统维护和管理包括：系统备份、恢复、操作人员权限的分配及口令的设置。由于这些功能在各个子系统中功能结构相同，在功能结构图中不再赘述。

工资管理子系统的功能结构如图 5-3 所示。

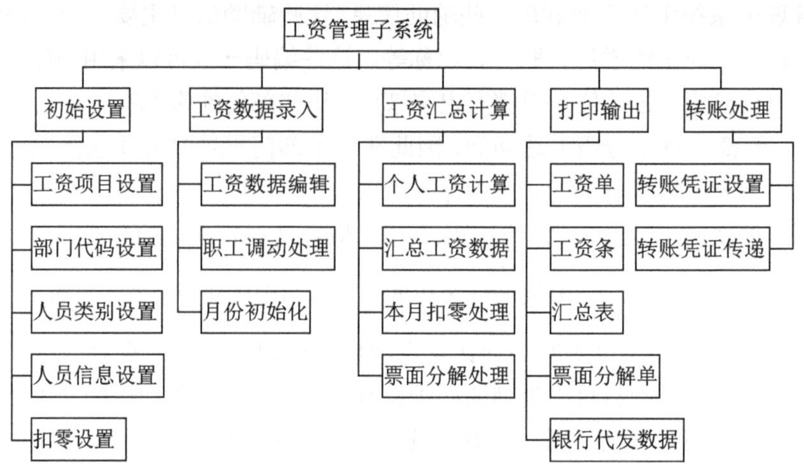

图 5-3　工资管理子系统功能结构图

5.3　工资管理子系统的初始设置

单位的类型不同、管理方式不同工资核算和管理的方式也会有所区别，因此通用计算机会计信息系统需要将反映具体单位、具体业务特点的部分留待用户进行设置。这些设置主要有以下几方面。

5.3.1　核算单位的建立

通用工资管理子系统一般都可以处理多套互不相关或相对独立的多个单位和部门的工资业务，每一个单位称为一个核算单位．各套工资数据相对独立，相互间不存在汇总关系。

核算单位设置的方法和内容各个软件不完全相同，但以下 3 个内容通常是必须设置的。

1. 核算单位编码

核算单位编码是区分各个核算单位数据的标志，它的作用与账务处理子系统中的账套号类似，是设置的关键内容。设置的基本要求是：编码和核算单位必须一一对应，即有一个核算单位就应有一个编码，一个编码只能对应一个核算单位。编码通常使用数字。

2. 启用日期

启用日期是该核算单位数据开始使用的日期，通常是某月的月初。

3. 单工资类别或多工资类别

在此要选择此账套中是包括多个工资类别，还是包括单个工资类别。多工资类别主要处理两种情况：一种是一月多次发放工资；另一种是企业中有不同工资类别(部门)的人员，工资发放项目不同，计算公式也不同。如果在此选择多工资类别，那么就要在此账套中，建立多个单工资类别。每个单一工资类别对应一次发放的工资或一类人员发放工资的处理。为了满足整个企业工资管理的需求，系统提供多个单一工资类别汇总查询。

设置时应予特别注意的是：以上参数对于工资管理子系统的正常工作具有重要意义，设置完成系统投入使用后不能进行修改。

5.3.2　基础数据设置

1. 部门档案设置

由于工资费用按部门进行分配，因此，部门档案的设置对工资管理子系统是必不可少的。但为了保证整个系统数据的一致性，如部门这样的基础数据必须与其他系统共享。因此，如果其他系统已经设置了部门档案，在此就不必设置了，直接共享即可。

2. 人员类别设置

由于工资费用不但要按部门进行分配，而且要按人员类别进行分配，因此，人员类别档案的设置对工资管理子系统是必不可少的。主要设置职工类别编码与名称。

3. 人员信息设置

人员信息指的是人员编码、姓名、类别、所在部门等，在此设置每个职工的这些信息。如果是多工资类别的账套，这些信息要在管理这些人员的单工资类别设置。

4. 工资项目设置

由于各个单位工资项目不尽相同，因此需要用户根据本单位的实际情况设置需要进行工资管理与核算的工资项目，例如，基本工资、奖金、事假天数、病假天数等。有些系统内置了如应发合计、扣款合计、个人所得税和实发合计这样的工资项目。

工资项目设置的内容主要有：序号或栏目号，项目名称，数据类型和数据长度。

数据类型有字符型、数字型等。一般参与计算的工资项目都要设置成数字型，例如，基本工资、奖金、事假天数、病假天数都应该定义成数字型。

工资项目的数据长度，要定义的足够长，否则将来应用时，会发生计算错误。

对于多类别的工资账套，单个工资类别的工资项目是这个账套所有工资项目的一部分。所以在进行工资项目设置时，先在账套级设置所有工资项目，单个工资类别只选用其中适合自用的部分。

5. 工资项目计算公式设置

在众多的工资项目中，有些工资项目需要独立输入，如基本工资、事假天数等；而有些工资项目可由其他工资项目计算得出不需要输入，如事假扣款=基本工资/月工作日*事假天数；或有些工资项目可批量输入，如这个月所有人员的奖金都为 1 000 元，这种情况也不需要一一输入，设置工资项目计算公式批量输入即可。

工资项目的计算公式可由其他工资项目、常数、运算符、关系符、函数等组成。最常用的函数是条件函数。

定义公式时要注意先后顺序，先得到的数据应先设置公式，否则将出现计算错误。

对于多类别的工资账套，在单个工资类别中设置工资项目计算公式。

6. 扣零方式设置

采用现金方式发放工资的单位，为了简化发放工作大多数单位对工资中的尾数进行扣零处理。所谓扣零是将本月工资中的尾数留待下月合并处理。扣零方式各单位有所不同，有的单位将元以下扣零，有的单位将拾元以下扣零。扣零方式设置就是由使用单位确定进行扣零处理的工资数据单位。

5.4 工资管理子系统的系统输入/输出与数据处理

工资管理子系统的业务处理主要是职工工资数据的输入、处理和工资表及工资汇总表等的打印输出，业务处理比较简单。工资管理子系统中较为特殊的是：输入部分的数据批量输入和修改；处理部分的工资票面分解一览表、扣零数据的计算和个人所得税的计算；输出部分的银行代发数据文件的生成。

5.4.1 工资管理子系统的输入

1. 工资数据的编辑

工资管理子系统输入工作量最大、最重要的是工资数据的编辑。工资管理子系统数据处理的基础是每个职工的各项基本工资数据。职工工资数据按输入频率，通常可分成：每月相对固定不变的部分，例如，基本工资、职务工资、职称工资及各种固定补贴等；每月变动的部分，例如，病事假扣款、房水电、医药费、托儿费等代扣款。这两部分数据在系统中的输入处理方式不完全相同：每月固定不变的数据在系统投入使用时一次输入，长期使用，只在提职、提薪、晋级时才进行修改；每月变动部分需要在每月处理工资数据前进行编辑修改。因此工资数据编辑的主要功能如下：

(1) 系统初次投入使用时输入每个职工的各项工资数据。

(2) 每月处理工资数据前对需要变动的工资数据进行修改编辑。

(3) 根据给定的各种条件快速、正确的查询任意职工的各种工资数据。

2. 工资管理子系统数据输入的快速操作

工资管理子系统投入使用后，日常的工作主要是对已有的工资数据进行修改编辑工作。

各种工资软件为了方便操作人员进行工资数据的修改大多提供了各种快速处理功能，用户在进行有关操作时应注意使用这些功能。工资管理子系统提供的快速操作功能主要如下：

(1) 指定需要输入的某些工资项。该功能可以让用户选择需要输入的工资项，使屏幕上只显示指定的工资项以方便用户输入数据。

(2) 成批替换某工资项目内容。利用该功能可以通过设置公式将某些职工某一工资项目的数据依据已有的工资项目数据或固定的数据计算出来。利用这一功能可以方便地处理批量业务，例如，年末每一职工工龄工资增加一个固定数目的业务。

(3) 按指定条件快速查找。利用该功能可以根据职工所属部门、职工个人编码、姓名快速查找指定记录以便进行修改。也可以根据指定的条件找出所有符合条件的记录供用户进行修改。

3. 职工工作调动的处理

职工调入、调出本单位，其基本工资数据只能输入或删除。一般情况，职工调出如果不牵涉人事管理该职工工资数据不必保留备查。特殊情况，如某单位需要保留则应对软件作特殊要求。职工在单位内部各部门间调动有两种处理方法：一种是先在工资数据表原部门删掉该职工，在新部门里增加；另一种方法是通过修改职工部门编码直接实现调动。采用第二种方法操作简单并可以保证该员工的基础资料数据不会丢失，建议尽量采用这种方法。

需要注意的是：使用这种方法职工个人顺序码必须在整个单位范围按所有职工顺序进行编码，否则将会出现数据的混乱。

5.4.2 工资数据的处理

工资数据的处理主要是工资数据按账务处理的要求进行汇总以便生成工资转账数据。这一工作与其他子系统，例如，固定资产管理子系统生成折旧汇总数据进行折旧账务处理并无本质区别，此处不再赘述。工资管理子系统特殊的数据处理主要是扣零处理、工资票面分解和个人所得税的计算。以下对这些问题的处理予以说明。

1. 工资数据的扣零

工资数据的扣零是将本月工资尾数留待下月处理的一种数据处理方式。对使用现金发放工资的单位，这种处理是减少分发现金困难的重要措施。扣零处理的要点是将上月扣零数加上本月工资尾数后将整数部分合并到本月实发工资数中，尾数部分作为本月扣零保存以便下月处理。这一处理过程对每个职工每月都需要进行一次。为了处理方便，需要在工资数据库中设置上月扣零字段和本月扣零字段，采用成批替换字段值的方法进行处理。一般来说，本月扣零值应在工资条中体现，以便职工核对工资数据。上月扣零为系统内部处理使用，在工资条中不必显示。这两个字段在扣零处理时都是需要的，因此应在程序设计时进行设定。用户在进行工资项目设置时不必考虑这两个字段的设置。扣零的处理由系统自动进行，用户只需设置扣零条件即可。具体的处理步骤如下：

(1) 系统投入使用的第一个月，按设定的扣零条件截取扣零数据填入本月扣零字段。

(2) 下月初运行月份初始化功能，系统自动用工资数据文件中本月扣零字段的值替换上月扣零字段值。替换后本月扣零字段清零。

(3) 将上月扣零字段值加上本月工资应扣零数后，将整数部分合并到本月实发工资数中，尾数部分作为本月扣零填入本月扣零字段。

以后各月重复进行步骤(2)和(3)的处理。

2. 票面分解处理

票面分解的目的是生成票面分解一览表，以便在直接使用现金发放工资的企业提取适合分发工资的、不同面值的货币张数。为了达到这个目的，需要进行以下两个基本步骤的处理。

(1) 对每个职工的实发工资数据进行分解，得到每个职工各种面值的货币张数。这一处理的具体方法有两种。

一种方法是余额整除法。其计算公式为：

实发工资/人民币面值= 需要量……余额

按公式将实发工资数依次除以 100、10、5、2、1 即可得到从 100 元到 1 元的各种票面张数，角和分面值的人民币张数可以此类推。

另一种方法是截取子串法。通过将实发工资字段转换为字符型数据，然后使用截取子串函数逐位取值并判断，从而得到每种面值的货币张数。

(2) 得到每个职工每种票面的货币数量后，将每种票面分别汇总即可得到整个企业各种票面的一览表。

3. 个人所得税的计算

目前我国规定职工个人所得税由企业代扣，个人所得税采用分级累进制。由于纳税基数和税率的规定可能发生变化、不同职工(如外籍职工和本国员工)纳税规定不同，因此个人所得税的计算必须要有足够的灵活性。一般采用以下两种方法处理。

(1) 完全由用户设定计算公式进行处理。采用这种方法系统提供的计算公式必须具有设置逻辑判断式的功能，否则无法完成所得税的处理。

(2) 在程序中设计相应的处理程序，仅由用户设定各级纳税基数和各段的税率，系统自动生成相应的计算公式。应该说第二种方法用户使用更方便。

由于单位代扣代交工资部分应交个人所得税是国家的规定，因此工资管理子系统必须具备计算个人所得税的功能。

4. 结账

工资管理子系统在结账前要做两个判断：一是上月是否结账；二是本月的业务是否都完成了。例如，判断是否根据工资费用分配表编制了凭证并传递到账务处理子系统了。如果这两个条件都满足了，即可结账。结账后，这个月的工资数据将不能进行修改了。工资管理子系统的结账要在账务处理子系统的结账之前进行。

5.4.3 工资数据的输出

工资数据的输出主要是工资单及工资条、工资汇总表、票面分解一览表的打印输出，以及为进行账务处理输出系统自动生成的工资业务转账凭证。考虑到目前银行基本已使用计算机进行业务处理，越来越多的单位通过银行发放工资，因此生成标准格式的工资数据软盘也是工资数据输出的基本功能。

(1) 打印工资单及工资条实质是将工资数据库中内容按照规定的表格形式打印出来。但需要注意的是：工资数据库中的有些项目是为了工资数据计算的方便而设置的，因此允许用户设定打印工资单的项目。对工资项目较多的情况，还允许用户汇总某些项目数据合并打印，以解决工资条超过打印机的打印宽度的问题。当然用户在设置工资项目时也应充分考虑是否满足打印宽度的问题，以减少输出时的困难。

(2) 通用工资软件一般设置生成工资票面分解表功能，该表反映的是以现金方式发放工资时所需的各种面额货币的张数。如果本单位已通过银行发放工资，则该表就无须打印了。

(3) 生成工资数据的磁盘文件不是简单的备份工资单的数据，这是因为银行所需的职工工资数据有规定的格式。因此应按银行规定的格式设置“工资表磁盘数据库”结构，然后将工资数据库中的有关数据转入工资表磁盘数据库中，生成工资数据磁盘文件送交银行。

(4) 自动转账凭证编制工作必须在当月工资业务处理完毕，并将工资数据进行汇总后才能进行，否则编制后的凭证将会出现错误。另外，工资转账凭证传送工作必须在账务处理子系统每月结账前进行。并应注意每月只能向工资管理子系统传送一次工资凭证，否则将产生凭证的重复。这些操作顺序一般应由系统程序进行控制。如果用户使用的软件没有这种控制或控制不够充分，则用户应制定相应的制度进行管理以保证数据处理的正确。

(5) 各种工资数据汇总分析报表的输出。系统不但固定格式的工资数据汇总分析表，还提供了自定义报表的功能，用户可根据自身需要，定义各种工资数据汇总分析报表。对于多工资类别的账套，为了满足企业整体工资数据管理与核算的需要，既可以输出单工资类别的工资数据报表，也可以将多个单工资类别的工资数据汇总，形成整体企业的工资报表。

5.5 工资管理子系统的扩展——人力资源管理子系统

随着社会经济环境的变化，企业的人事部门的管理理念、职能也发生了变化，企业的人事部门在逐渐转变角色，变为人力资源管理部门。目前企业人力资源管理部门面临以下的问题。

(1) 如何保证人力资源信息的及时、真实、有效和准确，并解决企业各组织之间的信息孤岛？

(2) 如何通过共享人力资源信息和业务资源，降低企业人力资源(Human Resources，HR)管理子系统运作的成本，提高效率？

(3) 如何有效控制人员编制、人力成本和执行人力资源政策等？

(4) 如何根据企业战略，分解和落实绩效目标，通过培训、招聘、考核和激励等人力资源管理操作，最终形成团队和个人的绩效目标？

(5) 如何贯彻客户导向，快速有效地满足一线业务运营对人力资源管理提出的需要？

(6) 如何在人事管理向人力资源管理转变过程中，逐渐形成全员参与的人力资源管理？

(7) 如何通过建立集中、共享的数据库，实现全企业人才的动态盘点，在全企业范围内实现人力资源的合理配置(升降转出)？

(8) 如何解决人力资源管理与其他业务系统的集成问题？

(9) 如何快速有效完成企业决策所需要的人力资源报表和分析报告等各种决策支持信息？

显然，上述问题是传统的工资管理子系统无法解决的，必须构建新的人力资源管理系统。新的人力资源管理系统的功能框架如图 5-4 所示。

图 5-4　人力资源管理子系统的功能框架

新的人力资源管理子系统为人力资源管理信息系统的主要使用者，提供强大的业务处理和分析功能，包括人事信息管理、时间管理、招聘管理、培训开发、工资福利、绩效管理和门户等。

5.5.1　人事管理

作为人力资源管理的基础，人力资源管理子系统为人事管理提供了丰富和细致的功能，包括：组织结构和职位管理、人员信息管理、员工配置、员工离职管理、制度政策管理、劳动合同管理等。

1. 组织结构和职位管理(职务职能)

系统提供多种组织结构设计模式，根据企业行业特点，生产经营规模，基本性质等提供最合适方案；灵活设置各级组织机构、职级、岗位，灵活定义各机构之间的上下级关系；灵活调整和管理各岗位职级、岗位职责、任职资格、岗位编制等信息；利用图形化的输出工具，可直观反映企业的组织结构和动态发展；在工作分析的基础上，对企业设定的职位进行全面管理；针对不同的职位提出职责检测标准，为企业进行及时的职责诊断；根据岗位空缺为人员招聘提出自动申请和职责要求。

2. 人员信息管理

可分类或在同一界面查看员工在企业工作期间的所有信息(包括各类基本信息，如姓名、年龄、联系方式、员工照等，以及记录员工的教育培训经历，奖惩、合同、休假、绩效考核、薪资福利、家庭情况等其他信息)；可根据企业实际需要自定义员工档案项目；试用期员工转正提示；跟踪管理员工从进入企业到离职全过程的历史记录，包括薪资变动、职位变动、奖惩情况等；可挂接与员工相关的各类文档，如 Word 文件，WPS 文件，Excel 文件，扫描文件等；提供多种不同形式的员工信息报表；系统自动提示员工生日、试用期满、合同期满，灵活处理人员的转正、离职、退休、反聘等；强大的定位查询及模糊查询功能，能快速方便地从众多数据中定位某一员工。

3. 员工调配管理

可灵活定义人员调配类型；灵活设置人员调配手续办理流程，详细记录人员调配信息；并可根据调配、转岗原因进行统计分析；提供转岗员工详细的资源使用清单、财务处理清单、工作交接清单以及培训情况清单；下岗员工管理，包括再就业培训计划，社区安置计划等。

4. 员工离职管理

可灵活定义离职类型；灵活设置离职手续办理流程，详细记录离职信息；记录离职原因，并进行统计分析，为企业管理尤其是 HR 管理提供绩效改进的诊断依据；提供离职员工详细的资源使用清单、财务处理清单、工作交接清单以及培训情况清单；离职时，员工的公司资源占用情况将以清单形式告之相关人员，并同时自动提示相关模块中止其管理业务，如相关月份的考勤和薪资等；离职员工个人档案信息可从在职人员库转入离职人员库。

5. 制度政策管理

系统提供相关国家劳动人事法律法规、政策制度资料库；资料库具备可扩充性，可动态添加国家、地方出台的相关的政策法规；强大的检索查询功能，可选择浏览多个查询结果窗口，实现多文档同时检索，可打印输出；管理组织内部劳动人事规章制度，提供内部制度和文书批转管理。

6. 劳动合同管理

建立劳动合同及岗位协议、保密协议、培训协议模板，确定各类合同的基本属性及内容；各类合同的签订管理，记录签订情况并对合同的变更、续签进行跟踪管理；记录员工解除或终止合同的情况；试用期到期、劳动合同到期自动提醒，提前天数自动定义；解除劳动合同经济补偿金及违约金的计算；提供各种劳动合同文书并可随意增删、打印；可批量打印一批员工的各类合同；提供合同台账管理，随合同情况变化自动更新，便于查询统计合同签订总体状况。

5.5.2　时间管理

1. 考勤管理

灵活定义上下班时间、灵活设置休息日；灵活设置倒班类型与加班类型；可单独或批量设置每个部门或每位员工的考勤方案；提供对不同考勤机的数据导入、读取接口；记录每位员工的出勤状况，根据方案设置自动判断迟到、早退或旷工；统计每位员工的月出勤结果与薪资系统链接进行计算；提供特定时间内个人/部门/公司的出勤数据统计图表，并进行分析比较。

2. 出差管理

可制订出差计划，提供时间管理；提供出差申请及审批管理，并对出差情况进行记录；可联机查询有关人员的出差状态，如出差地点、联系方式、回归时间等；提供出差前工作交接及出差后的补休管理。

3. 休假管理

用户可以灵活定义企业规定的休假制度；可根据员工的个人情况，如工作年限与单位工作年限，自动计算年休假、医疗期、探亲假等假期天数；为员工制订休假计划，提供特殊岗位强制休假管理；提供休假申请及审批管理，并对员工休假情况进行记录；提供休假到期预警与销假处理功能；可自动计算和累计员工的假期，生成各类假期的积存余额记录；对休假情况进行统计，结果可提供给工资管理子系统使用；需要时，一些未休假期，如年休假可自动折算成工资。

4. 加班管理

提供加班加点申请和审批管理；记录员工加班加点情况，并可将加点时间折算成工作日；可将经批准的加班申请自动转入加班记录，免除人工录入；提供加班后的补休管理；加班工资计算，可根据加班时点状态自动判断加班工资计算倍数，结果可提供给工资管理模块使用。

5.5.3　招聘管理

根据企业年度人力资源计划与部门人力资源需求计划，制订招聘计划；随时显示职位空缺信息，针对不同的职位空缺，提供基本信息，职位说明，对职位的具体要求，申请该职位必备条件等的管理；可根据不同的职位空缺查看应聘者的所有的详细简历，匹配职位与应聘者；分类建立应聘人员档案库，便于查询检索；可根据自定义规则批量安排面试时间，并在必要时自动进行时间调整；面试流程可通过网络自助服务的方式自动化处理，相关人员的评价自动存储并汇总到人力资源部门；可批量发送电子邮件或打印通知单将结果通知应聘人员；录用人员数据自动转入员工信息库，减少重复录入；未录用人员转入企业后备人才库，以备今后查询。

5.5.4　培训管理

进行培训需求的管理和评估，根据经营发展战略确定培训需求，从绩效管理模块导入培训需求，提供部门或个人培训需求的申请管理；根据培训需求制订培训规划与相应的培训实施计划，可对计划进行查询、统计；对实施的培训项目进行记录管理，对已实施培训项目情况进行查询和统计；可对内外师资、培训机构、培训课程、教材资料等进行管理；可对特殊类型的培训如学历教育、境外培训等进行特殊的管理；提供培训签到和培训协议管理，将培训与合同管理模块链接；可对培训课程、培训师资进行全面的评估，对培训效果进行跟踪管理，形成反馈结果；对培训费用进行控制管理，可根据费用预算自动预警；对培训结果进行各种统计分析，如成本、效果分析。

5.5.5　绩效管理

绩效管理体系围绕人力资源管理体系中的 4 个基本元素而展开，这 4 个基本元素是人、团队、岗位与职务。人与团队是绩效的载体，岗位与职务是绩效的参照。在绩效管理模块中，岗位的绩效参照是岗位工作的标的，可以通过指标的分解来形成整体；职务的绩效参照是组织的目标，可以通过战略要求的标的来获得。也就是说，在人力资源管理中，指标与目标作为绩效管理衡量标准，因此，绩效管理首先是一个战略管理系统。考核的过程是通过采集来自业务系统的数据，以获得实际的业绩成果，然后将实际的业绩成果与岗位或职务的要求进行对比，从中获取参照信息，这种参照信息能反映一个人或者团队在企业提供了标准资源的条件下所转移的价值，或者说贡献，人力资源管理者可以透过这些数据去开发或者激励个人和团队，这个开发与激励的过程即使采用的方式与手段不同，均可以理解为绩效管理过程中的一部分，因此，绩效管理又是一个业务系统。在绩效考核与绩效管理两个不同的管理层次之间，人力资源管理者潜意识或主动地利用了非常多的管理工具，例如，关键业绩指标(Key Performance Indicator，KPI)、经济增加值(Economic Value Added，EVA)、平衡计分卡(Balanced Score Card，BSC)等，这些应用模型工具与开放式的信息系统平台可有机地结合在一起。

5.5.6 工资管理

1. 薪资管理

长期激励的行为是按要素分配的机制，侧重于个体之间的能力、核心技术、已有产权、资金权益等的在企业中的支出而获得相应的回报，这种回报收益是与支出不对等的，支出者存在风险，但也意味着比对等关系更多的收获。短期激励的行为是按劳分配的机制，剩余资本在企业与个人之间的分配比例相对稳定时，支出与收益是对等的，只是这种对等的关系在不同的企业之间存在很大的差异，这是导致人力资本流动的动力。科学的工资管理体系应该体现这种差异优势，关键岗位尤其如此，工资调查的根本目的就是在企业支出一定的成本条件下，使差异优势既集中体现在关键岗位上，又尽量使差异优势更加普遍化。在工资管理模块中，提供了衡量行业工资体系与企业工资体系对比的平台，并能形象地反映这些差异。在工资要素的分配中，也应该根据岗位性质的不同而定义差异性的结构，寻找一种内部平衡的关系。工资的核算、统计、发放等事务性工作将在一个统一的平台中完成，并可以及时形成报表。工资的发放形式可以按照部门统一处理，同时可在员工的自助服务平台中提取信息，员工可以自己打印工资表，查看出勤与业绩记录，核对自己的工资。

2. 保险福利管理

我国的社会福利保险已经形成了相对完整的体系，从保险的政策、核算方式、提取与使用的形式都非常规范，保险福利管理模块基于这种规范设置了标准的流程。在部分区域，地方上的社会福利保险有一些特性，这些特性可以通过自定义的方式解决，即使在同一个公司，也可以形成不同地域的保险管理体系，独立处理业务，统一形成报表。

3. 人力资源管理驾驶仓

人力资源管理驾驶仓提供实时的人力资源管理分析数据与图形，及时、敏捷、动态地反映人力资源的状况，洞察人力资源管理的体系运行情况，反映人力资源管理业务流程的效率。

人力资源管理驾驶仓是基于综合报表功能达到的。可灵活自定义各种查询和报表，所有报表的数据范围和查询条件可自由控制；可灵活定义报表显示格式，生成多种分析图表；提供报表自动校验功能；灵活输出报表并设置打印功能；包含树状查询、条件查询、统计报表等功能。树状查询可满足所有员工在工作中对于组织结构及相关工作人员信息的查询需求，条件查询可根据管理者的权限范围按其需要对员工所有信息进行查询；统计报表对企业人事信息进行汇总；本系统提供给用户自定义查询的功能可使用户根据自己的需要进行查询方案设置，并可保存查询方案。

5.5.7 直线经理功能

系统允许直线经理在授权范围内联机查看所有下属员工的信息及与其相关的人力资源

信息；系统为直线经理提供参与 HR 管理活动的工作平台，可在授权范围内联机更改员工考勤信息，向人力资源部提交招聘、培训计划，对员工的转正、培训、请假、休假、离职等流程进行审批，并能联机对员工进行绩效管理。

5.5.8　员工自助功能

员工无需安装客户端软件，经过授权，可采用 Web 浏览器在企业内部网范围内实时访问人力资源信息或参与到人力资源管理流程中；允许员工联机查看企业规章制度，组织结构，重要人员信息，内部招聘信息，个人当月薪资及薪资历史情况，个人福利累计情况，个人考勤休假情况等；员工可利用系统平台，与 HR 部门进行电子方式的沟通，如提交个人培训需求、提交休假申请，更改个人基本信息，进行个人绩效管理等。

本章小结

本章从工资核算和管理的需要出发分析了工资管理子系统的特点和工作任务。着重分析了工资管理子系统的数据流程、数据文件、主要代码的基本特点和结构及系统应该具有的功能结构。重点介绍了工资管理子系统的初始设置，包括部门档案、职工类别档案、职工个人信息、工资项目等；系统的输入，主要是职工工资数据的输入；系统输出，包括各种明细与汇总的工资报表，并由按部门和职工类别汇总的工资数据形成记账凭证，传递到账务处理子系统或成本核算子系统，从而实现会计核算。另外，本章还介绍了人力资源管理子系统的功能框架。

案例分析

某集团企业利用计算机网络技术，建立了计算机人力资源管理系统。通过互联网这个系统第一时间使公司的每一员工加入了人力资源管理系统。

公司的高层管理人员随时查阅与公司人力资源相关的基本信息，准确定位下属人员的工作绩效和在公司中的职位变动信息，掌握公司人员和岗位信息、工资和福利现状，并可以方便地运用各种数据报表或图表，对人力资源信息进行深入分析。

公司的普通员工也可以通过自助服务系统了解个人出勤、假期、薪资福利等历史和当前信息。查询公司政策规定和相关的人力资源管理规章、制度。利用预设的审批流程，员工可以方便地提交个人请假、休假、加班、公出等申请，并查询申请审批情况。

复习思考题

1. 工资管理子系统有如账务处理子系统那样的输入初始数据的功能吗？如果没有，为什么？

2. 为什么工资管理子系统的基础数据设置中必须有部门与人员类别的设置？

3. 为什么要设置多工资类别的工资账套？

4. 输入职工工资数据时，所有工资项目都要独立输入吗？如果不是，为什么？

5. 在设置工资项目的计算公式时，需要按顺序设置吗？

6. 在一个员工的工资项目中，有些项目是随时间变化的，有些是不变的，系统如何处理这两类项目？

7. 如果工资管理子系统与账务处理子系统一起使用，哪个系统应该先结账？

8. 人力资源管理子系统与一般的工资管理子系统相比增加了哪些功能？

第6章　固定资产管理子系统

固定资产在企业总资产中所占比重很大，正确地核算和管理固定资产对企业的生产经营豁达具有重要意义，因此必须对企业的固定资产进行严格的管理。固定资产管理与核算要达到的目的是：通过对固定资产的详实记录，防止固定资产的流失；通过对固定资产的有效调配，提高固定资产的使用效率；通过正确记录固定资产数据，设置合适的折旧方法，合理计提折旧，合理计提减值准备，保证会计信息的真实性。运用计算机固定资产管理子系统将使这些目的达到的更容易、更完善。

6.1　固定资产管理子系统概述

固定资产是企业进行生产经营活动的物质基础，在企业的资产总额中占有相当大的比重。由于企业固定资产的种类繁多、构成复杂，固定资产用于企业的生产经营活动而不是为了出售，因此与其他会计核算系统相比，固定资产的核算和管理有其固有的特点。了解这些特点对于正确的设计和使用固定资产管理子系统具有重要的意义。

6.1.1　固定资产概述

固定资产是指为生产产品、提供劳务、出租或经营管理而持有的、使用寿命超过一个会计年度的有形资产。

企业的固定资产在使用期间，其价值将随着固定资产的使用而逐渐转移，构成企业的成本费用。为了保证企业将来有能力重置固定资产，同时把固定资产的折旧费用分配到各个受益期，实现期间收入与费用的配比，企业必须在固定资产的有效使用年限内计提一定数额的折旧费。正确地计算和计提折旧，不仅是核算经营成果的一个前提条件，也是保证固定资产再生产正常进行的重要措施。这是固定资产核算中需要重点处理的问题。

由于固定资产使用年限长，在使用的期间，由于外部经济、技术等环境的变化和一些内部原因，导致固定资产发生减值，正确合理地计提减值准备，真实地反映固定资产真实价值，也是会计核算需要解决的一个重要问题。

另外，固定资产的增减变化以及固定资产的修理、改良也是固定资产核算的重要内容。

在对固定资产进行核算时，为了分别反映企业现有固定资产原值、已提折旧、已提减值准备及其折余价值的增减变动情况，应该设置“固定资产”账户、“累计折旧”账户、“固定资产减值准备”账户。为了核算固定资产购建、清理、清查而发生的费用、收入等应设置“在建工程”、“固定资产清理”和“待处理财产损益”等科目。

6.1.2 固定资产的内部控制与核算

1. 固定资产增加的核算

企业固定资产增加，其来源渠道较多，不同的获取渠道核算使用的科目有所不同。企业在取得固定资产时，一方面要求按固定资产的经济用途或其他标准分类，并确定其原始价值。另一方面，要求办理交接手续，填制和审核有关凭证，作为固定资产核算的依据。

2. 固定资产折旧的核算

折旧的核算是固定资产核算的重要内容。企业应当根据固定资产的性质和消耗方式，合理地确定固定资产的预计使用年限、预计净残值和折旧方法。

3. 固定资产修理及改扩建后的核算

(1) 固定资产修理的核算

如果企业固定资产发生的修理支出数额较小，可以直接计入有关的费用项目。如果修理费用数额较大，为了均衡成本、费用，可以采用待摊或预提的办法。

(2) 固定资产改扩建的核算

如果固定资产的发生改扩建，发生的工程支出和残料变价收入先在“在建工程”账户归集。在固定资产达到预订可使用状态时，将“在建工程”账户归集的改扩建净支出，结转到“固定资产”账户。

4. 固定资产投资和租出的核算

企业向其他单位投资转出的固定资产，应从账面转出固定资产原值和累计折旧，同时借记“长期投资”账户。企业经营性租出的固定资产产权仍属企业，但用途发生变化，因此需调整固定资产明细账。

5. 固定资产清理的核算

企业出售、报废或损毁的固定资产，应按规定程序办理转让、报废手续和进行清理。

6. 固定资产清查的核算

企业在固定资产清查中，如发现有盘盈或盘亏的固定资产应编制“固定资产盘盈、盘亏表”并及时按规定报请审批处理，并通过“待处理财产损益”账户核算。

7. 固定资产核算与管理的依据

为了对每一固定资产实行有效的监督和管理，每一固定资产都对应一张固定资产卡片。这张卡片记录了这一固定资产(连同附属设备)所有管理与核算信息。固定资产的增加，应及时增加卡片记录。固定资产在企业内部的调动及变更使用情况应及时进行登记。凡是出售、报废或盘亏固定资产时，应根据有关凭证将卡片注销另行保存。各企业固定资产卡片的格式不尽相同，其基本格式如图 6-1(正面)和图 6-2(反面)所示。

固定资产卡片

年　　月　　日

<table>
<tr><td colspan="3">建造单位：
建造日期：
验收日期：
交接凭证编号：
技术特征规格：
开始使用日期：</td><td colspan="5">固定资产卡片
第　　号
固定资产名称：
固定资产类别：
固定资产编号：</td><td colspan="3">原值(其中安装费)：
预计使用年限：
年(月)折旧率：
调入时已使用年限：
调入时已提折旧：</td></tr>
<tr><td colspan="3">完工大修理记录</td><td colspan="5">使用单位和内部转移记录</td><td colspan="3">停 用 记 录</td></tr>
<tr><td>日期</td><td>凭证</td><td>摘要</td><td>金额</td><td>日期</td><td>凭证</td><td>单位</td><td>地点</td><td>停用原因</td><td>停用日期</td><td>重启用日期</td></tr>
<tr><td></td><td></td><td></td><td></td><td></td><td></td><td></td><td></td><td></td><td></td><td></td></tr>
</table>

图 6-1　固定资产卡片(正面)

<table>
<tr><td colspan="4">附 属 设 备</td><td colspan="5">原值变动记录</td></tr>
<tr><td>名称</td><td>规格</td><td>数量</td><td>金额</td><td>日期</td><td>凭证</td><td>借方</td><td>贷方</td><td>变动后金额</td></tr>
<tr><td></td><td></td><td></td><td></td><td></td><td></td><td></td><td></td><td></td></tr>
<tr><td colspan="3">调 出 记 录</td><td colspan="4">报废清理记录</td><td colspan="2" rowspan="2">设卡日期：
注销日期
卡片登记人：</td></tr>
<tr><td colspan="3">调出日期：
凭证号数：
调入单位
原始价值：
已提折旧：
备注：</td><td colspan="4">报废清理日期：
凭证号数：
报废清理原因：
原始价值：
已提折旧额：
变价收入：
清理费用：
备注：</td></tr>
</table>

图 6-2　固定资产卡片(反面)

6.1.3　固定资产的管理

固定资产管理的重点应该是防止固定资产的流失，提高固定资产的使用效率、挖掘固定资产的使用潜力。在固定资产正确的记录基础上，通过经常的固定资产盘点，使账实相符，以防止固定资产的流失。通过“企业各部门、各类固定资产占用情况统计分析”、“企业生产设备役龄统计分析”、“生产、非生产用固定资产统计分析”、“闲置设备统计分析”等固定资产管理信息，发现管理中存在的问题，以及时调配和处理多余固定资产，促使企业合理配置和使用固定资产，提高固定资产的使用效率，为企业管理者进行决策提供依据。

6.1.4　固定资产管理子系统概述

计算机固定资产管理子系统以每一固定资产卡片数据作为核心的数据，完成以下核算与管理功能，使核算更详细、准确、省力，为管理提供更及时、全面的信息。

(1) 处理各种固定资产增加、减少业务。

(2) 处理各种固定资产的变动业务，例如，原值的变动、折旧方法的变动、使用部门的变动、使用年限的变动等。

(3) 对固定资产按月自动计提折旧。

(4) 对固定资产计提减值准备。

(5) 根据固定资产发生的各种业务，生成会计凭证并传递到账务处理子系统。

(6) 以部门、固定资产类别等统计口径对固定资产的原值、折旧等做多层次、多角度的统计分析。

6.2　固定资产管理子系统内部结构分析

固定资产管理子系统内部结构分析主要是根据系统工作特点对系统数据流程，数据文件的设置，数据编码和系统功能菜单的构成进行分析。这种分析是系统设计不可缺少的重要环节。即使仅仅是固定资产管理子系统的使用者，了解系统的内部结构，对于使用系统提供的功能灵活解决企业固定资产的核算和管理也具有重要意义。

6.2.1　固定资产管理子系统特点

根据对固定资产核算和管理的分析可以看出固定资产管理子系统与存货等其他会计子系统比较具有以下特点。

1. 数据量大、数据在计算机内保留时间长

企业所拥有的固定资产数量一般较多。为了便于企业各部门随时掌握固定资产的详细情况，系统内需要保留每一固定资产的详细资料。为了加强企业对固定资产的管理，保留必要的审计线索，即使是已淘汰的固定资产这些资料也必须保留。因此系统需要保留的数据量较大，所有资料需要跨年度长期在系统中保留。

2. 数据处理的频率较低

除了在系统初始设置时需要输入大量的固定资产详细数据外，在系统的日常业务处理中一般只需要输入少量的固定资产变动数据、每月计提折旧以及必要时输出报表和统计分析数据。数据处理的频率明显小于购、销、存等其他会计系统。

3. 数据综合查询和统计要求较强

为了满足企业对固定资产核算和管理的多方面需要，固定资产管理子系统应该具有较强的查询和分类统计功能。

4. 需要灵活的证、表定义功能

由于在实际工作中企业固定资产的各种信息通常以各种报表的形式提供。为了方便用户的使用，系统应该具有允许用户根据企业的需要自定义报表格式的功能。另外，各企业对固定资产的管理要求不同，固定资产卡片的项目也不同，因此需要有灵活的用户自定义固定资产卡片项目的功能。

6.2.2 固定资产管理子系统数据流程

固定资产管理子系统的内部数据流程可以分成以下几个工作过程。

1. 固定资产管理子系统数据流程图

固定资产管理子系统数据流程如图 6-3 所示。

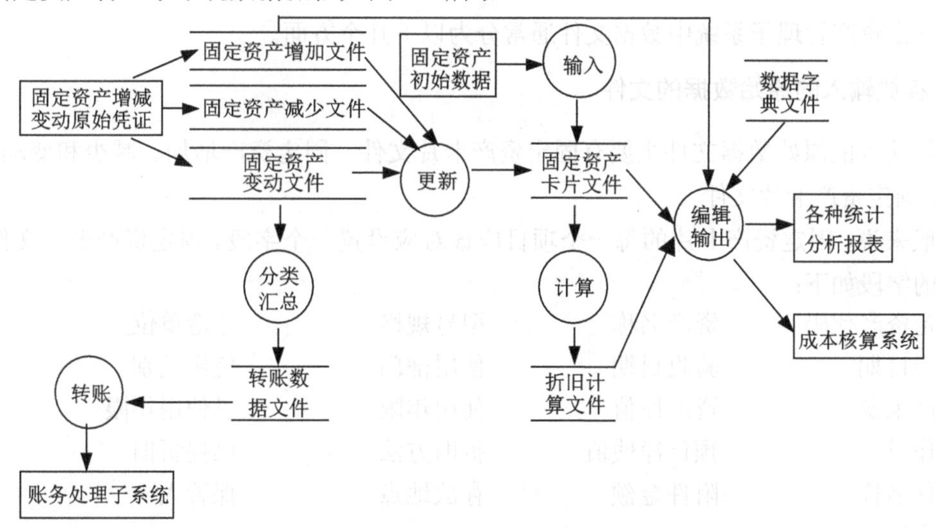

图 6-3　固定资产管理子系统数据流程图

(1) 固定资产初始卡片输入时，全部卡片信息存在固定资产卡片文件中，这个文件是系统的核心数据文件。

(2) 新增固定资产卡片信息存放在固定资产增加文件中；固定资产减少的有关信息存放在固定资产减少文件中；固定资产变化信息存放在固定资产变化文件中。根据这 3 个文件的信息更新固定资产卡片文件，使其存放增加、减少和变化固定资产卡片的信息。减少的固定资产卡片信息不删除，只是打上标记。

(3) 根据固定资产卡片文件中每一固定资产卡片上的信息，计提固定资产折旧，生成固定资产折旧文件。

(4) 根据固定资产增加文件、固定资产减少文件、固定资产变化文件、固定资产折旧文件等，汇总生成转账数据文件据以自动生成转账凭证。

(5) 根据数据字典文件、固定资产卡片文件、固定资产折旧文件、固定资产增加、减少、变动文件等编制固定资产明细账、固定资产增减变动表、固定资产分部门或分类统计表。

2. 固定资产管理子系统与其他会计系统的数据关系

固定资产管理子系统主要与账务处理子系统和成本核算子系统存在数据传递关系。其中与账务处理子系统的数据关系是：在固定资产管理子系统中根据转账数据文件自动生成的转账凭证传送到账务处理子系统进行账务处理。

固定资产管理子系统与成本核算子系统的数据关系是：根据固定资产折旧文件分类统计、汇总折旧费用分配数据，并将该数据传送到成本核算系统供计算成本时使用。

6.2.3 固定资产管理子系统的数据文件

在固定资产管理子系统中数据文件通常分为以下几个方面。

1. 存放输入的原始数据的文件

存放输入的原始数据文件主要有固定资产卡片文件、固定资产增加、减少和变动文件。

(1) 固定资产卡片文件

一般来说，固定资产卡片的每一个项目应该对应设置一个字段。固定资产卡片文件主要应包括的字段如下：

固定资产代码	资产名称	型号规格	建造单位
建造日期	验收日期	使用部门	使用类别
资产来源	资产原值	使用年限	已使用年限
工作量	预计净残值	折旧方法	已提折旧
附件名称	附件金额	存放地点	保管人
减少标记			

(2) 固定资产增加文件

这个文件的数据结构与固定资产卡片文件相同，只是它是一个临时的文件，新增卡片的信息经过审核后，要转移到固定资产卡片文件中。

(3) 固定资产减少文件

这个文件存放固定资产减少的过程数据，字段如下：

日期　固定资产代码　减少方式　清理收入　清理费用

(4) 固定资产变动文件

这个文件存放固定资产原值变动、使用年限变动等变动信息，字段如下：

日期　　　　　　固定资产代码　　变动后原值　　　变动后净残值
变动后使用年限　变动后部门　　　变动后折旧方法

2. 存放计算处理结果的文件

例如，折旧计算、转账数据文件均属于结果文件。这些文件的基本作用是直接按固定资产卡片中记录的固定资产原值、使用年限及折旧方法计算当期应计提的折旧额，然后根据核算的需要，按部门等分别汇总以生成编制记账凭证所需要的折旧表。折旧计算文件与转账数据文件结构基本相同，文件的基本结构如表 6-1 所示。

表 6-1　折旧文件的基本结构

字 段 名 称	类　　型	数 据 长 度	说　　　明
固定资产代码	C	10	应提折旧的固定资产编号
部门编码	C	10	固定资产归属的部门
科目编码	N	9	所提折旧归属的会计科目
折旧金额	N	12	该设备当期所提折旧额
折旧日期	R	8	计提折旧的期间

3. 存放用户设置的代码等数据词典性文件

这些文件主要有：部门代码、固定资产类别代码、固定资产使用情况代码、固定资产增减变动类型代码等代码文件。这些文件的结构与其他各章中的代码文件的结构相同，此处不再赘述。

4. 存放有关修理费等控制数据的其他有关数据的文件

这些文件主要用来存放各种计划、控制数据。

6.2.4　固定资产管理子系统的代码

固定资产管理子系统最主要的代码是固定资产代码。固定资产代码是唯一区分每一项固定资产的标志。固定资产的代码采用群码方式，一般固定资产的代码由使用情况码、类别码、使用部门码和每项固定资产的顺序码 4 部分组成，每个组成部分称为一个基本代码。每一基本代码的码长由固定资产使用类别、固定资产的类别(包括大类：通常按经济用途分类；小类：通常按使用功能分类)、使用部门和同类固定资产数量的多少来确定。通常按以下方式进行固定资产的编码。

×××　　×××　　××××　　××××
使用情况码　使用部门码　　类别码　　　顺序码

这样的编码方式反应了固定资产类别及其所属关系，计算机进行处理时自动截取固定资产代码的对应部分进行判断即可作相应处理。便于按固定资产的使用情况、固定资产的使用部门，固定资产的类别汇总折旧，分配折旧费用和编制各种统计报表。从而提高了系统进行处理的效率。

在固定资产管理子系统中还需要利用一些辅助信息。在固定资产核算和管理过程中涉及的辅助信息一般具有很强的规律性。为了提高计算机对这些辅助信息的处理，也需要对这些辅助信息进行编码。这些编码包括固定资产增减变动方式码、固定资产使用情况码、折旧方法码等。这些编码一般可以采用顺序码。

目前大多数固定资产软件一般采用分别设置固定资产的类别码，使用部门码和使用情况码，由计算机自动组合固定资产代码的方式。

6.2.5　固定资产管理子系统功能模块结构

固定资产管理子系统的功能模块结构如图 6-4 所示。

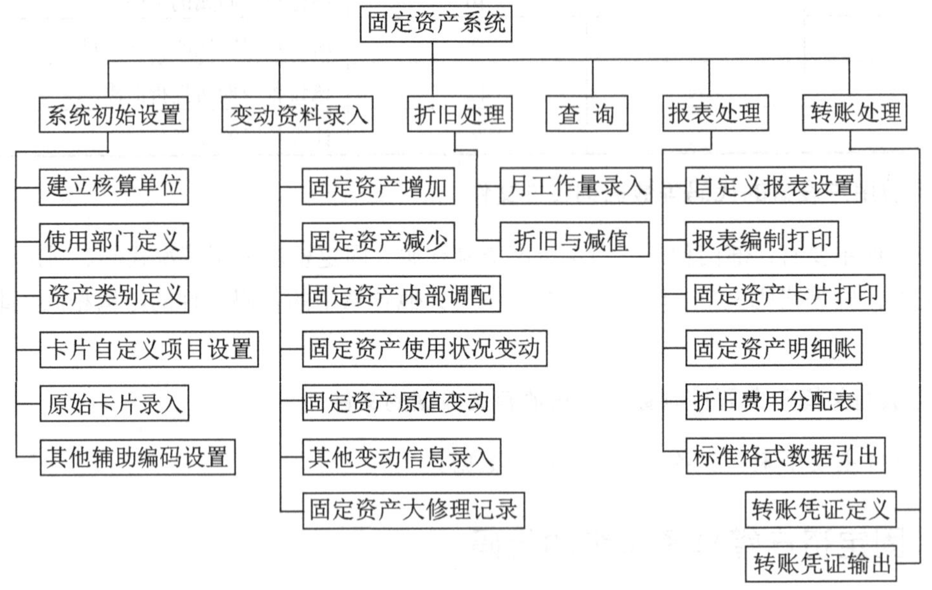

图 6-4　固定资产功能结构图

作为一个完整的固定资产管理子系统，一般还应有以下的功能。

- 系统维护功能。包括：数据的备份、恢复、删除历史数据，工作日志登录，重建文件索引等功能。
- 操作员管理功能。包括：操作员的增加和删除，操作员工作权限的分配等。

这些功能各子系统均应具备，作用也基本相同，此处不再赘述，也不在功能模块图中列出。

另外，为保证数据输入的可靠，对输入的原始数据系统一般设有审核功能。这种审核与账务处理子系统凭证审核相类似。所以在固定资产增加、减少、内部调动等二级模块下，均设置输入、修改、审核 3 个三级功能模块。

6.3　固定资产管理子系统的初始设置

与应用其他系统一样，在使用固定资产管理子系统时，首先要做的也是初始化。初始化包括：固定资产账套的建立与控制参数的设置，基础数据的设置和初始固定资产卡片的录入。通过初始化，把一个通用固定资产管理子系统变为了一个能够满足用户管理与核算要求的系统。

6.3.1　系统使用前的准备工作

企业固定资产的管理从手工向计算机过渡，其基本目的是细化固定资产的核算、规范固定资产的管理。因此固定资产管理子系统使用前的准备工作主要是围绕这两方面进行工作。另外，计算机会计业务处理与手工业务处理在处理方法上有很大区别，不同的软件对初始设置也有不同的要求。因此在作使用前的准备工作时，必须充分考虑这些区别和要求带来的影响。

系统使用前的准备工作主要应从以下几个方面进行。

1. 规范收集固定资产数据

根据企业管理的需要对现有手工系统数据的情况进行调查分析，搞清楚存在的数据冗余、遗漏、脱节的原因。制定制度规定数据收集的方式、内容、凭证格式；优化数据传递的渠道；规定数据管理的责任部门，从而保证固定资产数据的完整、系统和及时。

2. 规范固定资产的基础数据和历史数据

(1) 固定资产的基础数据主要是进行计算机处理必不可少的各种基础档案数据和为了管理需要而制定的各种控制指标数据。各种基础档案数据包括：部门、资产类别等。

与手工管理不同，在计算机管理中，基础数据编码是系统高效运行的基础。手工条件下固定资产的各种资料或者没有编码，或者编码带有很大的任意性，或者不便于计算机使用，因此在系统投入使用前需要根据企业管理和计算机系统数据处理的需要进行规范。对这些数据进行规范主要考虑：第一，编码是否科学、合理。第二，编码在各个会计子系统中是否统一。例如，固定资产管理子系统中使用的部门代码在诸如工资管理、购销存等子系统中也需要使用，因此编码必须统一。对于网络条件下使用会计管理信息系统的企业这一点尤其重要。第三，确定的编码体系是否符合所选软件对编码的要求。

控制指标数据是指进行管理和会计监督所需的费用开支标准和预算等数据。在固定资产管理子系统中设备的维护修理费用是一个弹性较大，也是固定资产日常使用中开支较大的项目。制定经济合理的费用标准，对节省开支提高企业经济效益有重大意义。有了这种标准，计算机系统在处理有关费用时即可对超标准数据给以提示。从而达到会计事前、事中控制的目的。

(2) 对固定资产历史数据的规范其根本目的是对原有手工系统进行一次全面的清理，对历史遗留问题进行一次彻底解决。以便使计算机系统一开始就在一个良好的基础上运行。固定资产历史数据的清理规范主要解决两个问题。第一，会计部门固定资产二级明细账与设备部门管理的固定资产卡片的分类合计是否符合。固定资产卡片上每件固定资产是否记录了折旧计提的情况，是否与会计部门“累计折旧”账户的记录相符合。第二，所有部门记录的固定资产的单、证、账、表上的数据与实际存在的固定资产是否符合。这两方面在大多数单位都程度不同的存在一些问题，解决这些问题的工作量也比较大，必须认真对待。

3. 确定折旧方法

固定资产折旧的计算是固定资产核算的核心工作。由于计算机系统基本不必考虑处理能力的问题，因此在向计算机系统过渡时只需根据企业细化会计核算的需要在会计制度允许的范围内选择折旧计算方法既可。一般来说，选用单台折旧方法核算固定资产折旧更合适。

4. 规范信息输出

固定资产的信息输出主要是以报表形式提供的。手工条件下，会计部门和固定资产管理部门分别根据自己记录的资料编制相应的报表。一般来说，这些报表只能反映固定资产的一部分情况。限于手工处理的能力，大量管理所需要的信息在这些报表中难以反映。计算机系统的使用为提供充分的管理信息建立了良好的基础。因此在系统投入使用前应根据企业管理的需要确定报表的种类、格式和具体内容，以便据此确定计算机系统报表的格式和内容。

5. 规范计算机系统的工作程序

规范计算机系统的工作程序有两个目的：一个是确保数据处理的正确性；另一个是通过规范工作程序从制度上建立系统使用的内部控制体系。这是因为会计核算工作有其确定的工作顺序：固定资产的各种增减、内部调动和使用状况变动没有进行处理，计提的折旧就可能发生错误；固定资产管理子系统生成的记账凭证没有向账务处理子系统传递，账务处理子系统就已结账，凭证无法传递，账务处理子系统与固定资产有关的账簿记录就会出现错误。设计较好的软件对子系统内部和各会计子系统集成运行时的处理顺序会有相应的控制。用户必须根据会计业务处理的要求制订计算机系统的操作程序和每一操作程序需要的管理制度。

6.3.2　系统初始设置

固定资产管理子系统的初始设置主要包括以下几个方面。

1. 建立核算单位和控制参数的设置

建立核算单位又称建立账套。固定资产管理子系统中建立核算单位的含义和作用与账务处理子系统是一致的。其核心内容是设定系统主要编码的编码方式和固定资产管理子系统与账务处理子系统的接口。各软件的设置方法不完全相同，设计较好的软件一般提供建账向导功能引导用户完成设置。设置“建账向导”对话框如图 6-5 所示。

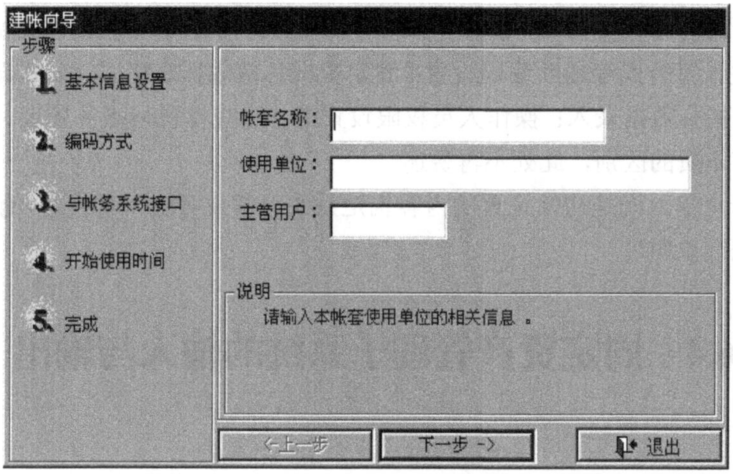

图 6-5　固定资产初始设置格式

2. 基础档案设置

固定资产管理子系统基础档案主要有部门、固定资产类别等。这些档案其他会计子系统也可能需要使用，因此有时也将其称为公共码表。基础档案的设置有两种基本的方式：一种方式是设立公共码表设置功能，所有多个子系统均需要使用的档案在此功能中设置。另一种方式是在各子系统中分别设置有关档案，但所有子系统共享。

这些基础档案编码需要注意以下几个问题。

(1) 凡具有国家标准的，例如，固定资产类别，国家标准(GT/T14885-96)将固定资产类别编码规定为六位四级(2112)，即如果没有特殊情况应尽量参照使用国家标准。

(2) 编码应尽量具有一定的层次，例如，固定资产使用部门编码可按使用部门—车间—工段—班组设为四级群码以便按级分类汇总，提供尽量多层次的管理信息。

(3) 多数软件对编码的总长度都有规定，在设计代码时应注意不能超越系统编码总长度的要求。

3. 固定资产卡片项目定义

固定资产卡片的输入通常采用设置输入格式文件的方式进行。固定资产卡片的格式，不同的单位差异很大。为了增加固定资产管理子系统的通用性，一般都为用户留下足够的增减卡片项目的余地，通常采用在初始设置中由用户设置自定义项目，或对系统提供的卡片模板项目进行修改。固定资产卡片项目定义就是为了完成这一工作设置的功能。在这里用户实际上是在进行固定资产卡片文件的库结构设置或修改，因此一般都需要对增加的项目设置数据类型和数据宽度。另外，固定资产的附属设备及变动情况虽不参加核算，但仍是固定资产卡片中应记录的内容，也应根据情况设置项目输入计算机。

需要注意的是：固定资产卡片项目的设置涉及到数据库结构的变动，一旦这一设置完成并输入数据，一般来说就只允许增加项目不允许修改或删除已有项目，以免发生数据丢失或混乱。有些软件在设置完成后干脆封闭此项设置，因此使用前必须做好充分的准备。

除了以上所述各项设置外，固定资产管理子系统的初始设置还包括：固定资产变动类型、折旧类型及相关计算公式等辅助编码设置；固定资产各常规报表格式、公式设置；自动转账凭证设置；控制指标数据录入；操作人员权限设置等。这些设置与账务处理、报表管理子系统相应设置没有本质的区别，此处不再赘述。

固定资产卡片输入既是初始设置的内容也是系统日常业务输入的内容，有关注意事项在系统输入部分进行说明。

6.4　固定资产管理子系统的输入与输出

6.4.1　固定资产管理子系统的输入

固定资产管理子系统的输入，包括初始数据的输入和日常业务处理数据的输入。初始数据是指系统投入使用前企业现存固定资产的全部有关数据，主要是固定资产卡片记录的数据。日常业务处理数据是指日常发生的固定资产增减变动等产生的有关数据。

1. 初始固定资产卡片输入

由于企业固定资产的数量较多，初始固定资产卡片输入是非常繁重的工作。在此要输入每一固定资产卡片上的全部信息，如图 6-6 所示。为了方便输入，减少输入错误，系统通常采用让用户自行定义输入格式的方式。

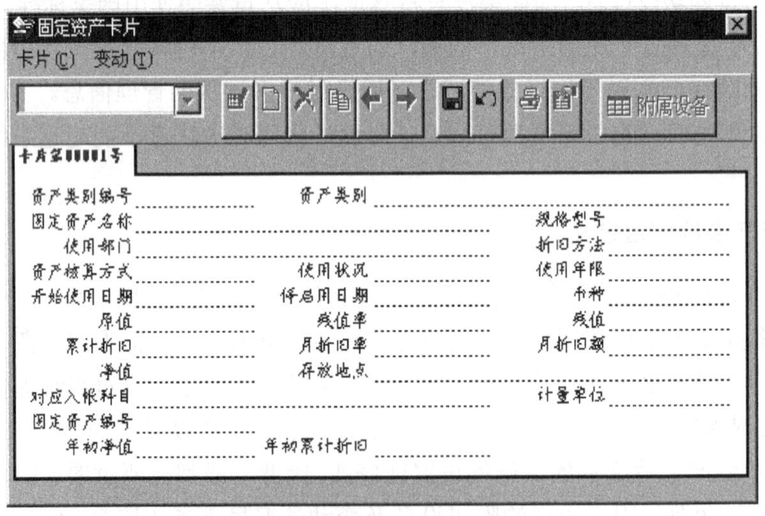

图 6-6　固定资产卡片输入格式

使用时用户按固定资产卡片屏幕显示格式逐项输入。在输入固定资产卡片各项内容时，凡是设置过代码的项目既可以使用代码输入，也可以使用该项目提供的快捷键调出相应内容进行选择输入。这样既提高了输入速度也减少了输入错误。如果用户直接输入代码，为了保证输入的正确性，系统会根据所设代码表进行必要的检测，如不相符系统会给出提示，要求用户改正。

2. 日常业务数据输入

(1) 固定资产增加的输入

新增一个固定资产要输入的信息和初始固定资产卡片要输入的信息相同，都是输入固定资产卡片上应具有的信息。

(2) 固定资产减少的输入

固定资产减少时，要输入日期、固定资产编码、减少方式、清理收入、清理费用等。

(3) 固定资产变动的输入

固定资产可能发生多种形式的变动，如原值变动、使用年限变动、预计净残值变动，不管哪种形式的变动，都要输入变动单。变动单输入时，主要输入日期、固定资产编码、变动方式和变动后的值。

需要注意的是：在固定资产数据输入过程中系统一般都设置有正确性与完整性的数据检验。除这些检验外，对日常业务数据的输入，例如，固定资产增、减、变动等业务通常还要设置审核功能进行控制和数据检验。并根据审核后固定资产增减变动数据自动生成或更新固定资产卡片，以保持数据的一致性。已经审核确认的数据应该使用留有痕迹的修改方法。对初始数据的固定资产卡片输入，系统一般不设审核功能。这些数据的检验通过与账务处理子系统相应数据来进行核对。例如，每类固定资产卡片原值的合计应该等于账务处理子系统相应固定资产明细科目的余额；卡片已提折旧的合计应等于累计折旧账户的余额。这种检验应在全部初始固定资产卡片输入计算机后由系统自动进行并给出提示。如果使用的软件控制检验功能不够完善，则应通过建立相应的管理制度进行控制。

6.4.2　固定资产管理子系统的输出

输出模块是固定资产管理子系统处理成果的重要体现，凡核算、管理需要的内容均应有相应的输出功能模块相对应。固定资产管理子系统输出的内容繁多，主要有固定资产卡片、固定资产增减变动表、固定资产分类统计表、固定资产折旧计算表、转账数据汇总表等有关账表。所有的输出系统均设有屏幕显示和打印两种输出方式供用户选择。

理想的软件对于用户常用的账表应该提供内置模板，并设置相应的菜单项目。同时应该提供用户自定义输出格式或对内置模板进行修改的功能，以方便用户定义企业所需要的账表输出内容和格式。为了用户全面了解企业固定资产使用情况，系统还应提供按组合条件进行模糊查询的功能。

另外，固定资产卡片记录了每项固定资产的详细内容，由于固定资产卡片数量巨大，一项固定资产从投入使用到最终被淘汰的整个期间该卡片都有效，因此一般不需要全部打印输出。了解每个固定资产的情况可通过查询功能来解决，特殊情况需要时，系统可根据用户的要求打印输出选定的或全部的固定资产卡片。与此相关的还有，很多企业基于手工工作的习惯，往往要求固定资产管理子系统提供输出固定资产台账的功能。固定资产台账主要是为加强对固定资产管理而设置的。台账上包括了固定资产卡片上的基本内容，反映企业所有固定资产的有关情况。台账有两种格式：一种按使用部门输出，供固定资产的使用部门使用，以促进固定资产使用部门加强对固定资产的管理。另一种是按固定资产分类输出，供财务，生产技术管理部使用。因固定资产台账项目较多，一般按简化的卡片形式打印。

值得指出的是：为了加强对固定资产的管理，企业往往需要对固定资产的数据进行各种各样的分析统计。由于固定资产管理子系统不可能提供充分的统计分析功能，因此系统应该具有标准格式数据引出功能。以便用户将固定资产管理子系统的数据引出到 Excel 等通用表处理系统，利用这些系统提供的强大处理能力得到用户满意的结果。

6.5　固定资产管理子系统的数据处理

固定资产管理子系统数据处理全过程包括：初始设置和初始数据输入、固定资产的日常业务处理数据输入、计算折旧、汇总折旧转账数据、更新固定资产卡片、编制转账凭证、固定资产的账表等信息输出。其中初始设置、输入和输出处理上面已做了介绍。这里只就计算折旧并生成汇总折旧转账数据和固定资产卡片文件更新的主要处理过程作一概要说明。

6.5.1　折旧的计算

根据财务制度的规定，企业固定资产的折旧方法为：平均年限法、工作量法、双倍余额递减法、年限总和法。企业可根据国家规定和自身条件，经过同级财政部门批准，选择采用其中的一种，有关的计算公式通常通过初始设置应用专门的函数来实现。

但无论采用何种折旧方法，使用计算机进行折旧的计算都有以下两种计算方式。

一种方式是基本仿照手工方式进行计算。这种方式是以按类设置的“固定资产”明细科目账面余额乘以该类固定资产综合折旧率为计算基础。以后每月在上月固定资产折旧计提基础上，加上新增固定资产应计提的折旧，减去减少的固定资产应计提的折旧，从而得到本月应计提的折旧，因此计算处理简单。缺点是折旧计算比较粗略，无法实现每项固定资产个别计提折旧。因此设计固定资产管理子系统时一般不应采用这种方式。

另一种方式是根据每一张固定资产卡片上记录的原值和月折旧率计算该固定资产折旧额，并按类别或使用部门汇总折旧额，形成凭证数据。例如，同属管理部门的各工作单位，固定资产折旧汇总计入管理费用科目；同属生产部门的各单位且使用性质是管理用的固定资产折旧，汇总计入制造费用科目。这种方式实现了手工条件无法采用的个别折旧，因此是一种细化核算的较好的处理方式。

使用这种计算折旧方式的软件，一般能够按照会计制度的规定，当月增加的固定资产当月不提折旧，当月减少的固定资产当月照提折旧。所以固定资产减少的操作，要在固定资产计提完折旧后，才能进行。

另外，固定资产折旧方法一经确定一般不应随意改动。但会计制度并不排除特殊情况下固定资产折旧的改变。因此软件应允许用户在特定权限下修改固定资产卡片中折旧方法的内容。但这种修改必须留有痕迹以便日后查证使用。

6.5.2　凭证处理

1. 折旧费用的分配

会计期末系统根据固定资产的使用部门对折旧费用进行分摊，并形成相应的凭证传递到账务处理子系统，以进行会计核算，如图 6-7 所示。

部门编号	部门名称	项目编号	项目名称	科目编号	科目名称	折　旧　额
1	行政财务部			5502	管理费用	496.73
2	车间			4105	制造费用	2,223.41
3	销售部			5501	营业费用	2,484.80
合计						5,204.94

图 6-7　折旧费用的分摊

2. 其他固定资产业务

固定资产的增加、减少和原值改变等业务发生后，都要产生会计凭证。

为了保证记账凭证与原始凭证一致，在固定资产管理子系统产生的凭证，在账务处理子系统不能删除与修改。

3. 结账

固定资产管理子系统在结账前要做两个判断：一是上月是否结账；二是本月的业务是否都完成了。例如，判断是否根据折旧费用分配表编制了凭证并传递到账务处理子系统了。如果这两个条件都满足了，即可结账。结账后，这个月的固定资产数据将不能进行修改。固定资产管理子系统的结账要在账务处理子系统的结账之前进行。

6.6　企业资产管理子系统

对于像电厂这样的资产、设备密集型企业，监控资产、设备的运行及维修是企业的生命线，传统的固定资产管理已经不能满足这类企业对资产管理的需求，因此企业资产管理子系统(Enterprise Assets Management，EAM)应运而生。

6.6.1　企业资产管理子系统的功能概述

企业资产管理以设备管理及其维护为基础，业务涉及设备台账、工单管理、预防性维护、文档管理、库存采购等，提供了从企业资产购置、运行、维护、更新改造到报废的全流程管理(企业资产生命周期管理)，蕴涵先进的资产管理理念、设备维护策略。

6.6.2　企业资产管理子系统实现的目标

企业资产管理子系统实现的目标如下：

(1) EAM 系统可将企业物流、资金流、信息流进行整合、综合利用，避免了信息孤岛与数据的重复录入，连接了企业内部的所有部门和业务规程，使它们成为一个统一的整体，通过不断地创建最新业务信息和决策支持数据来为企业的生产提供先决条件。

(2) EAM 系统实现了企业资产管理标准化和规范化的目标，实现了企业资产管理部门之间的数据信息自动传递，为实现企业的安全生产、降低企业资产维护(包括库存)成本提供有力的工作平台。

(3) EAM 不但为企业的战略性发展和实际运营提供有价值的支持，同时它也是企业提高资产利用率、生产效率和利润空间的有效工具，为企业的战略层面和运行层面运作提供了强有力的支持。

6.6.3　企业资产管理子系统的功能介绍

1. 设备台账管理

设备台账是设备管理的基础数据，包括设备的静态数据和动态数据。静态数据在设备的生命周期中是相对固定或变化较少的，例如，设备的编码、命名标准，设备的型号规格、技术参数、出厂编号等。动态数据记录了设备的维修记录等历史信息。

在此，可根据企业主要设备的特点和设备命名习惯，选择建立逻辑设备树的方式，组织设备层次结构。设备分层与设备编码的规范要一致，例如，对电厂来说，依次是机组、大系统、小系统、设备组、设备。

2. 工单管理

工单的产生有两个途径：一是运行或检修人员发现设备缺陷后，填写缺陷报告，产生工单；二是设备管理人员制定预防性维护计划，根据维护计划产生工单。

工单记录的信息有：工作内容、工作负责人、工时、人员安排、材料计划等。

此工单管理是对工单生命周期管理，从工单产生、人员和材料准备、下达、开工、完工报告、工单验收、结束，进行全流程的管理。此功能可增强工单处理过程的可监督性，提高检修工作效率。工单结束之后，转入历史工单数据库，形成设备台账中的检修历史数据。

3. 预防性维护

在 EAM 软件的预防性维护模块中，可以制订定期或不定期的维修计划。设备管理人员在计划中事先定义好维护设备对象、工作班组、维修类别、所需的材料、工时，定期维修的计划开始时间和时间间隔，然后，可以由手工或系统自动触发定期维修计划的工单。

此功能将维修计划以工单的形式下达给工作班组，加强了定期维修制度执行的可监督性，防止由于遗忘疏漏导致的工作失误，增加了设备运行的安全、可靠程度。设备的定期维修过程记录在工单中，充实了设备台账信息，使设备的管理者可以查询到有关设备的所有操作信息，细化设备管理。

利用 EAM 软件预防性模块中的事件触发型维修计划，可以满足企业设备大、小维修的管理需要。设备管理人员可根据大、小维修计划，将大、小维修的标准检修项目，作为维修计划包输入数据库，内容包括：项目的维修计划编号、项目名称、该项目的检修设备和检修内容列表、所需备件和材料等。生产技术部门对大、小维修的计划审查之后，触发大、小维修计划，产生相应的检修工单。例如，触发“＃1 机组小修”事件，则产生＃1 机组小维修的标准项目工单。由设备管理人员根据经总工程师批准的项目清单对工单进行处理之后，下达给检修班组执行工单的检修工作。

设备的检修文件包和检修工作完工报告在 EAM 软件的文档模块中实现。设备管理者为设备建立检修文件包模版文件，利用 EAM 软件中独特的关联功能，将检修文件包和设备对象关联。设备管理人员根据检修文件包模版建立本次检修的文件包文件，由检修人员填写检修记录，并在检修工作完成之后，建立完工报告文件。这些文件均和设备对象关联，在设备台账中可以查到历次检修的文件包和完工报告。

4. 库存管理

在 EAM 的库存管理模块中，进行可以建立库存件的基本档案，管理盘点、库存件接收、库存件下发、库存件报废等业务。材料领用人员可以在工单中直接建立材料领用申请，对于非工单领料(如日常消耗品、办公用品、清洁用品等)可以在库存管理模块的材料申请中填写。物资部管理人员根据审批后的材料申请发料。

5. 采购管理

在 EAM 的采购模块中，可建立供应商信息，作为采购管理的基础数据，规范供应商管理。

物资采购流程可在 EAM 中实现单轨运行。材料需求人员在 EAM 中建立采购申请单，登记需采购的物资名称和数量。采购申请单经过主管部门批准之后，状态改为下达。物资部采购管理人员处理已下达采购申请，打印询价单进行询价，根据供应商的报价，比价后，确定供应商，生成采购订单。采购订单经审批后，打印采购订单，发给供应商。采购的物资到货之后，根据采购订单，确认实际到达的货物数量。

6. 文档管理

文档管理是 EAM 中的基础模块。它可以和 EAM 中许多对象(EAM 管理关键点)相关联，例如，可以与逻辑设备、工单、库存件、材料申请、采购申请等对象相关联，以文件的方式记录这些对象的信息，并且能十分方便地调用这些信息。文档管理的这一特性，作为一种补充的方式，可以很灵活地管理 EAM 对象的相关信息。

文档管理模块中的文档可定位为：为设备管理和物资管理服务的相关文档。根据管理流程的需要，建立文档，建立文档审批流程，将文档与相关对象关联。

纳入 EAM 文档管理的文件类型可以有：检修技术文件(检修文件包)、完工报告、检修交待、系统图、材料申请的附加信息等。

设备管理人员在文档管理中建立检修文件包模板，检修人员在检修过程中根据文件包模板，填写检修记录，工作完成后填写完工报告。

本 章 小 结

企业固定资产的种类繁多，构成复杂，在企业的资产总额中占有相当大的比重。为了加强管理，提高企业经济效益需要对固定资产进行正确的核算和严格的管理。这些特点和管理要求决定了以下 3 点。

(1) 固定资产的基础数据量大，为了正确的输入和便于进行数据分类汇总处理，需要对每一固定资产进行编码。固定资产编码由若干基本编码组成，编码的好坏直接影响计算机数据处理的效率和输出管理信息的能力。

(2) 为了细化对固定资产的核算，无论采用那种计提折旧方法，系统在计算折旧时都应采用单台计算折旧的方法。以便根据企业的实际需要汇总和分配折旧费用。固定资产单件价值高是企业的重要资产，需要重点管理。因此不光固定资产的清理需要进行详尽的记录，对淘汰的固定资产其原始记录也应保存。所以已淘汰固定资产的卡片不能简单删除而应在备查文件中保存。

(3) 固定资产计提折旧、计提减值，处理各种增减变动，生成记账凭证和向账务处理子系统传送凭证有其特定的顺序。这种顺序控制应该由系统解决，如果系统缺乏这种控制则应制定相应的管理制度。

如发电、广播电视行业的企业，属于设备密集型企业，固定资产的维护与管理比核算更重要，因此这类行业采用以固定资产管理与维护为主的企业资产管理子系统。

案 例 分 析

某集团公司采用计算机固定资产管理子系统，运用计算机集中存储数据的能力和网络技术，将集团的资产进行统一管理与核算。

(1) 固定资产集团范围调剂使用，从而有效地利用了企业的资源，提高了固定资产的利用效率。

(2) 集团固定资产集中采购，利用批量降低价格，节约成本。

(3) 固定资产价值管理统一到集团总部，统一计提折旧和资产减值准备，从而保证会计信息的一致性与真实性。

复习思考题

1. 计算机固定资产管理子系统与手工固定资产管理子系统相比，能带来哪些管理与核算上的优势？

2. 在固定资产管理子系统中，提供了哪些功能能够保证固定资产管理子系统与账务处理子系统数据的一致性？

3. 在输入固定资产卡片时，系统有数据完整性的校验吗？如何体现？

4. 为什么在基础数据设置时，要设置部门和资产类别档案？

5. 在使用固定资产管理子系统时，进行完什么操作，才能进行固定资产减少的操作？为什么？

6. 在固定资产管理子系统中产生的凭证在账务处理子系统中，可以删除与修改吗？为什么？

7. 你觉得在固定资产管理子系统中，哪些控制体现了会计的内部控制？

8. 根据会计制度的规定，折旧方法一经使用，不应随意改变，你觉得现有的固定资产管理子系统对这一点控制了吗？如果没有，你觉得应该如何控制？

9. 什么类型的企业要利用企业资产管理子系统而不是一般的固定资产管理子系统？

第7章　企业内部供应链管理子系统概述

企业内部供应链管理是企业管理的重要内容，供应链管理子系统是企业管理信息化的重要组成部分，通过供应链管理子系统，可以加强对企业业务环节的规划和控制，真正实现管理的高效率、实时性、科学性和智能化。企业内部供应链管理子系统主要包括：物料需求计划、采购管理、销售管理、库存管理、存货核算等功能子系统，同时为了完成采购与销售过程中的往来账的核算与管理，还需要与应付款管理子系统和应收款管理子系统集成运行。因此，为了反映对企业内部供应链全过程的核算与管理，本书将应付款管理子系统和应收款管理子系统也纳入供应链管理子系统。

7.1　企业内部供应链管理子系统的内容

企业内部供应链管理子系统通过将采购、销售、库存等子系统的有机结合，实现了内部业务流程的一体化运作。本节将主要介绍企业内部供应链管理子系统的基本结构和企业内部供应链的核算与管理的基本内容。

7.1.1　企业内部供应链管理子系统的基本结构

企业内部供应链的核算与管理涉及到多个子系统，每个子系统在企业整个供应链管理过程中发挥着不同的作用。其基本结构如图 7-1 所示。

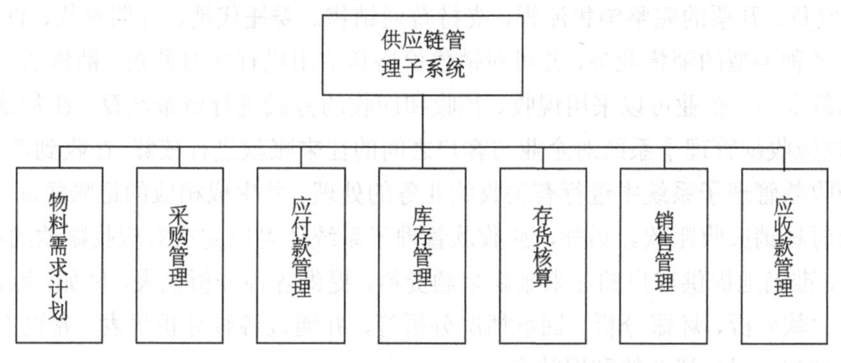

图 7-1　供应链管理子系统的基本结构

1. 物料需求计划子系统

物料需求计划(Material Requirements Planning，MRP)子系统是供应链管理信息系统的重要组成部分，是供应链的入口。该子系统的主要作用是依据 MRP 的毛需求，按照 MRP 平衡公式进行运算，确定企业的生产计划和采购计划。生产计划是指根据销售订单或市场预测，通过 MRP 运算，确定企业需要，向生产部门下达生产订单并投放生产的产品及其数量；采购计划是指根据销售订单或市场预测，通过 MRP 运算，确定向供应商下达采购订单进行采购的产品及其数量。通过物料需求计划，可以解决企业生产什么、生产数量、开工时间、完成时间；可以解决企业外购什么、外购数量、订货时间、到货时间等问题。

2. 采购管理与应付款管理子系统

因为采购过程中发生的与供应商的往来账，以及给供应商支付的货款都需要通过应付款管理子系统进行核算和管理，因此将这两个系统放在一起，讨论其在整个供应链管理中的作用。

采购管理子系统的主要作用是根据物料需求计划子系统中产生的采购计划和企业内部其他部门向采购部门提出的采购申请，安排采购活动，并完成对采购业务的全部流程的管理，包括：采购请购、采购订货、采购到货、采购入库、采购发票、采购结算等环节的业务处理。采购活动的最后环节是资金的结算，企业可以通过现付、预付和应付的方式进行资金结算。在采用预付和应付的方式进行资金结算时，还需要根据企业的资金状况和供应商给予的信用条件，选择合适的结算方式、结算时间、结算金额、结算对象等，从而加强对应付账款和预付账款的管理，提高资金的使用效率，防止企业资产的流失。这些资金结算工作都需要通过应付款管理子系统来完成。

3. 销售管理与应收款管理子系统

因为销售过程中产生的与客户的往来账，以及货款的结算都需要通过应收款管理子系统进行核算与管理，因此也将这两个系统放在一起，讨论其在整个供应链管理中的作用。

销售是企业生产经营成果的实现过程，是企业经营活动的中心。销售管理子系统提供报价、订货、发货、开票的完整销售流程，支持普通销售、委托代销、分期收款、直运、零售、销售调拨等多种类型的销售业务，并可对销售价格和信用进行实时监控。销售活动的最后环节是货款结算业务，企业可以采用现收、预收和应收的方式进行资金结算。在货款结算过程中，需要通过应收款管理子系统对企业与客户之间的往来账款进行核算。在收到销售货款时，还需要在应收款管理子系统中进行有关收款业务的处理，并生成相应的记账凭证，同时根据收款情况及时核销应收账款。另外，应收款管理子系统还可以完成对应收账款的综合管理，包括：及时、准确地提供客户的往来账款余额资料，提供各种分析报表，例如，账龄分析表，周转分析、欠款分析、坏账分析、回款情况分析等，并通过各种分析报表，帮助企业合理地进行资金的调配，提高资金的利用效率。

4. 库存管理存货核算子系统

库存管理存货核算子系统主要从数量上对存货进行管理。存货是指企业在生产经营过程中为销售或耗用而储存的各种资产，包括：商品、产成品、半成品、在产品以及各种材料、燃料、包装物、低值易耗品等。库存管理与存货核算是采购管理和生产、销售管理的一个中间的环节。采购的完成使存货增加，销售的完成使存货减少，同时采购要考虑存货的库存量，生产和销售也是同样的。所以说，库存管理与存货核算与企业的采购、生产和销售紧密相连，库存管理与存货核算的水平，不仅与库存管理与存货核算子系统本身有关，也与采购和销售管理子系统相关。

库存管理与存货核算子系统能够满足采购入库、销售出库、产成品入库、材料出库、其他出入库、存货盘点等库存管理与存货核算业务的需要，同时提供仓库货位管理、批次管理、保质期管理、出库跟踪入库管理、可用量管理等全面的业务应用。

5. 存货核算子系统

存货核算子系统的主要作用是从资金的角度，对存货的出入库业务进行及时反映，即完成入库成本、出库成本以及结余成本的核算。入库成本和出库成本反映和监督的是存货资金的流动情况；结余成本反映和监督的是存货资金的占用情况。系统根据输入的各种入库单和出库单，形成反映存货收发存情况的出入库流水账、库存台账等账簿信息。

7.1.2　企业内部供应链的核算和管理

企业内部供应链的核算和管理主要是指围绕着采购和销售而产生的资金流与物流的核算和管理。资金流和物流是企业的立足之本，对资金流和物流的核算与管理至关重要。

7.1.2.1　企业内部供应链的核算

内部供应链的核算可以具体分为采购活动的核算、销售活动的核算以及存货的核算 3 个方面。

1. 采购活动的核算

采购活动是企业生产经营活动的开始，对采购活动的核算，不同类型的企业会有一定的区别。这种区别表现在：第一，科目使用的不同；第二，核算方法使用的不同。例如，许多工业企业按计划成本核算，采用了“材料成本差异”这个科目，核算采购的实际成本和计划成本的差异，以达到控制采购成本的目的。

采购活动中核算的主要内容包括：

(1) 材料采购或商品采购的采购成本核算

需要说明的是：采购成本包括购买价款、相关税费、运输费、装卸费、保险费以及其他可归属于存货采购成本的费用。

(2) 采购过程中产生的税金核算

比较典型的一种税金是增值税，针对不同的供应商，正确地确定每次采购的税率，然后在此基础上进行税金的核算。

(3) 采购过程产生的往来款项核算

目前，大多数企业的采购是赊购，从而产生企业对供应商的应付账款，应对此进行正确的核算。

(4) 采购过程支付的各种款项核算

采购过程中发生的各种款项需要在不同的时点予以支付，在实际支付时应根据不同的结算方式进行正确的核算。

2. 销售活动的核算

销售是指企业因向客户提供产品、商品或劳务活动而取得收入的过程。不同类型的企业销售活动不完全相同，对应的会计核算也有区别。具有典型意义的两类企业是工业企业和商业企业。以下讨论的内容以工业企业为主，商业企业的不同之处将给以相应说明。

(1) 销售收入和费用的核算

销售收入是企业因向客户提供产成品、商品或劳务活动而获得的收入。企业应当在发出商品、提供劳务，同时收到价款或索取价款的凭据时确认销售收入实现。

企业取得的销售收入在“主营业务收入”科目中进行核算。该科目核算企业销售产成品、自制半成品和提供工业性劳务所发生的收入。对发生的销货退回应冲减本期的销售收入。企业销售过程中发生的销售折扣和折让也应作为本科目的抵减项目处理。企业发生的材料销售、包装物的出租和运输等非工业性劳务收入在“其他业务收入”中进行核算。销售过程中发生的费用包括：运输、装卸、包装、保险、展览费等在“营业费用”科目中核算。

(2) 销售成本的核算

企业在确认销售收入的同时确认销售成本。工业企业和商业企业销售成本的核算差别较大。工业企业的销售成本通过产成品结转，而产成品可以采用计划成本也可以采用实际成本两种不同的方法计算；商业企业的销售成本也有进价核算和售价核算两种不同的方式。这些成本核算方法在会计处理上有较大的区别。销售成本通过“主营业务成本”科目核算。

(3) 销售过程中税金的核算

企业在确认销售收入的同时确认相应的销售税金及附加。包括：产品税、营业税、城市建设维护税、资源税和教育费附加，这些税费应在“销售税金及附加”科目中进行核算。除了上述税费外，增值税也是销售过程中一项非常重要的税种，该税种的核算应在“应交税金——应交增值税——销项税额” 科目中进行核算。

(4) 应收账款的核算

在市场经济条件下，企业为了充分利用商业信用扩大销售，除了通常的缴款付货的方式外，还采用了灵活的销售方式。这些方式包括：先付货后收款，先付货后分期收款，委托其他单位代销，以及预收货款后交货。这些交易方式都会形成企业间的债权、债务关系。这些债权、债务关系在“应收账款”科目下核算。有些预收货款交易较多的单位设置“应收账款”和“预收账款”科目分别进行核算。

(5) 坏账的核算

在应收账款发生坏账时，应及时进行坏账的处理。对于采用备抵法进行坏账处理的企业，还应进行坏账准备的核算。坏账准备的提取金额可以按照应收账款余额百分比法、账龄分析法或销售收入百分比法进行确认和计量。

(6) 销售收款的核算

在收到客户的货款时，应根据客户采用的结算方式进行正确的收款核算。

3. 存货的核算

存货的核算就是从资金流的角度对存货增加、减少和节余进行反映与监督。存货的核算应该包括：存货增加的核算，即入库成本的核算；存货减少的核算，即出库成本的核算。同时根据入库成本和出库成本确定节余存货的成本，从而确定存货的资金占用情况。

在手工方式下，不同的企业采取不同的会计核算方法。对工业企业而言，可以采用实际成本法或计划成本法对存货进行核算；对商业企业而言，可以采用进价法或售价法对存货进行核算，进价法实际上也是一种实际成本法。在计算机环境下，由于存货成本的计算完全可以由计算机自动处理，因此主要采取实际成本法对存货进行核算，以保证存货成本的准确性。

存货核算的主要内容包括以下几个方面。

(1) 存货增加的核算

在存货增加的核算中，需要解决的问题是增加存货的价值是多少，即入库成本的确定问题。在实际成本法下，当采购发票与采购存货同时到达时，增加存货的价值主要依据采购发票及反映采购过程中发生的运输费、保险费等费用的发票上记录的金额来确定；当采购存货先到采购发票未到时，存货增加的金额为暂估金额，采购发票收到时再作相应的处理；当采购发票先到采购存货未到时，采购存货作在途存货处理。

(2) 存货减少的核算

在存货减少的核算中，需要解决的问题是减少存货的价值是多少，即对出库成本的确定问题。在实际成本法下，可用许多方法来计算减少存货的价值。如先进先出法、加权平均法、移动加权平均法、个别计价法。对于特殊的出库，如未入库即出库的业务或暂估入库的业务，可参照各种参考价，计算出库的成本。

7.1.2.2　企业内部供应链的管理

内部供应链的管理的根本目标在于通过准确的预测信息，确定合理的采购批量，减少总体采购成本，减少库存，缩短生产周期，提高生产率，加快市场响应速度，从而降低整个企业内部供应链的成本。具体而言，包括以下几个方面。

1. 采购量和采购成本的控制

企业为了增强市场竞争力，减少经营的风险，把库存压到最低，就是目前所说的“零”库存，以减少占用的资金和库存的存储成本。因此，对采购的量一定要加以控制，要根据市场需求的情况进行生产，根据生产和库存的情况进行采购，决不能盲目地进行采购。

采购成本的控制对企业也是非常重要的。一些大型的工业企业采用按计划成本的核算方法对采购环节的成本加以控制。目前，有一些大型的企业利用电子商务作为工具在网上进行统一的采购，由于采购的量大，可以降低采购的价格，从而降低采购成本；同时，又避免了下级单位的黑箱操作。不同的企业对采购成本的控制有不同的方法。

2. 供应商往来账的管理

在采购完成时，必然要与供应商进行结算。在进行结算时，应注意以下问题。

① 正确地选择结算方式、结算时间。对于市场越来越规范的今天非常重要，因为可以争取到供应商对所售商品折扣，以降低采购成本。

② 正确确定结算的金额。当企业采购活动频繁时，与供应商的结算，可能稍一疏忽就会出错，尤其在手工方式下。如果企业是按订单进行采购的，结算金额应该与采购订单上的金额一致。

③ 注意应付账款和预付账款的管理，定期与供应商对账，以防作弊。

3. 销售业务的管理

销售是企业价值实现的关键环节，对于销售过程的管理，主要应从以下几个方面入手。

(1) 进行合理的销售价格管理，实现企业价值不断增长的目标。

(2) 充分掌握库存产品情况以便及时满足客户购买需求。

(3) 提供详实的各类产品的销售信息以便生产管理部门合理组织生产。

4. 客户往来账的管理

按时完成与客户的结算和及时催收欠款，并根据历史数据进行账龄分析以提供客户的信用资料，同时对应收账款进行坏账处理，包括：计提坏账准备的处理、坏账发生后的处理、坏账收回后的处理等。及时提供按销售部门和销售人员的销售收入和同期应收账款的增减统计数据，以便量化销售人员业绩，合理确定销售人员报酬和奖励政策。

5. 物流的管理

通过对存货增加、减少和节余的详细记录，也就是库存存货的明细账，对存货进行有效的管理，也就是对物流进行有效的管理，达到使库存节余的存货数量最低和防止企业资产丢失的目的，从而降低存货的存储成本和企业经营的风险。同时，为企业的采购业务和销售业务的合理、顺利地完成提供信息支持。例如，安全库存信息、存货保质期信息等。

6. 存货占用资金的管理

通过对存货的会计核算，使企业的管理者了解存货资金流动的情况和节余存货占压资金的情况，为企业资金的运作和加快资金的周转提供依据。

7.2　企业内部供应链的内部结构分析

企业内部供应链涉及到的核算与管理的内容都较为复杂，为了有效利用供应链管理子系统对企业内部供应链进行管理，有必要对供应链的内部结构进行详细分析。

7.2.1　企业内部供应链管理子系统的特点

企业内部供应链涉及到企业内部和外部的多个部门。供应链的核算和管理涉及到多个子系统，包括：物料需求计划、采购管理、销售管理、库存管理与存货核算等，且各子系统之间既相互独立、又相互联系。采购业务和销售业务的结算方式灵活多样，且对数据处理的实时性要求高。这就决定了企业内部供应链具有以下特点。

1. 数据量大

企业内部供应链管理的数据量大，一是由于采购的原材料和销售的商品品种较多，涉及到的往来单位(包括供应商和客户)较多；二是由于采购的批次较多，尤其是在以降低库存为目标的前提下，企业会采取量少多进的方法进行采购；三是出入库业务频繁，采购引起入库，生产、销售引起出库，而这些业务几乎天天都会发生；四是存货的种类多，大部分企业的存货种类都可以用“繁多”这个词来描述。

2. 日常数据处理频繁且实时性要求高

企业的采购活动和销售活动是企业经常性业务，一般来说，企业每天都会有一定数量的采购业务和销售业务，并伴随着与采购和销售相连的货款结算业务和存货收发业务，这些业务直接影响着企业的生产经营决策。例如，存货的入库、出库和结存数据，关系到企业管理者对采购、生产、销售及资金运用等的决策，因此必须实时进行处理，从而保证会计核算信息与经营活动信息的一致性，保证会计信息的决策有用性。

3. 业务处理复杂且可靠性要求高

在市场经济条件下，企业的采购方式、销售方式和货款的结算方式是灵活多样的。例如，采购业务类型有：票先到货后到、货先到票后到、票货同时到达 3 种；采购付款方式有：钱货两清、延期付款、分期付款、预付货款等多种方式。销售模式有：先发货后开票、开票直接发货两种模式；销售收款方式有：钱货两清、延期收款、分期收款、预收货款和委托代销等；采购业务和销售业务的结算方式又分为现金、银行支票、银行汇票、商业票据等多种方式。所有这些业务处理和核算，既涉及到企业的物流，也涉及到企业的资金流，同时还涉及到流转税的合理计算和核算，容不得任何错误。

另外，供应链管理子系统的存货子系统不但要处理一般常规的业务，还要处理很多比较特殊的业务。例如，入库业务不但要处理一般的“采购入库”，还要处理“委托代销入库”；不但要处理票货一起到的业务，还要处理货先到票未到的业务。出库业务不但要处理一般的生产、销售出库业务，还要处理企业常出现的“未进库就出库”的特殊业务。

4. 供应链管理子系统的核算与管理涉及到多个子系统之间的数据交换

供应链管理子系统中各子系统以及与应收款、应付款、账务处理子系统之间的关系如图

7-2 所示。

具体而言，各子系统的数据关系如下：

(1) 采购管理子系统根据物料需求计划子系统的采购计划和销售管理子系统的销售订单生成采购订单。

(2) 采购入库时，在库存管理子系统填制的采购入库单可以根据采购订单或到货单生成，同时生成的采购入库单可以在采购管理子系统中查询。

(3) 销售完成后，库存管理子系统需要根据销售管理子系统的发货单编制销售出库单，用以记录出库的数量。出库成本是在存货核算子系统中根据存货计价方法确定的。

(4) 应付款管理子系统根据采购发票对采购过程中形成的与供应商的往来账及支付的各种款项进行核算，并将凭证传到账务处理子系统。

(5) 应收款管理子系统根据销售发票对销售过程中形成的与客户的往来账及收到的货款进行核算，并将凭证传到账务处理子系统。

(6) 存货核算子系统根据库存管理子系统中的各种出、入库单据编制相应的记账凭证，并传到账务处理子系统。

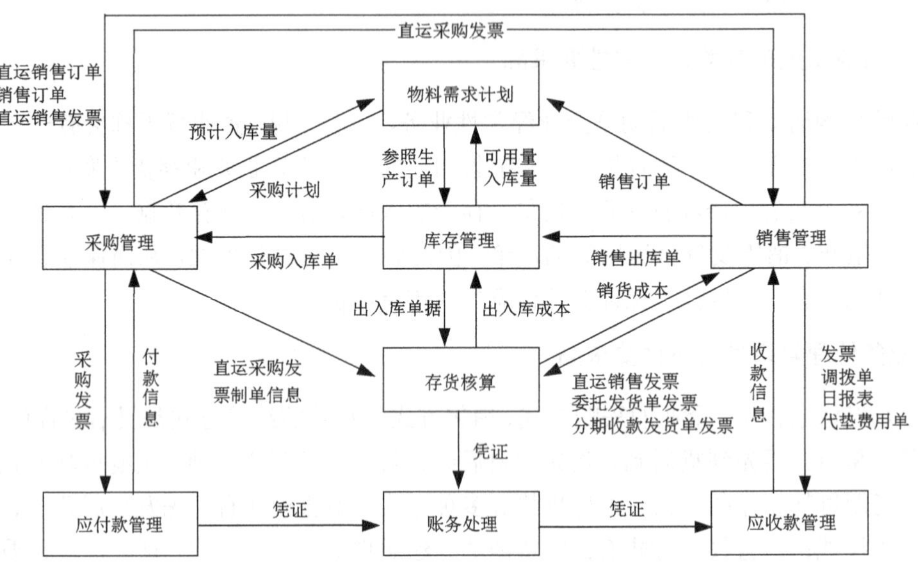

图 7-2　供应链管理子系统中各子系统的关系

7.2.2　企业内部供应链管理子系统的数据流程

数据流程反映了信息系统内部数据从输入、处理、存储到输出的整个过程。为了清楚起见，将企业内部供应链分为采购、销售、库存 3 个部分，并分别绘制其数据流程图。

7.2.2.1　采购管理与应付款管理子系统的数据流程

数据流程图来源于业务的处理过程，应首先对采购与应付款业务处理模式有一个全面的认识。

1. 采购管理与应付款管理子系统的业务流程

采购活动从采购订货到资金结算，经历了一个非常复杂的业务流程，在这个流程中，不仅涉及的部门多、岗位多，而且处理的信息量大，不同部门的信息之间传递的关系复杂。其业务流程如图 7-3 所示。

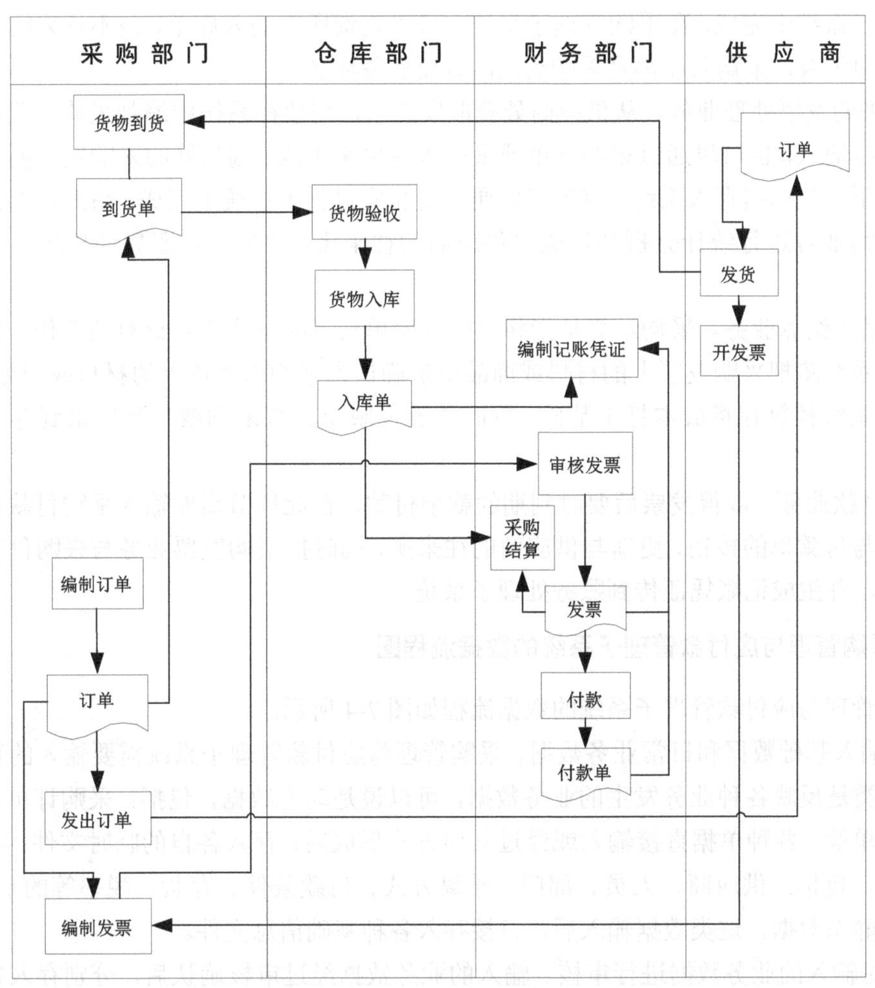

图 7-3　采购管理与应付款管理子系统的业务流程图

根据上述流程图，可以看出采购管理与应付款管理子系统的主要业务环节如下：

(1) 采购订货业务。采购订货是指企业根据采购需求，与供货单位之间签订采购合同、购销协议。在系统中可以直接输入采购订单，如果采购管理子系统与销售管理子系统、生产管理子系统或库存管理子系统相联系的话，可以根据销售情况、生产情况和库存情况自动生成采购订单，并通过采购订单与采购入库单的对比，随时掌握采购订货业务的执行情况。

(2) 采购入库业务。采购入库是指货物到达后，通过清点、验收进入仓库的工作环节。在此环节产生的业务单据是采购入库单，采购入库单可以直接输入，也可以通过采购订单或采购发票来生成，如果采购入库单是根据采购发票生成的，采购入库单上的单价就是采购发票上的单价。系统可以依据采购入库单数据，对采购入库业务做各种统计分析。

在采购活动中，还存在一个暂估入库的问题，即在本月存货已经入库，但采购发票尚未收到，需要对货物进行暂估入库。待发票到达后，再根据该入库单与发票进行采购结算处理。

如果采购管理子系统与库存管理子系统集成运行，则采购入库单的编制和审核，都是在库存管理子系统中完成，在采购管理子系统中可以查询所有的入库单。但不论采购入库单在哪个系统中生成，采购入库都是采购活动的重要业务环节。

(3) 采购发票处理业务。从供应商处获取发票后，需要在系统中编制采购发票，采购发票可以直接输入，也可以通过采购订单或采购入库单来生成。编制好的采购发票要经过审核才能成为正式的单据存入系统，审核工作通常是在应付款子系统中完成。系统可以依据采购发票对采购业务进行统计分析和形成对供应商的往来账，并生成记账凭证传到账务处理子系统。

(4) 采购结算业务。采购结算是指将采购入库单与采购发票进行核对的工作。通过“采购结算”，系统将把采购发票上的材料或商品单价确认为采购入库单上的材料或商品的单价，为存货子系统核算存货成本打下基础，同时能够反映票到货未到或货到票未到存货的明细情况。

(5) 付款业务。取得发票后要对到期的款项付款，在此环节需要输入采购付款单，通过采购发票与付款单的核销，更新与供应商的往来账，同时把采购发票业务与采购付款业务联系在一起，并生成记账凭证传到账务处理子系统。

2. 采购管理与应付款管理子系统的数据流程图

采购管理与应付款管理子系统的数据流程如图 7-4 所示。

(1) 输入基础数据和日常业务数据。采购管理与应付款管理子系统需要输入的数据有两类：第一类是反映各种业务发生的业务数据，可以说是动态数据，包括：采购订单、采购发票和付款单等。各种单据直接输入或经过其他方式形成后，存入各自的临时文件；第二类是基础数据，包括：供应商、人员、部门、结算方式、付款条件、存货、税率等的基本信息，可以说是静态数据，这类数据输入后，直接存入各种基础信息文件。

(2) 对输入的业务数据进行审核。输入的业务数据经过审核确认后，分别存入各自正式的文件中，这样做的目的是为了保证各种业务数据的正确、可靠。临时文件中的采购发票数据与付款单数据经审核确认后更新应付账款文件。

(3) 根据业务数据自动生成记账凭证。系统依据采购发票和付款单文件中的数据生成记账凭证，然后再传递到账务处理子系统。

(4) 输出各种账表及统计分析数据。系统对采购订单、采购发票、付款单和应付账款文件中的数据进行各种比较和统计分析处理后，输出满足用户需要的各种账表和统计分析数据。

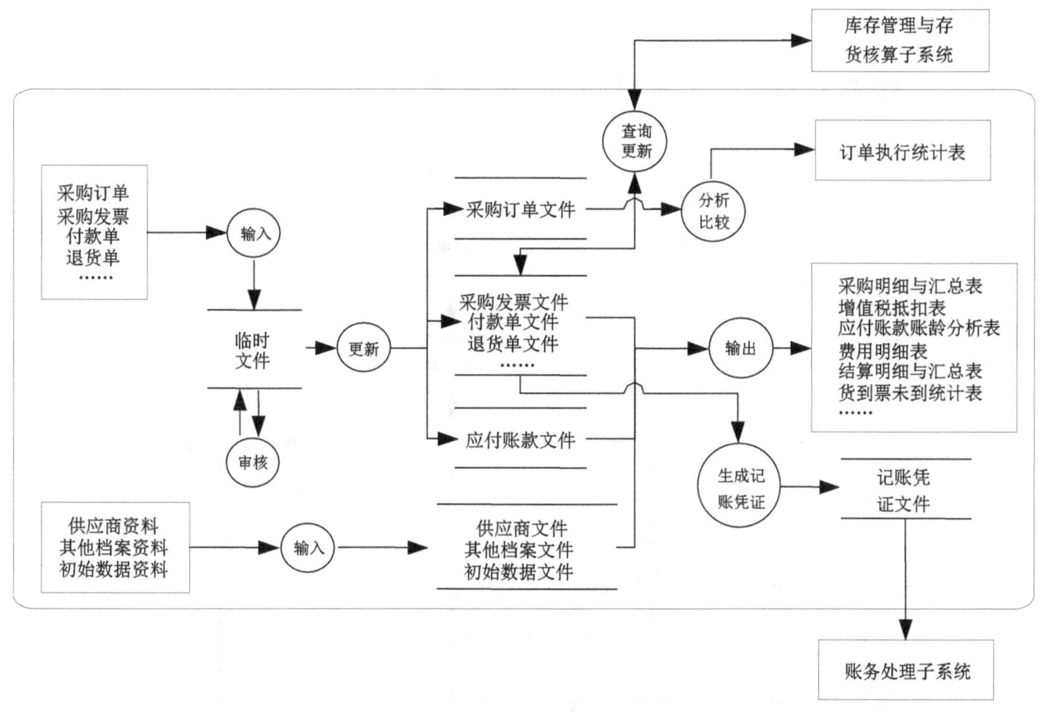

图 7-4　采购管理与应付款管理子系统的数据流程

7.2.2.2　销售管理与应收款管理子系统的数据流程

1. 销售管理与应收款管理子系统的业务流程

工业企业常见的销售模式有两种：一种是先发货后开票模式；一种是开票直接发货模式。两种模式的基本流程相似，只是在开发票和开发货单的顺序上略有区别。

图 7-5 显示的是先发货后开票模式的业务流程图。

在上述业务流程图中，销售活动有以下几个主要业务环节。

(1) 签订销售订单(合同)业务。企业的销售活动一般是从与客户签订合同开始的。合同签订后或者根据合同收取定金(或预收款)后，如果是工业企业，由计划部门安排生产，如果是商业企业，则应安排采购。此环节的销售订单可以直接输入系统，通过销售订单与销售出库单的对比，可以随时掌握销售合同的执行情况。

(2) 销售发货业务。销售发货是企业执行与客户签订的销售合同或销售订单，将货物发往客户的行为，是销售业务的执行阶段。在先发货后开票模式下，发货业务的发货单由销售部门根据销售订单自动生成或手工输入，客户通过发货单取得货物所有权。发货单审核后，可以生成销售发票和销售出库单。在开票直接发货模式下，发货单可由销售发票产生，审核后的发货单自动产生销售出库单。

(3) 销售开票业务。销售开票是在销售过程中企业给客户开具销售发票及其所附清单的过程，它是销售收入确认、销售成本计算、应交销售税金确认和应收账款确认的依据，是销售业务的重要环节。

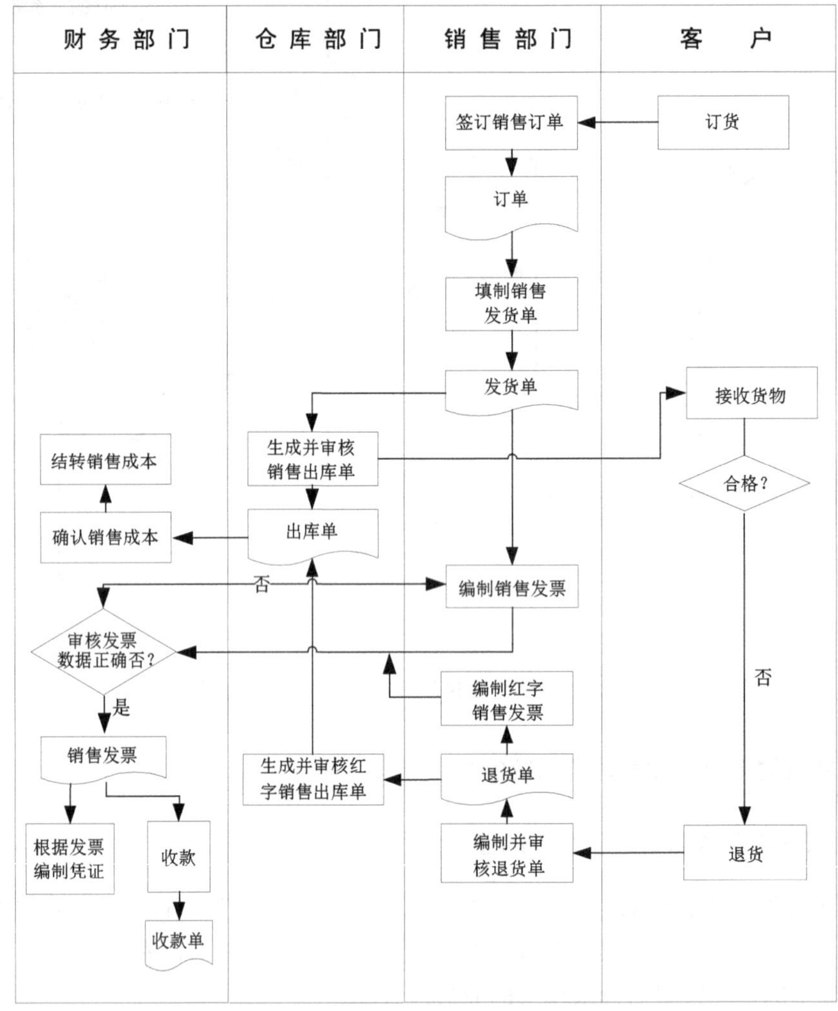

图 7-5　先发货后开票模式的业务流程图

(4) 销售出库业务。仓库管理部门根据销售部门开出的发货单或提货单，将货物从仓库搬出，形成实物流转。在该业务环节，应手工编制销售出库单，或根据发货单或销售发票由系统自动生成。与库存管理子系统集成使用时，销售出库单一般应参照发货单生成，不可手工填制。

(5) 收款业务。对到期的应收账款应及时催收，当收到客户的款项时，需要填制收款单，记录企业所收到的客户款项，款项性质包括应收款、预收款、其他费用等。其中应收款、预收款性质的收款单还应与发票、应收单进行核销勾对。

(6) 销售退货业务。销售退货是指客户因质量、品种、数量不符合要求而将已购货物退回的业务。销售退货是销售发货的逆向业务，应填制各种红字业务单据来冲销记录销售业务发生的各种蓝字单据，同时应根据红字业务单据生成红字凭证，冲销已经确认的收入和已经结转的销售成本。具体而言，发生销售退货时，应首先填制退货单，根据退货单生成红字销售发票和红字出库单，然后根据红字销售发票编制红字凭证冲销已经确认的收入，根据红字销售出库单编制红字凭证冲销已经结转的销售成本。

2. 销售管理与应收款管理子系统的数据流程图

销售与应收款管理子系统的数据处理从原始数据的输入开始，经过各种中间处理环节，产生销售和应收核算和管理所需的各项数据。销售与应收款子系统的数据流程如图 7-6 所示。

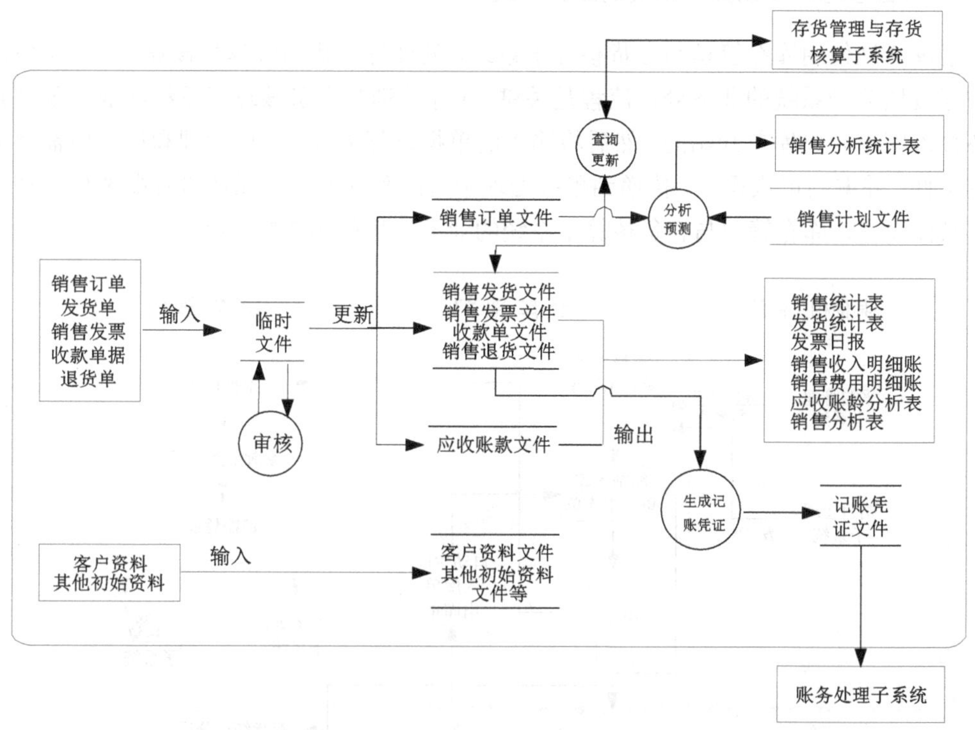

图 7-6　销售管理与应收款管理子系统数据流程图

(1) 输入基础数据和日常业务数据。输入的基础数据如客户资料等直接进入相应的数据库。输入的日常业务数据如销售订单、发货单、销售发票、收款单据和退货单等暂时存放于临时凭证文件中。需要说明的是，销售业务可以从销售报价开始，也可以从销售订单或销售发票开始，企业可以根据自己的管理要求和业务特点来选择具体的起点业务环节。本章以销售订单为起点介绍销售业务的数据流程。

(2) 对输入的业务数据进行审核。审核确认后由系统自动更新存放各业务数据的数据文件，并根据销售发票文件和收款单文件更新应收账款文件。在处理销售业务时如果需要，可以调取库存管理与存货核算子系统的有关数据。

(3) 根据业务数据自动生成记账凭证。一笔销售业务处理完毕，系统将根据设置自动生成相应的记账凭证，存放于记账凭证文件中，以备输送到账务处理子系统进行必要的账务处理。另外，销售引起存货的减少，当销售业务的销售成本确认后，还应将相关数据传递到库存管理与存货核算子系统，进行存货的核算和库存数据的更新。

(4) 输出各种账表及销售统计分析数据。期末或在必要时系统可以根据存放销售业务数据的数据文件、应收账款文件和客户资料文件输出用户需要的各种统计报表、销售统计分析和销售预测数据。

7.2.2.3 库存管理与存货核算子系统的数据流程

1. 库存管理与存货核算子系统的业务流程

为了灵活地使用库存管理与存货核算子系统，处理好存货的管理与核算工作，明确库存管理与存货核算子系统的业务处理流程是关键。库存管理与存货核算子系统的业务处理是从输入各种入库单和出库单开始的，然后将输入的单据进行处理，形成管理和核算所需要的各种数据文件，并编制记账凭证，传递到账务处理子系统和成本核算系统进行账务处理和成本核算。具体而言，库存管理与存货核算子系统的业务流程如图 7-7 所示。

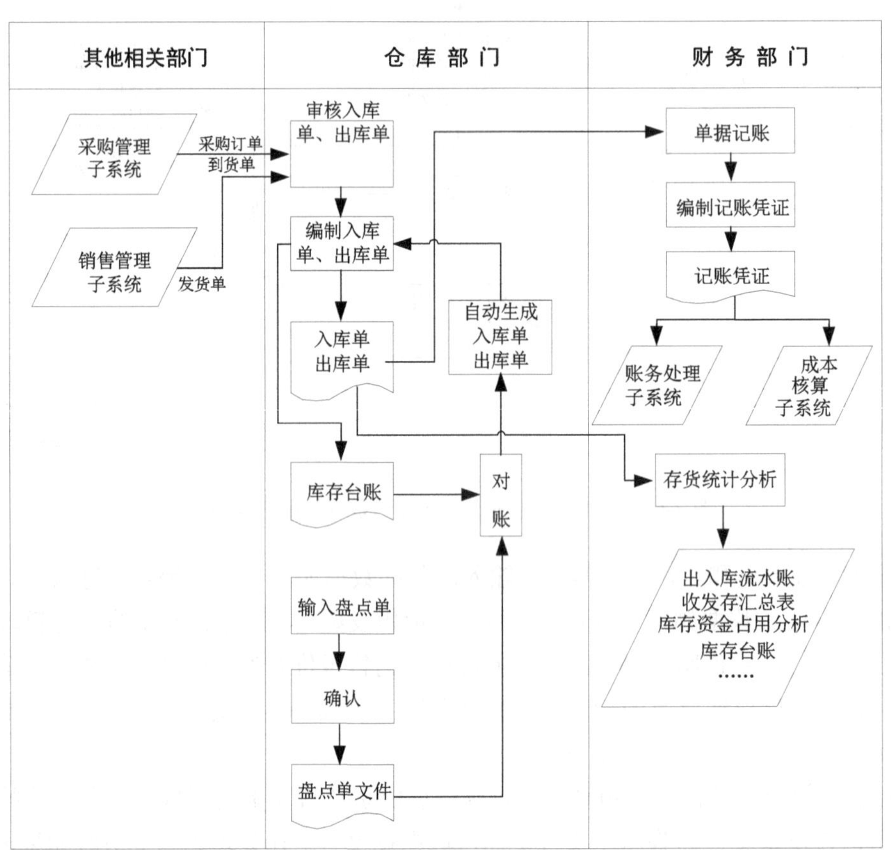

图 7-7　库存管理与存货核算子系统的业务流程图

根据上述业务流程图，可以看出库存管理与存货核算子系统的主要业务环节如下：

(1) 各种入库单和出库单的输入。库存管理与存货核算子系统的数据处理起点是各种入库单和出库单，这些单据可在此输入，也可由系统根据其他业务单据自动生成。入库单有采购入库单、产成品入库单以及调拨入库、盘盈入库、组装拆卸入库、形态转换入库等业务形成的其他入库单。出库单有销售出库单、材料出库单以及调拨出库、盘亏出库、组装拆卸出库、形态转换出库、不合格品记录等业务形成的其他出库单。

(2) 出入库成本的确定。出入库成本的确定对存货的核算非常重要。

入库成本为存货的实际成本，以采购发票上的金额为准，对于货先到票未到的存货，可先暂估入库，然后再做处理；对于其他特殊情况(如盘盈、盘亏)需要根据具体情况做相应的特殊处理。

出库成本可分别按先进先出法、加权平均法、个别计价法确定发出存货的实际成本。有些出入库业务不需要会计核算，如调拨出入库业务。有些需要进行特殊的会计核算，如委托代销商品的出入库业务。

(3) 单据记账的处理。将入库单、出库单登记入账，即存货明细账、差异明细账/差价明细账、受托代销商品明细账、受托代销商品差价账，同时对于采用先进先出法、加权平均法、个别计价法这 3 种计价方式的存货在单据记账时进行出库成本的核算。

(4) 盘点业务的处理。根据实际的库存，输入盘点单，系统自动与库存台账进行核对，以形成盘盈入库单和盘亏出库单。

(5) 各种账簿及报表的输出。根据输入的出入库单数据进行各种统计分析或其他的处理，形成诸如：出入库流水账、收发存汇总表、库存资金占用分析表、库存台账等账簿或报表。

(6) 向其他子系统传递数据。在出入库成本确定的基础上，根据不同的出入库业务，生成相应的凭证传递到账务处理子系统，以进行会计核算。对于材料出库，出库成本还要传递到成本核算子系统，以进行成本核算。

2. 库存管理与存货核算子系统的数据流程图

库存管理与存货核算子系统的数据流程如图 7-8 所示。

(1) 输入基础数据和日常业务数据。该子系统输入的数据包括两类：一类是基础数据，包括存货的初始数据、存货、仓库等档案资料，输入的存货的初始数据，可直接存入“存货库存余额文件”，这个文件从数量和金额两个方面反映节余存货的情况，输入的存货、仓库等的档案资料数据，分别存入各自“档案资料文件”，这些文件存有关于存货、仓库等的各种基本信息，如存货编码、存货名称等。另一类是日常业务数据，包括各种入库单、出库单以及期末盘点单等，输入后首先保存在一个“临时文件”中。

(2) 审核输入的入库单和出库单。存放在“临时文件”中的业务数据，经过审核确认后，正式存入“入库单文件”、“出库单文件”，同时更新“存货库存余额文件”。“入库单文件”和“出库单文件”不仅包括入库、出库存货的数量信息，而且包括需要系统经过一定处理后才形成的成本信息，这两个文件从数量和金额两个方面反映存货入库、出库情况。

(3) 审核盘点单。盘点单数据经过审核后，存入“盘点单文件”，系统将盘点单中的实存数(盘点数)与库存余额账面数核对后，自动在盘点单中生成存货的盘盈数与盘亏数，并据此生成“盘盈入库单”和“盘亏出库单”，这两种单据经过审核后分别存入“入库单文件”和“出库单文件”。

(4) 单据记账。对各种入库单和出库单进行记账，确认成本。

(5) 根据记账后的入库单和出库单制单。系统根据“入库单文件”和“出库单文件”中的入库、出库成本数据，生成记账凭证传递到账务处理子系统和成本核算子系统。

(6) 输出各种账表及统计分析数据。系统根据“入库单文件”、“出库单文件”、“盘点单文件”和“存货库存余额文件”以及“各种档案资料文件”，通过统计分析等数据处理后，输出反映存货收发存情况的各种账簿与报表。

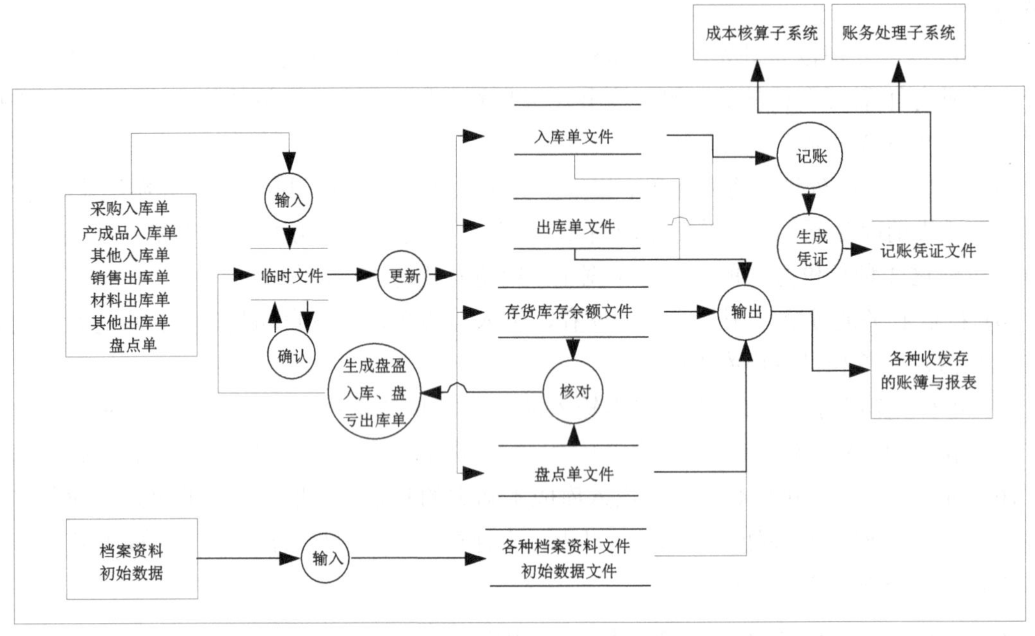

图 7-8　库存管理与存货核算子系统的数据流程图

7.2.3　企业内部供应链管理子系统的数据文件

为了完成企业内部供应链的核算与管理，需要在信息系统中建立大量的数据文件来存放不同类别的数据，根据存放内容的不同，可以将供应链管理子系统的数据文件分为两类：一类是存放核心业务信息的数据文件，称为主数据文件，这类文件存放的是输入的业务单据数据以及经过计算机处理后产生的结果数据。另一类是存放各种基础数据的数据文件，例如，供应商档案、客户档案、人员档案、部门档案、结算方式、付款条件、存货编码、税率等基本信息。

下面分别介绍各类数据文件中主要文件的作用及其主要内容。

1. 主数据文件

具体而言，供应链管理子系统的主数据文件有：采购订单文件、采购发票文件、付款单文件、应付账款文件、销售订单文件、销售发货单文件、销售发票文件、收款单文件、应收账款文件、出入库单文件、库存台账文件、盘点单文件、记账凭证文件等。

(1) 采购订单文件

采购订单文件用来存放企业确认的各种采购订单的数据文件，该文件是整个数据流程的核心和基础文件。该文件的主要内容如表 7-1 所示。

表 7-1　采购订单文件的内容

序　号	项　目	说　明
1	日期	订单日期
2	订单号	每张采购订单有唯一的编号，该编号由系统自动产生
3	供应商编号	与供应商档案一致
4	付款条件	企业为鼓励客户偿还货款而允诺在一定期限内给予的折扣优惠
5	订货部门	与部门档案文件中的部门一致
6	运费	如运输费等
7	业务员	业务员姓名
8	计划周期	采购计划周期，如旬、月、季、年等
9	运货方式	如铁路、公路等
10	送货地址	企业指定的送货地点
11	存货编号	与存货档案文件一致
12	订货数量	本次业务的订货数量
13	订货单价	本次业务的订货单价
14	金额合计	数值=订货单价×订货数量
15	税率	增值税的税率
16	制单人	制单人姓名
17	审核人	审核人姓名

(2) 采购发票文件

采购发票文件用来存放每一张采购发票上的详细信息，企业依据这些信息与供应商进行结算。采购发票文件的主要内容如表 7-2 所示。

表 7-2　采购发票文件的内容

序　号	项　目	说　明
1	发票类型	本次采购的发票类型，发票类型分为专用发票、普通发票、运费发票
2	原始发票号	供应商开具的发票的发票号
3	开票日期	一般为进入系统的日期
4	发票日期	对方开票日期
5	供应商编码	与供应商档案一致
6	税率	本次采购业务的增值税税率

(续表)

序　　号	项　　目	说　　明
7	采购部门	本次采购业务的部门，与部门档案文件中的部门一致
8	采购人员	本次采购业务的业务员
9	付款条件	供应商提供的付款条件
10	采购类型	本次业务的采购类型编码
11	存货编码	本次采购业务的存货编码
12	数量	本次采购业务的交易数量
13	无税单价	本次采购业务的交易单价
14	无税金额	系统自动根据“无税单价×数量”计算而得
15	税额	本次交易的增值税税额，系统自动根据金额和税率计算而得
16	制单人	制单人姓名
17	审核人	审核人姓名

(3) 付款单文件

付款单文件用来存放每一张付款单上的详细信息，该文件的主要内容如表 7-3 所示。

表 7-3　付款单文件的内容

序　　号	项　　目	说　　明
1	付款单据编号	一般由系统自动顺序编号
2	供应商编码	接受本付款单款项的供应商编码，与供应商档案一致
3	结算方式	本次付款采用的结算方式
4	结算科目	上述结算方式对应的结算科目
5	金额	本次付款的金额
6	供应商账号	供应商的银行账号
7	款项类型	本次付款所支付的款项类型，企业的付款类型有应付款、预付款和其他费用
8	币种	本次交易的交易币种
9	录入人	录入人姓名，由系统自动签章
10	审核人	审核人姓名，由系统自动签章

(4) 应付账款文件

应付账款文件用来存放与每一供应商结算的余额，可能是应付账款，也可能是预付账款，该文件的主要内容如表 7-4 所示。

表 7-4　应付账款文件的内容

序　　号	项　　目	说　　明
1	供应商编码	与供应商档案一致
2	期末余额	截止到本会计期末各个供应商的应付账款余额
3	余额方向	期末余额的借贷方向

(5) 销售订单文件

销售订单文件用来存放经购销双方确认的客户购货需求的销售订单。企业要根据销售订单组织货源，并对订单的执行进行管理、控制和追踪。销售订单可以是企业销售合同中关于货物的明细内容，也可以是一种订货的口头协议。

销售订单文件包括的主要内容如表 7-5 所示。

表 7-5　销售订单文件的内容

序　　号	项　　目	说　　明
1	业务类型	根据不同业务的具体特征对销售业务进行分类，如普通销售、委托代销、直运销售、分期收款等，以便按照销售类型进行各种统计分析
2	订单日期	签署销售订单日期，由用户手工录入或参照日历表生成
3	订单号	订单号可由手工录入，或系统根据事先设置的编号规则自动生成，订单号必须唯一
4	客户简称	销售报价对象(即客户)，可手工录入或参照客户档案填列
5	付款条件	针对当前销售业务，客户在不同期间付款可以获取的现金折扣比率及最长信用期间。系统可根据所选客户自动输出其对应付款条件，如果该客户没有应付款条件，也可手工选择付款条件
6	销售部门	处理当前销售业务的部门，销售部门必须存在于部门档案中
7	业务员	处理当前销售业务的业务员，业务员必须存在于职员档案中
8	存货编码	存货编码必须存在于存货档案中
9	存货名称	与上述存货编码对应的存货名称，存货名称必须存在于存货档案中
10	订货数量	本次销售的订货数量。一般而言，订货数量不能小于零
11	订货单价	对于有销售报价环节的销售业务，从报价单获取订货单价；对于没有销售报价环节的销售业务，系统自动根据价格政策计算订货单价，也可手工录入本次销售的单价
12	增值税率	系统根据订单中的存货编码从存货档案中读取增值税率
13	无税金额	系统根据订货单价和数量自动计算无税金额
14	税额	系统根据订货单价、订货数量及增值税率自动计算

上表中所列内容只是常用的销售订单文件的字段，在实际应用时可根据企业核算和管理的需要增加或减少。

(6) 销售发货单文件

销售发货单文件用来存放记录销售发货业务的发货单。销售发货是企业执行与客户签订的销售合同或销售订单，将货物发往客户的行为，是销售业务的执行阶段。

销售发货单文件包括的主要内容如表 7-6 所示。

表 7-6　销售发货单文件的内容

序　号	项　目	说　明
1	业务类型	根据不同业务的具体特征对销售业务进行分类，如普通销售、委托代销、直运销售、分期收款等，以便按照销售类型进行各种统计分析
2	发货日期	本次发货业务的业务日期，默认值为进入系统的时间，日期必须输入大于等于当前会计月第一天的日期，可以录入本月及以后各时间段日期
3	发货单号	手工录入或系统根据设定的单据生成规则自动产生。同一类型的单据号应唯一
4	订单号	在参照订单生成发货单时，由系统自动带入
5	客户简称	销售发货的对象(即客户)，可手工录入或参照输入，但必须在客户档案已经存在的记录
6	发往地址	在发货制和送货制情况下，填入本次发货业务的地址
7	发运方式	本次发货采用的运输方式，如空运、路运、铁路等运输方式
8	发票号	在先开票后发货业务模式下，应填入与本此业务对应的销售发票的编号
9	销售部门	处理当前销售业务的部门，销售部门必须存在于部门档案中
10	业务员	处理当前销售业务的业务员，业务员必须存在于职员档案中
11	仓库名称	本次销售业务发出货物所在的仓库
12	存货编码	存货编码必须存在于存货档案中
13	发货数量	本次销售发货的数量
14	单价	如果有本次业务对应的销售订单，则系统会自动调用订单中的单价，否则可手工填列
15	增值税率	系统根据订单中的存货编码从存货档案中读取增值税率
16	无税金额	系统根据订货单价和数量自动计算无税金额
17	税额	系统根据订货单价、订货数量及增值税率自动计算

(7) 销售发票文件

销售发票文件用于存放在销售开票过程中用户所开具的原始销售单据，包括增值税专用发票、普通发票等。销售发票是确认和计量销售收入、应交销售税金、应收账款的重要依据，是销售管理的重要内容。

销售发票文件通常包括的内容如表 7-7 所示。

表 7-7　销售发票文件的主要内容

序　　号	项　　目	说　　明
1	业务类型	根据不同业务的具体特征对销售业务进行分类，如普通销售、委托代销、直运销售、分期收款等，以便按照销售类型进行各种统计分析
2	开票日期	给客户开具销售发票的日期，默认值为进入系统的业务日期，即系统的登录日期，可修改
3	发票号	手工录入或系统根据设定的单据生成规则自动产生。同一类型的单据号应唯一
4	发货单号	与本发票记录业务相应的发货单编号，在参照发货单生成发票时，由系统自动带入，不可修改
5	订单号	与本发票记录业务相应的订单编号，在参照订单生成发票时，由系统自动带入，不可修改
6	客户简称	接收销售发票的客户，可手工录入或参照输入，但必须是在客户档案已经存在的记录
7	客户地址	系统根据客户名称自动带入客户档案中设置，但可修改
8	开户银行	客户的开户行，系统根据客户名称自动带入客户档案中设置，但可修改
9	银行账号	客户的银行账号，系统根据客户名称自动带入客户档案中设置，但可修改
10	纳税人登记号	客户的纳税登记号，但可修改
11	销售部门	处理当前销售业务的部门，销售部门必须存在于部门档案中
12	业务员	处理当前销售业务的业务员，业务员必须存在于职员档案中
13	付款条件	企业给客户的付款条件，系统根据客户名称自动带入客户档案中设置，可以为空
14	仓库名称	本次销售业务发出货物所在的仓库
15	存货编码	存货编码必须存在于存货档案中
16	销售数量	按主计量单位统计的本次销售货物的个数，必须输入
17	无税单价	指每一主计量单位货物的不含税的原币价格。可手工录入或根据存货档案由系统自动带入，可修改，不能为负数
18	增值税率	系统根据订单中的存货编码从存货档案中读取增值税率
19	无税金额	系统根据订货单价和数量自动计算无税金额
20	税额	系统根据订货单价、订货数量及增值税率自动计算

(8) 收款单文件

收款单文件用来存放反映企业收到客户款项时填制的收款单，客户款项类型包括应收款、预收款以及销售过程中发生的其他费用。

收款单文件通常包括的内容如表 7-8 所示。

表 7-8　收款单文件的内容

序　号	项　目	说　明
1	单据编码	收款单的编号，系统根据单据编码生成规则中的设置自动生成，若设置不是自动编码，则在系统自动生成的基础上可以修改，修改时应注意编码不能重复，不能为空
2	客户名称	可以参照输入，不能为空。可手工录入或参照输入，但必须是在客户档案已经存在的记录
3	日期	收款单的日期。不能为空，默认值为进入系统的业务日期
4	结算方式	即客户支付款项的方式，如支票、汇票、现金等方式。可以参照输入，不能为空，必须是档案中已经存在的记录
5	结算科目	进行结算时所对应的科目，如现金、银行存款、应收票据等。如果进行了结算方式科目设置，则系统会根据上述结算方式自动带出该结算方式对应的结算科目。该项内容可以为空，也可以参照输入。结算科目不能是应收应付款的受控科目
6	币种	进行结算的币别，如人民币、美圆、日圆等。可以参照输入，不能为空，默认值为本位币。输入的币种必须是档案中已经存在的记录
7	汇率	所选币种与记账本位币之间的折算汇率
8	结算金额	本次实际收款的金额，需直接输入，不能为空，且必须是大于 0 的数字
9	客户银行	本次业务的付款客户开户行名称，可以为空。如果在客户档案中已经设置了客户开户行名称，则系统会根据客户名称自动带入
10	客户账号	如果在客户档案中已经设置了客户账号，系统会自动带入该客户银行账号，但可以进行手工修改
11	票据号	结算票据的编号，需要手工输入，可以为空
12	项目	当输入的结算科目为项目核算时，在此应输入结算科目所对应的项目名称，可参照输入
13	款项类型	本次收到款项的类型，可参照初始设置选择输入
14	部门	处理当前销售业务的部门，销售部门必须存在于部门档案中
15	业务员	处理当前销售业务的业务员，业务员必须存在于职员档案中
16	科目	本次款项的冲销科目，如果在初始设置时已经进行了相关设置，系统会自动根据款项类型带入，也可手工输入。如果款项类型为应收款、预收款时，则输入的冲销科目必须本系统的受控科目；如果款项类型为其他费用时，则输入的冲销科目不能是应收款系统的受控科目
17	审核标志	审核确认收款单的标志，审核后的收款单不能修改和删除

(9) 应收账款文件

应收账款文件用来存放货款结算情况的详细数据。该文件是系统根据销售发票、应收单、收款单等数据自动生成的。该文件详细记录了每个客户应收款、预收款、支付应付款及应收账款余额等信息，为用户进行客户信用分析提供重要依据。

应收账款文件通常包括的内容如表 7-9 所示。

表 7-9　应收账款文件的内容

序　号	项　目	说　明
1	日期	业务单据所记录的业务日期
2	客户编号	业务单据所记录的客户编号
3	客户名称	业务单据所记录的客户名称
4	单据类型	业务单据的类型，包括销售发票、其他应收单和收款单等
5	单据号	业务单据的编号
6	币种	业务单据所记录的币种
7	本期应收	根据销售发票、其他应收单的记录产生
8	本期收回	根据收款单的记录产生
9	余额	系统根据计算公式“期初余额＋本期应收－本期收回＝余额”产生

(10) 出入库单文件

出入库单文件用来存放每一笔出入业务的详细数据。因为出入库业务所需要记录的内容基本相同，如存货编码、名称、仓库等，因此在供应链管理子系统中，通常把出入库业务的数据放在同一个数据文件中，在设计数据结构时，设计一个标志型的字段，如“收发标志”来反映该条记录是出库业务还是入库业务。该数据文件反映了存货的动态变化，有关存货收发情况的统计分析数据一般均可由这个文件中的数据加工生成。该文件包括的主要内容如表 7-10 所示。

表 7-10　出入库单文件的内容

序　号	项　目	说　明
1	出入库单号	由系统自动顺序编号，出库单和入库单分别顺序编号
2	出入库日期	业务日期，一般为登录系统的日期
3	出入库类型	出入库类型的编号，与收发类别设置中的编号一致
4	供应商/客户编码	与供应商/客户档案一致
5	部门	采购部门或销售部门
6	业务员	本次业务的业务员
7	仓库编码	本次出入库业务的仓库编码，与仓库档案一致
8	收发标志	入库单的标志为“收”，出库单的标志为“发”
9	存货编码	与存货档案中的编码一致
10	出入库数量	本次业务的数量
11	单价	本次业务的单价

(续表)

序　号	项　目	说　明
12	金额	系统根据“单价×数量”计算而得
13	批号	在有批次管理的企业，输入本次业务的批号
14	失效日期	在有保质期管理的企业，输入本次业务的失效日期
15	制单人	制单人姓名，一般为仓库管理员

(11) 库存台账文件

库存台账文件用来存放存货节余情况的详细数据，应该说此数据库反映存货存在的静态状况。该数据文件的主要内容如表 7-11 所示。

表 7-11　库存台账文件的内容

序　号	项　目	说　明
1	仓库编码	仓库档案中已经存在的编码
2	存货编码	存货档案中已经存在的编码
3	数量	结余存货的数量
4	批号	在有批次管理的企业，节余存货均按批次记录，该字段存放每批存货的批号
5	失效日期	结余存货的失效日期

(12) 盘点单文件

盘点单文件存放盘点业务的相关数据，该文件记录了每项存货盘盈和盘亏的数量，为系统进行盘盈、盘亏的核算提供数据。该数据文件的主要内容如表 7-12 所示。

表 7-12　盘点单文件的内容

序　号	项　目	说　明
1	盘点单号	盘点单的编号，一般由系统自动顺序编号
2	盘点日期	盘点单的输入日期，默认值为登录系统的日期
3	盘点仓库	在按仓库盘点时，输入本次盘点业务的仓库
4	出库类别	盘亏时的出库类别，与收发类别设置的内容一致
5	入库类别	盘盈时的入库类别，与收发类别设置的内容一致
6	账面数量	库存管理与存货核算子系统中库存台账记录的数量，由系统自动带入
7	盘点数量	输入本次实地盘点的数量
8	盘亏数量	系统自动根据“盘点数量－账面数量”计算而得
9	盘盈数量	系统自动根据“盘点数量－账面数量”计算而得

(13) 记账凭证文件

记账凭证文件用来存放依据供应链管理子系统的相关业务单据生成的记账凭证，此数据文件的结构与账务处理子系统中的记账凭证文件的内容相同。这里不再赘述。

需要说明的是：由于不同的企业对供应链管理的需求可能会有所差别，所以设计较好的信息系统软件应该允许用户在基本结构上增加必要的字段，并能够根据需要增加或删除各种业务单据的内容。

2. 辅助数据库文件

辅助数据库文件主要用来存放供应链核算与管理以及进行统计分析所需要的辅助信息，该类数据文件中存放的数据是对主数据库中某些数据的一种详细说明。辅助数据库文件主要有供应商资料文件、客户资料文件、部门资料文件、人员资料文件、存货资料文件、结算方式文件、付款条件文件等。各文件的具体内容将在第 8 章中介绍。

7.2.4　企业内部供应链管理子系统的编码

企业内部供应链管理子系统中涉及大量的编码设计问题，编码设计的好坏，直接影响系统运行的效率和数据处理的正确性，因此必须采用科学的、系统的方法进行编码的设计，按照一致性、层次性的原则进行编码设计。这里只介绍几个企业内部供应链管理子系统中的核心编码。

1. 供应商代码

供应商代码是对每一个供应商进行编码。编码的原则是供应商代码与供应商一一对应，即每一供应商对应唯一的代码。有了供应商代码就可以快速、方便地输入、查询和修改每一供应商数据。

供应商代码一般采用群码方式进行编码，以便根据采购及往来账管理和提供各种采购信息的需要进行分类、汇总等处理。例如，供应商代码一般应该包括供应商所属国家、地区、供应商单位性质等内容，以便分地区、供应商单位性质进行分类统计。供应商代码设计时，既要考虑方便使用，也要具有一定的可扩展性，以便为企业的发展留有扩充空间。

2. 客户代码

编码的原则是客户代码与客户单位一一对应，即每一客户单位对应唯一的代码。有了客户代码就可以快速、方便地输入、查询和修改每一客户数据。

客户代码一般采用群码方式进行编码，以便根据用户管理和提供各种销售信息的需要进行分类、汇总等处理。例如，客户代码一般应该包括客户所属国家、地区、客户单位性质等内容，以便分地区、分客户单位性质进行分类统计。客户代码设计时既要考虑方便使用也要具有一定的可扩展性，以便为企业将来的发展需要留有一定的余地。

3. 存货编码

存货编码是对每一种存货进行编码。编码的原则是每一存货编码与每一种存货一一对应。存货编码对采购、存货和销售管理子系统都是必不可少的，有了存货编码才能使用这些系统，因为计算机是根据存货的编码来识别存货的。

存货一般采用群码方式进行编码，以便根据用户管理和提供各种存货收发存信息的需要进行分类、汇总等处理。例如，存货编码一般应该包括存货类别码和存货顺序码等部分，以便按类别进行分类统计存货的收发存信息和在输入各种单据时使用。存货编码应该说相当复杂，因为种类太多，如何对存货分类编码，这将影响到使用和统计分析。存货编码设计时既要考虑方便使用也要具有一定的可扩展性，以便为企业的业务发展留有一定的余地。

7.2.5　企业内部供应链管理子系统的功能结构

企业内部供应链管理子系统是由多个子系统组成，为了与前述内容对应，本节分成 3 个子系统来介绍系统的功能结构。

1. 采购管理与应付款管理子系统功能结构

为了完成采购与应付款业务的核算与管理，采购管理与应付款管理子系统一般包括的功能如图 7-9 所示。

采购管理与应付款管理子系统各功能模块的基本作用如下：

(1) 系统初始设置。系统初始设置主要是建立供应商资料，设置与采购业务有关的公共码表和与采购业务相关的结算方式、付款方式等。这些公共码表有采购部门、采购人员等。除了利用这些公共码表进行方便、快速的输入外，更主要的作用是进行各种数据分类统计的分类依据。如果采购管理与应付款管理子系统不与库存管理与存货核算子系统集成运行，一般来说，则还应有存货代码等设置。如需要进行存货代码设置则应与库存管理与存货核算子系统的存货代码保持一致，以使各子系统输出的信息具有一致性，许多软件都有这种一致性控制。

在初始设置中，还需要录入采购期初数据与各种应付款的期初数据，并通过“采购期初记账”将数据记入有关账簿，包括采购账、受托代销商品采购账等。

(2) 采购与应付款的日常业务处理。指在系统中为了完成采购活动的各项日常业务而设置的功能，具体包括：业务单据的输入与审核、采购结算、应付账款核销处理、单据查询、月末结账等。

(3) 转账处理。转账处理功能的基本目的是根据输入的业务数据生成记账凭证，以便进行有关的账务处理。由于采购与应付款的会计核算科目与结算和交易方式有明确的对应关系，因此，可依据结算方式、交易方式，在记账凭证设置时，设置对应科目来完成；记账凭证可依据采购发票和付款单等原始凭证手工确认来生成并传递到账务处理子系统。

(4) 报表输出。此功能可以输出用户需要的各种报表，其中包括对采购、入库、结算、货到票未到、票到货未到、采购费用、增值税抵扣、与供应商的往来账和账龄分析等情况的统计分析表。对于一般的报表都可以打印，还可以以多种格式输出到文件中，以便进行其他的处理，例如，可以以文本格式或 Excel 格式输出到文件中。另外，对报表的格式用户可以进行灵活的定义。

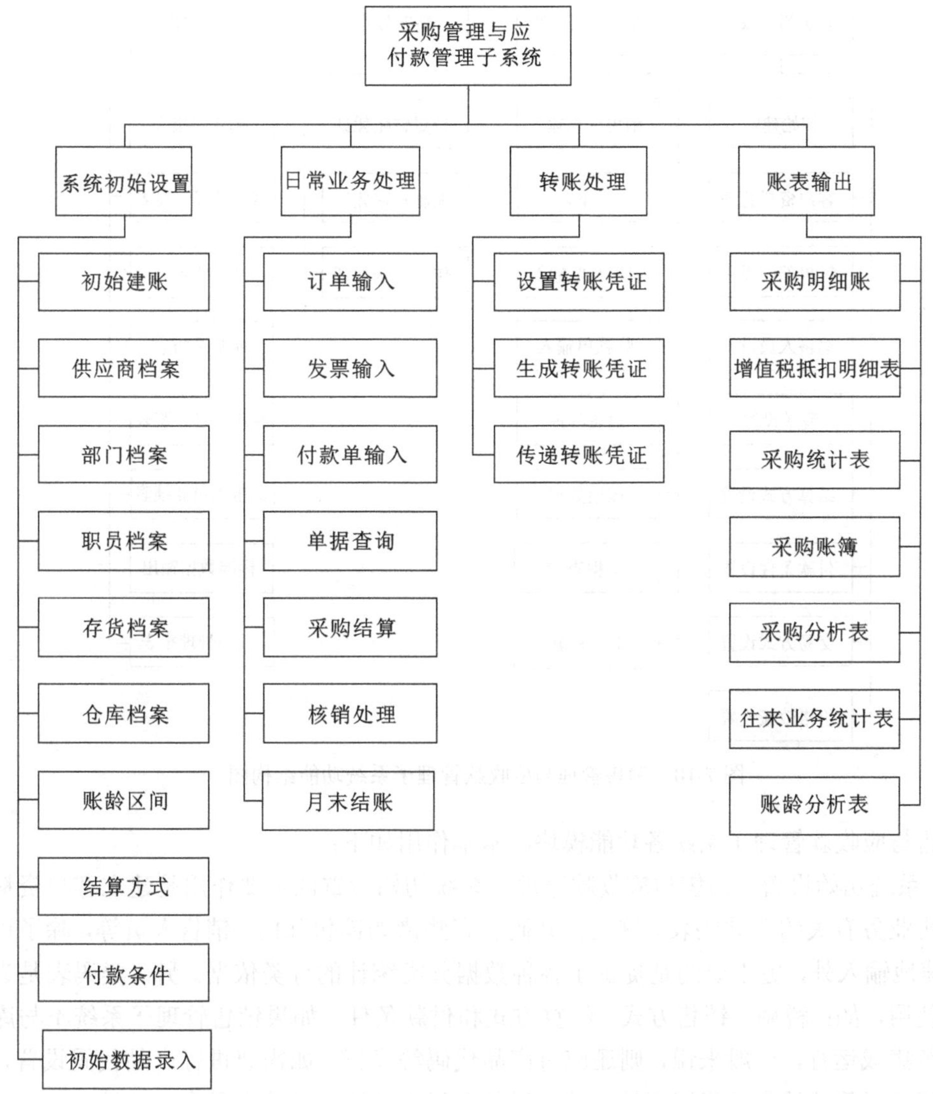

图 7-9　采购管理与应付款管理子系统功能结构图

2. 销售管理与应收款管理子系统的功能结构

为了完成销售与应收业务的核算与管理，销售与应收款管理子系统一般包括的功能如图 7-10 所示。

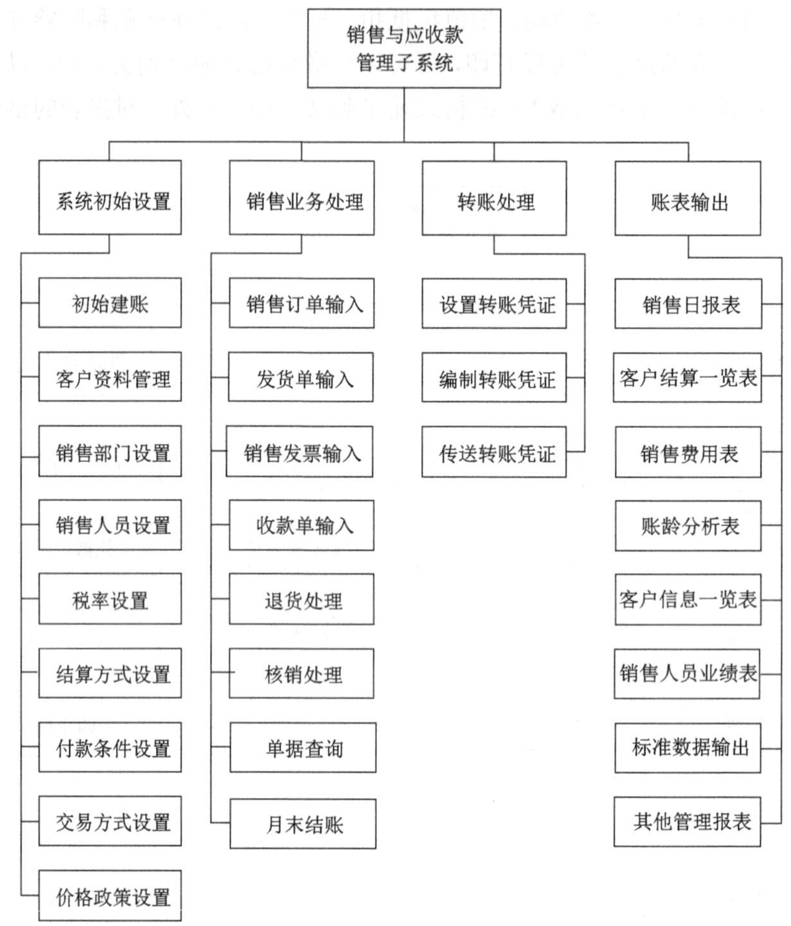

图 7-10　销售管理与应收款管理子系统功能结构图

销售与应收款管理子系统各功能模块的基本作用如下：

(1) 系统初始设置。销售与应收款管理子系统初始设置的主要作用是建立客户资料和设置与销售业务有关的公共码表。这些公共码表有些诸如销售部门、销售人员等，除了可以方便、快速地输入外，更主要的是提供了各种数据分类统计的分类依据。另一类码表是为了业务处理使用，如：税率、销售方式、结算方式和付款条件。如果销售管理子系统不与库存管理子系统集成运行，一般来说，则还应有产品代码等设置。如需要进行产品代码设置，则应与库存管理子系统的产品代码保持一致，以使各子系统输出的信息具有一致性。

在初始设置中，还需要录入销售业务的期初数据与各种应收款的期初数据。

(2) 销售与应收款的日常业务处理。指在系统中为了完成销售活动的各项日常业务而设置的功能。具体包括：销售和应收业务的各种业务单据的输入和审核、销售退货处理、应收账款的核销处理、单据查询、月末结账等。

(3) 转账处理。转账处理功能的基本目的是根据输入的业务数据生成记账凭证，以便进行有关的账务处理。由于销售与应收的会计核算科目与结算和交易方式有明确的对应关系，因此记账凭证设置一般在结算方式、交易方式中设置对应科目来完成；记账凭证生成一般在业务确认处理中自动生成并进行确认；在与账务处理子系统集成运行时，生成的记账凭证一般是实时传送到账务处理子系统。在系统功能结构图中将转账业务处理单独列出，是为了强调这是系统必不可少的基本功能。理论上记账凭证的生成与业务处理也是两个相对独立的功能。当然，为了用户使用的方便，也有一些系统除了在业务确认的同时自动生成记账凭证外，还设置了单独的记账凭证设置功能，以便用户方便地处理某些难以自动生成记账凭证的特殊业务。

(4) 账表输出。统计报表功能可以输出用户需要的各种统计报表。对常规报表，系统一般设置模板供用户使用。由于销售与应收款管理子系统的报表主要供企业内部管理使用，因此对系统内置的模板可以进行少量的修改和项目增删。由于系统不可能在每一个子系统中都设置完善的报表设置功能，因此比较理想的处理方式是在系统中设置标准数据输出功能，该功能可以输出 Excel 等表处理软件可以接受的数据格式。使用这一功能用户可以在 Excel 编制自己需要的各种报表并可进行各种数据分析。

3. 库存管理与存货核算子系统的功能结构

企业的存货包括原材料、产成品、外购商品等，为了完成对各种存货的核算与管理，系统通常应设置的功能如图 7-11 所示。

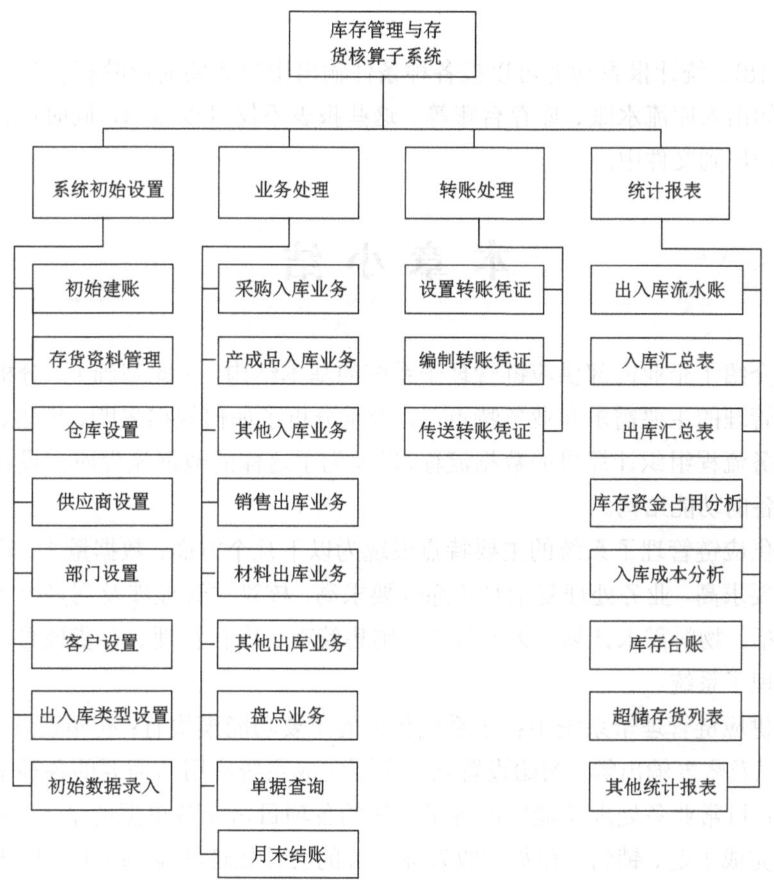

图 7-11　库存管理与存货核算子系统功能结构图

库存管理与存货核算子系统各功能模块的基本作用如下：

(1) 系统初始设置。库存管理与存货核算子系统初始设置的主要作用：第一，是为此系统的运行建立一个运行环境，通过初始建账来完成。第二，是建立系统的基础数据和进行一些基本的设置，为下一步的业务处理做准备。这些基础数据包括存货资料、仓库资料、出入库类型等。第三，是手工系统与计算机系统的衔接设置，通过输入初始数据来完成。

(2) 库存管理与存货核算的日常业务处理。该子系统能够处理的业务有各种出入库业务、调拨业务、盘点业务、单据查询以及月末结账等。

处理这些业务的一般流程是首先输入或由其他子系统传入各种业务单据，然后再审核确认。对盘点业务除了要输入盘点单外，还要与库存台账进行核对，最后形成盘盈、盘亏单，自动生成相应的入库单和出库单，并对库存账进行调节。

单据查询功能主要是指对各种业务单据的查询，这种查询一般非常灵活，可以按各种单一或组合的条件来进行。

月末结账是将当月的出入库单据按月封存，并将当月的出入库数据记入有关账表中。

(3) 转账处理。转账处理功能的基本目的是根据输入的业务数据生成记账凭证，以便进行有关的账务处理。有些系统在业务确认处理中自动生成记账凭证，并直接传送到账务处理子系统。

(4) 账表输出。统计报表功能可以按各种条件输出用户需要的反映存货收发存情况的各种统计报表，如出入库流水账、库存台账等。这些报表不仅可以显示，同时可以打印，还可以以多种格式输出到文件中。

本 章 小 结

本章主要介绍了企业内部供应链管理子系统的基本结构，在此基础上，分析了企业内部供应链核算与管理的主要需求和业务特点，并着重分析了如何根据采购、销售、库存管理与存货核算的业务流程组织计算机的数据流程，以及为了这样的数据流程应该设计哪些数据文件和系统应具备的功能结构。

企业内部供应链管理子系统的主要特点表现为以下几个方面：数据量大，日常数据处理频繁且实时性要求高，业务处理复杂且可靠性要求高，核算与管理涉及到多个子系统之间的数据交换，包括：物料需求计划、采购管理、销售管理、库存管理、存货核算以及应付款管理和应收款管理子系统。

企业内部供应链管理子系统中各子系统包括的主要功能模块有：初始设置、日常业务处理、转账处理以及账表输出等。初始设置功能主要完成系统应用所需要的各种基础资料和初始数据的设置；日常业务处理功能完成各子系统的各项日常业务单据的录入、审核；转账处理功能主要是完成采购、销售、存货的收发业务等的会计凭证的编制工作；账表输出功能用于输出用户所需要的各种统计分析数据。

案 例 分 析

黑龙江龙涤集团有限公司是 1995 年在黑龙江涤纶厂基础上改制组建的国有控股公司，由多种经济成分和多元投资主体共存的20余家企业组成。2000年，龙涤公司选用了ORACLE公司的 ERP 管理软件，实现了采购、库存、销售、账务处理、资产、应收应付、质量管理等模块的高度集成和有效管理。通过在系统中定义与各种业务相关的会计核算科目和核算方式，达到了在业务处理的同时自动产生会计分录，保证了资金流和物流的同步及数据的一致性，实现了按资金现状追踪资金的来龙去脉，并进一步追溯所发生的相关业务活动。资金流与物流的同步运行，实现了事先控制、事中监督和适时决策。在公司的 ERP 管理系统中，物资请购—付款的流程如图 7-12 所示。

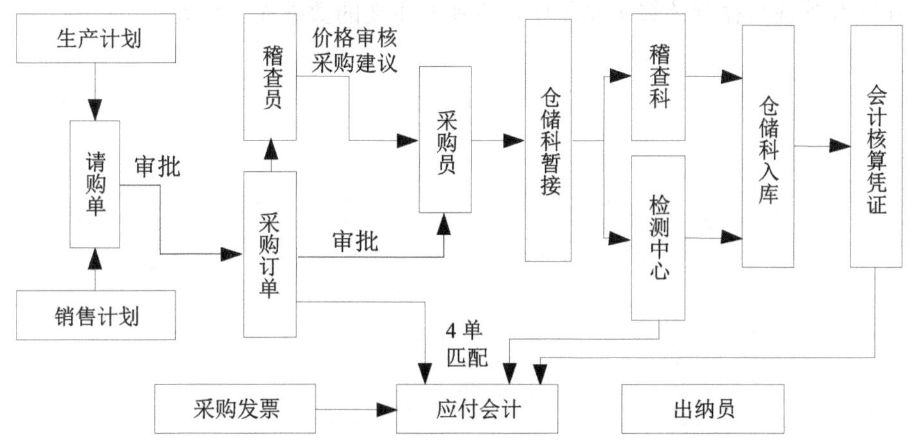

图 7-12　龙涤公司物资请购—付款流程图

此外，龙涤公司的 ERP 系统使计划、业务、控制与决策在整个供应链的流程中得到了很好实现。例如，最大、最小库存量和预算控制(超预算系统自动拒绝)，成本费用对比分析，请购和采购以及销售价格审批，各种财务审核和各种单据自动匹配等，每项业务的完成过程都使自我服务、为他人服务、接受他人服务的过程，同时也是接受监控和监控别人的过程。这种一点录入、多点联动、自动服务式的 ERP 管理系统，有效消除了重复劳动，也为实现管理结构扁平化，业务处理高效化，市场反应敏捷化提供了强有力的保障。

试对上述案例进行以下分析。

1. 企业信息化对采购与付款流程产生哪些影响？

2. 为了按照上述流程进行采购业务的核算与管理，应该使用企业信息系统的哪些子系统？每个子系统在整个流程中发挥的具体作用是什么？

复习思考题

1. 企业内部供应链管理子系统包含哪些功能子系统？
2. 企业内部供应链管理子系统的特点是什么？
3. 应该从哪些方面考虑对企业内部供应链的管理？
4. 采购管理与应付款管理子系统具有的主要功能是什么？
5. 完成采购与应付款业务应该经过几个业务环节？
6. 简要叙述销售管理与应收款管理子系统的业务流程和数据流程并分析其特点。
7. 完成库存管理与存货核算应该经过哪几个业务环节？
8. 在采购管理与应付款管理子系统中，有哪些主要的数据库文件？
9. 销售管理与应收款管理子系统中，需要设置哪些数据文件？
10. 在库存管理与存货核算子系统中，有哪些主要的数据库文件？

第8章　企业内部供应链管理子系统的初始设置

初始设置是为用户在计算机上处理本企业的内部供应链管理业务而准备的运行环境，以便使通用的管理系统能够适应本企业供应链业务的管理需要。同时，也可在企业的经济业务发生变化时，对已有设置进行修改以适应变化了的环境。初始设置的内容很多，本章将主要介绍与企业内部供应链管理密切相关的一些设置。

8.1　系统建账与启用

系统初始建账和启用的作用主要是为了满足企业当前以及今后日常数据处理的需要，建立各子系统间的相互关系和各种数据文件的结构。因此，初始建账和启用非常重要，如果设置错误，不光影响系统的日常处理，而且对将来解决企业业务扩展带来的新问题产生影响。

8.1.1　编码方案对内部供应链核算与管理的影响

初始建账时，需要确定供应链管理子系统中基础数据的编码方案，以满足分级核算、统计和管理的需要。基础数据的编码通常采用层次码，即分级设置编码级次和各级编码长度，可分级设置的内容有：科目编码、客户分类编码、供应商分类编码、部门编码、存货分类编码、地区分类编码、货位编码、收发类别编码和结算方式编码。

这些基础数据的编码方案与企业内部供应链关系密切的有：

- 客户/供应商分类编码。如果企业的客户/供应商较多，需要进行分类管理时，应设置客户/供应商分类编码规则，否则可以不设置。该编码规则的级次决定了用户对其客户分类的详细程度。
- 存货/分类编码。一般来说，企业的存货种类都较多，为了进行分类统计和管理，应按照某个标准对存货进行分类，在此设置存货分类码的编码规则。如果企业的存货确实很少，不需要分类，则可以不设存货分类编码。
- 地区分类编码。企业的客户和供应商分布在不同的地区，如果企业需要按地区提供客户和供应商的分类统计信息，则需要设置地区分类编码规则。
- 货位编码。如果企业对存货进行货位管理，则需要设置货位编码，否则可以不设置。
- 收发类别编码。在企业内部供应链管理子系统中，存货的收发业务类型较多，无论是从核算的角度，还是从管理的角度，都需要对收发业务进行分类，因此该编码是企业内部供应链管理子系统中必须设置的编码。

- 结算方式编码：企业与客户和供应商之间的货款结算会采用多种结算方式，包括现金、支票、商业票据等，因此必须对结算方式进行编码。

另外，在初始建账时，还应该设置各种数据的数据处理精度，以便满足企业的核算精度要求。需要设置精度的数据主要有：存货数量小数位数、存货单价小数位数、开票单价小数位数、件数小数位数和换算率小数位数。系统提供了自定义数据精度的功能。在系统管理部分用户可根据企业的实际情况来进行设置。

需要说明的是：上述各项设置的参数在初始建账中一旦确定，在其后续的日常处理中将无法修改。

8.1.2　企业内部供应链管理子系统中各个子系统的启用

企业内部供应链管理子系统涉及到多个子系统，在设置完账套的各项参数后，必须逐一启用各个子系统。如果企业采用的是集成运行模式，则这些子系统需要同时启用，即设定相同的启用日期。执行系统启用后的结果如图 8-1 所示。

系统编码	系统名称	启用会计期间	启用自然日期	启用人
☑ AP	应付	2002-01	2002-01-01	admin
☑ AR	应收	2002-01	2002-01-01	admin
☐ CA	成本管理			
☐ FA	固定资产			
☐ FD	资金管理			
☑ GL	总账	2002-01	2002-01-01	admin
☐ GS	GSP质量管理			
☑ IA	存货核算	2002-01	2002-01-01	admin
☐ NB	网上银行			
☐ PM	项目管理			
☑ PP	物料需求计划	2002-01	2002-01-01	admin
☑ PU	采购管理	2002-01	2002-01-01	admin
☑ SA	销售管理	2002-01	2002-01-01	admin
☑ ST	库存管理	2002-01	2002-01-01	admin
☐ WA	工资管理			
☐ WH	报账中心			

图 8-1　系统启用结果

由于企业内部供应链管理子系统的核算是在应收款管理、应付款管理、存货核算子系统中完成的，因此启用上述各子系统之后，还应在科目设置表中设置应收子系统、应付子系统和存货核算子系统的受控科目。某一科目的受控系统决定了该科目涉及的核算内容是由账务处理子系统进行处理还是由相关子系统进行处理。因此使用了企业内部供应链各子系统，则“应收账款”、“应付账款”受控系统应设置成应收子系统和应付子系统。存货类科目如“物资采购”、“原材料”、“库存商品”等，受控系统应设置为存货核算子系统。图 8-2 是应付账款科目受控系统的设置结果。

图 8-2　科目受控系统设置

8.2　往来单位设置

企业的往来单位有供应商和客户两类，为了加强对供应商和客户的管理，应对供应商和客户分别设置分类信息和具体档案信息。

8.2.1　供应商分类和供应商档案设置

1. 供应商分类设置

如果企业的供应商较多，通常应进行分类管理，建立供应商分类体系。一般来说，对供应商可以按照行业、供货类别、供应商的单位性质等标准进行分类。供应商分类设置的主要内容有供应商分类编码和供应商分类名称。供应商分类编码应按照在初始建账时设置好的编码方案设置各级分类码，应注意供应商分类编码的唯一性，供应商分类名称可以是汉字或英文字母，但不能为空和重复。

建立起供应商分类后，应在最末级的供应商分类之下进行供应商档案的设置。

2. 供应商档案设置

供应商档案设置主要是建立反映供应商客观属性的档案信息，供应商档案主要是为企业的采购管理、库存管理、应付账款管理服务的。这些信息包括：供应商编码、供应商名称、所属分类码、电话、地址、付款条件、信用情况等，其中前 3 项是最重要的。一般来说，供应商编码一经设置并使用后，既不允许删除也不允许修改，只允许增加新的供应商单位。供应商档案的设置对话框及具体内容如图 8-3 所示。

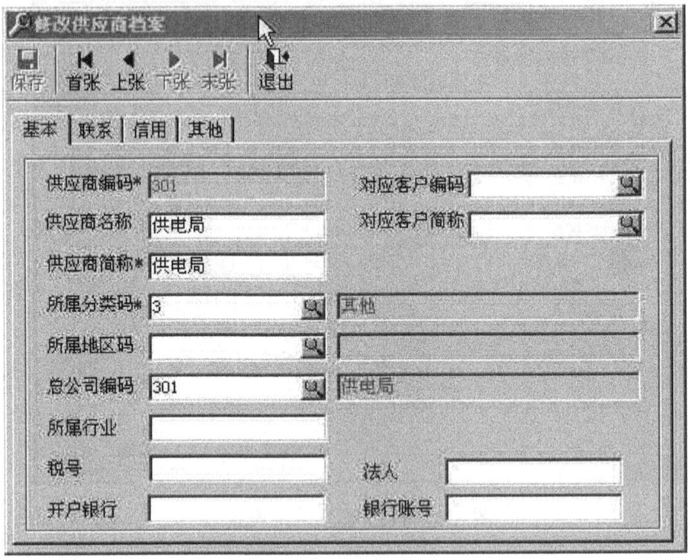

图 8-3　供应商档案设置

8.2.2　客户分类和客户档案设置

1. 客户分类设置

一般来说，企业为了加强对客户的管理和销售的统计分析，需要对客户进行分类管理，建立客户的分类体系。对客户的分类可以按行业、地区等标准进行划分。客户分类设置的主要内容是客户分类编码和客户分类名称。客户分类编码设置完毕后，应在最末级的客户分类之下设置客户档案。

2. 客户档案设置

同供应商档案一样，客户档案设置主要是建立反映客户客观属性的档案信息，客户档案主要是为企业的销售管理、库存管理、应收账款管理服务的。这些信息包括：客户编码、客户名称、所属分类码、电话、地址、付款条件、信用情况等，其中前 3 项是最重要的。一般来说，客户编码一经设置并使用，就既不允许删除也不允许修改，只允许增加新的客户单位。客户档案的设置对话框及具体内容如图 8-4 所示。

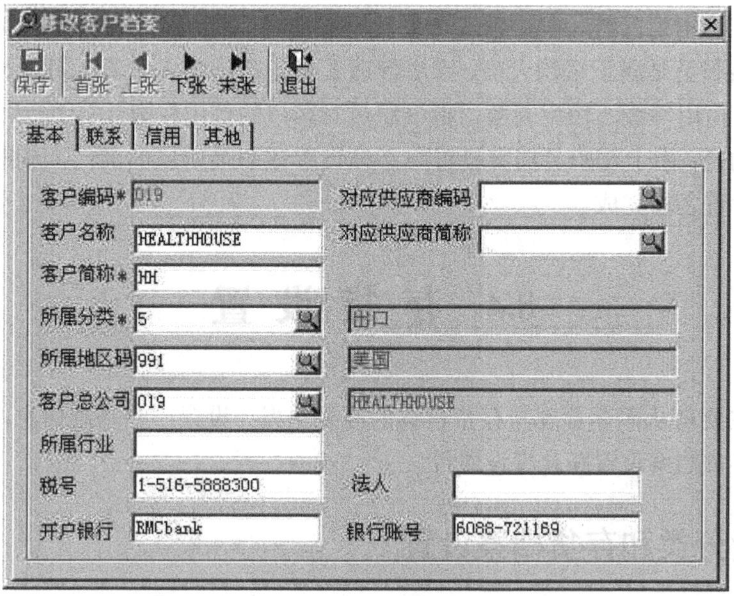

图 8-4　客户档案的设置

8.3　机 构 设 置

企业内部供应链涉及到采购、库存、销售等多个部门，为了在日常业务处理中分清责任部门和责任人，按部门和人员进行统计分析和业绩评价，从而加强对企业内部供应链的管理，就应该进行部门档案和职员档案的设置。

8.3.1　部门档案设置

部门档案主要设置企业各个职能部门的信息。部门指企业下辖的具有分别进行财务核算或业务管理要求的单元体，不一定是实际中的部门机构，设置时需要按照已经定义好的部门编码级次原则，输入部门编号及其信息，并按照部门的级别顺序进行，先设置上级部门，然后再逐级设置下级部门。各级部门的编码都应遵循初始建账时编码方案中所规定的级长。各级部门的设置内容都相同，包括：部门编码、部门名称、负责人、部门属性(即车间、采购部门、销售部门等部门分类属性)、信用信息等。信用信息包括：信用额度、信用等级、信用天数，是指该部门对客户的信用权限。在上述内容中，部门编码和部门名称是必须设置的，其他内容根据需要可以选择。

8.3.2　职员档案设置

用于设置使用企业内部供应链管理子系统的职员，包括：职员编号、职员名称、所属部门、职员属性、信用信息等。其中前 3 项设置是必选的。部门名称是指该职员所属的部门；职员属性是指该职员是属于采购人员、库房管理人员还是销售人员等人员属性；信用信息包括：信用额度、信用等级、信用天数，指该职员对客户的信用权限。

需要说明的是：由于在职员档案设置中必须设置该职员所属的部门，因此部门档案设置应在职员档案设置之前完成。

8.4 存货设置

存货设置主要是从库存管理与存货核算的需要出发，设置一些基础信息，具体包括：存货分类设置、存货档案设置和仓库设置等。

8.4.1 存货分类和存货档案设置

大多数工业企业和商业企业的存货都较多，为了便于统计分析，企业都对存货进行分类管理。因此在企业信息系统中对存货资料的设置包括：存货分类设置和存货档案设置两个方面。

1. 存货分类设置

存货分类设置是设置存货分类编码、存货分类名称及所属经济分类。例如，工业企业的存货分类可以分为 3 类：材料、产成品、应税劳务等。然后在此基础上继续进行分类，例如，材料继续分类，可以按材料属性分为钢材类、木材类等；产成品继续分类可以按照产成品属性分为紧固件、传动件、箱体等。商业企业的存货分类的第一级一般可以分为两类，分别是商品、应税劳务。商品继续分类可以按商品属性分为日用百货、家用电器、五金工具等，也可以按仓库分类，例如，一仓库、二仓库等。

存货分类编码也是采用层次码的方式进行设置的，其编码方案是在系统初始设置时确定的，设置时也是先设置上级编码，然后再设置下级编码。

2. 存货档案设置

存货档案是指描述存货基本信息的数据，包括：存货编码、存货名称、规格、计量单位、条形码、存货的计价方法等。不同企业可能需要不同的存货基本信息，例如，有些企业可能需要存货的尺寸、重量、保质期等。存货档案在企业内部供应链管理子系统的多个子系统中都会用到，如采购管理、库存管理、存货核算、销售管理等，在这些子系统中都可以对存货档案进行设置。一般来说，存货编码一经设置并使用，应该既不允许删除也不允许修改，只允许增加新的存货。存货档案的设置对话框及具体内容如图 8-5 所示。

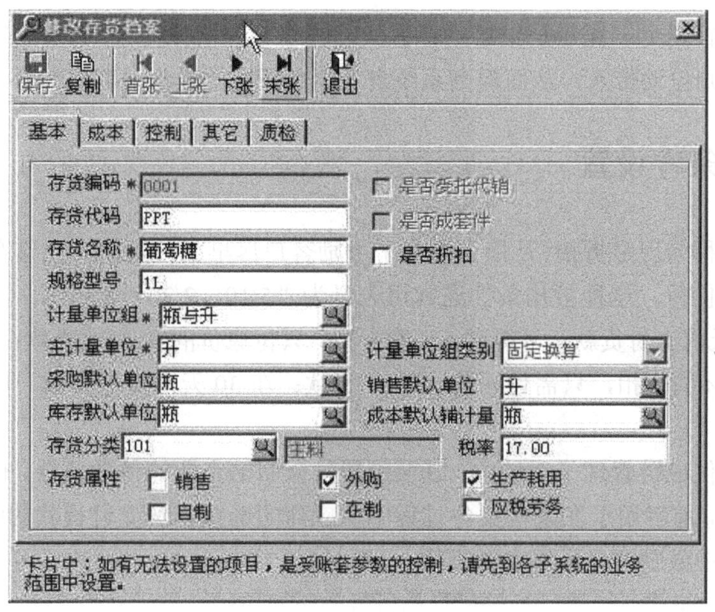

图 8-5　存货档案的设置

8.4.2　仓库设置

仓库设置是系统用来设置仓库的基本信息。在这里主要设置仓库编码、仓库名称、电话、负责人等。仓库编码与存货编码一样，一经设置并使用，就既不允许删除也不允许修改，只允许增加新的仓库。

8.5　其他相关设置

为了完成企业内部供应链的管理与核算，除了上述各项初始设置外，还需要进行其他一些与供应链相关的设置，如结算方式、付款条件、收发类别、采购类型、销售类型、初始数据的录入等。下面就各项内容作一简要说明。

8.5.1　结算方式设置

企业与供应商和客户之间的货款结算方式主要有：现金、支票、汇兑、银行汇票、商业汇票、银行本票、托收承付和委托收款等。由于不同的结算方式管理要求不同，例如，对支票等需要登记支票号以便加强对支票的管理和进行银行对账。因此需要设置结算方式，并依据结算方式设置对应的会计科目，从而使系统能够根据结算方式自动生成相应的记账凭证。结算方式设置的主要内容是结算方式编码和结算方式名称。

结算方式设置的另一优点是根据结算方式设置相应的核算科目，这样系统在生成凭证时可以依据制单规则自动带入，从而提高系统自动生成凭证的工作效率。

8.5.2　付款条件设置

付款条件也称为现金折扣，是指企业为了鼓励客户尽早支付货款而允诺在一定期限内给予的规定的折扣优待。这种折扣条件通常可表示为“5/10，2/20，n/30”，这组数据的意思是：客户在10天内支付货款，可得到5%的折扣，只付原价的95%的货款；在20天内支付货款，可得到2%的折扣，只需付原价98%的货款；在30天内支付货款，则须按照全额支付货款。

在企业内部供应链管理子系统中，既要设置供应商给企业的付款条件，也要设置企业给客户的付款条件，前者用于在采购业务过程中供应商的选择以及支付货款的时间选择，后者用于在销售过程中鼓励客户尽早支付货款。

8.5.3　收发类别设置

收发类别设置是为了对存货的出入库情况进行分类汇总统计而进行的设置，设置的内容包括：类别编码、类别名称和收发标志3项，其中收发类别的编码也是采用层次码的编码方式。不同企业的业务各异，收发类别可能会有所不同。如表8-1所示的是某药品生产企业收发类别设置的部分内容。

表8-1　收发类别设置的内容

收发类别编码及名称	类别编码	类别名称	收发标志
1——入库类别	101	原材料采购入库	收
	102	外购药品采购入库	收
	103	产成品入库	收
	104	低值易耗品入库	收
	105	盘点入库	收
	…	……	收
2——出库类别	201	材料领用出库	发
	202	产品销售出库	发
	203	外购药品销售出库	发
	204	低值易耗品领用出库	发
	205	盘点出库	发
	…	……	发

收发类别设置还有一个非常重要的作用就是可以根据收发类型设置核算科目，以便系统在处理出入库业务的过程中自动生成有关的记账凭证。

8.5.4　采购类型设置

如果企业需要按采购类型进行统计分析，就应该设置采购类型。在填制采购订单或采购入库单等单据时，会涉及到采购类型栏目。不同企业的采购类型是不同的，例如，医药企业的采购类型可以分为原材料采购、药品采购、低值易耗品采购、包装物采购等。采购类型设置的内容包括：采购类型编码、采购类型名称、采购入库类别等。

8.5.5　销售类型设置

如果企业需要按销售类型进行销售业务数据统计和分析，则需要根据自身的实际情况定义销售类型。销售类型的划分方法因企业的销售内容不同而不同，例如，一个家电生产企业的销售类型可以分为纯销销售、销售调拨、零售业务、出口销售等。销售类型设置的内容包括：销售类型编码、销售类型名称、销售出库类别等。

8.5.6　初始数据的录入

初始数据的录入是指将企业内部供应链管理子系统启用前的所有业务数据录入到系统中，作为期初建账的数据，从而保证数据的连续性和完整性，是企业内部供应链的手工核算向计算机核算和管理转换的基础。企业内部供应链管理子系统的初始数据包括：采购、应付、销售、应收、库存管理与存货核算等业务在手工环境下的数据。

1. 采购业务的初始数据

采购业务的初始数据包括：

(1) 期初暂估入库单。在启用采购管理子系统时，货到票未到的这类存货需要暂估单价，输入采购期初入库单，以便在取得发票后进行采购结算。

(2) 期初在途存货。在启用采购管理子系统时，已取得供货单位的采购发票，但货物没有入库，对于这类存货应通过输入发票来反映在途存货的数量、金额，以便在货物入库填制入库单后进行采购结算。

(3) 期初受托代销商品。在启用采购管理子系统时，没有与供货单位结算完的受托代销入库单，以便在受托代销商品销售后，能够进行受托代销结算。

2. 应付业务的初始数据

应付业务的初始数据是指在启用应付款管理子系统时，尚未结算完的采购发票、其他应付款单据、预付款单据以及应付票据等。

3. 销售业务的初始数据

销售业务的初始数据包括：

(1) 期初发货单。对于建账日之前已经发货、出库，尚未开发票的业务，应输入初始发货单，包括普通销售发货单、分期收款发货单。

(2) 初始委托代销发货单。即启用日之前已经发生但未完全结算的委托代销发货单。

4. 应收业务的初始数据

应收业务的初始数据是指在启用应收款管理子系统时，尚未结算完的销售发票、其他应收款单据、预收款单据以及应收票据等。

5. 库存管理与存货核算业务的初始数据

系统启用时各仓库、各存货的初始结存情况包括：数量、单价、计量单位等，结存存货的金额由系统根据数量和单价自动计算生成。如果存货需要进行批次管理、保质期管理、出库跟踪、入库管理、货位管理，则还包括批号、生产日期、失效日期、入库单号、货位号等内容。

需要说明的是：上述各项数据只是在初次使用企业内部供应链管理子系统时要手工录入，在第二年度以后的各个年度的年初，系统会自动将上年度未处理完全的单据转成为下一年度的期初余额，用户可以在此基础上进行期初余额的调整。

本 章 小 结

本章主要介绍了在企业内部供应链管理子系统初始设置时的主要内容，包括：初始建账、供应商分类和供应商档案设置、客户分类和客户档案设置、部门档案设置、存货分类和存货档案设置、仓库设置、结算方式设置、付款条件设置、采购类型设置、销售类型设置、初始数据的录入等。

复习思考题

1. 初始建账的主要工作有哪些？
2. 企业内部供应链管理子系统的初始设置工作有哪些？每项设置的具体内容是什么？
3. 在企业内部供应链管理子系统中，对客户、供应商进行分类的好处是什么？
4. 为什么要进行存货分类管理？
5. 企业内部供应链管理子系统的期初数据是如何形成的？

第9章　企业内部供应链管理子系统的日常应用

企业内部供应链管理子系统的日常应用主要是指在企业的日常供应链管理工作中，如何使用信息系统提供的各项功能，完成企业供应链环节各项工作的核算与管理，提高企业的供应链管理水平。本章按照数据的输入、处理和输出这三个环节，分别讨论采购管理与应付款管理子系统、销售管理与应收款管理子系统以及库存管理与存货核算子系统的具体应用。

9.1　采购管理与应付款管理子系统的日常应用

采购管理与应付款管理子系统的日常应用主要是处理各种材料物资和外购商品的采购，以及由采购引起的应付与付款业务，同时在系统中完成相关的会计核算工作，并根据用户的需要，输出各种统计分析数据，为企业加强采购业务管理和应付账款管理服务。

9.1.1　采购管理与应付款管理子系统的输入

采购管理与应付款管理子系统在日常应用中需要输入的数据主要有：采购订单、采购入库单、采购发票、付款单和退货单等。

1. 采购订单的输入

大多数企业正常的采购业务是从采购订单开始。如果企业使用了采购计划子系统或物料需求计划子系统，采购订单可以由上述系统中产生的采购计划自动生成，否则需要在采购管理子系统中输入。

采购订单需要输入的主要数据有：供应商代码、采购部门代码、税率、付款条件、存货代码、存货数量、存货单价、采购人员等信息。采购订单的输入对话框如图 9-1 所示。从采购订单的输入对话框中可以看出，很多内容是系统初始设置中已经设置好的数据，如采购类型、供货单位、存货编码等，输入这些数据时，可以直接输入其代码，在记不清的情况下，可以利用系统提供的提示功能查找。

采购订单

业务类型 普通采购

订单日期 2002-09-21　　订单编号 0000000025　　采购类型 原材料采购

供货单位 第三制药　　部门 材料采购一部　　业务员 孙涛强　　税率 17.00

付款条件　　备注　　币种 人民币　　汇率 1

序号	存货编码	存货名称	规格型号	主计量	数量	原币含税单价	原币单价	原币金额
1	0002	氯化钠	1L	升	100.00	11.7000	10.0000	1000.00
2								
3								
4								
5								
合计					100.00			1000.00

制单人 demo　　审核人 demo　　变更人　　关闭人

图 9-1　采购订单

2. 采购入库单的输入

采购入库单是记录采购入库业务的单据，该单据因系统的应用模式不同而在不同的系统中输入。如果用户采用采购管理子系统独立运行的模式，则采购入库单应在采购管理子系统录入；如果用户采用采购管理与库存管理集成运行的模式，则采购入库单应在库存管理子系统中输入。为了保持采购业务的完整性，在此介绍采购入库单的输入内容及方法。

采购入库单的输入对话框如图 9-2 所示。在输入诸如供应商编码、仓库编码、存货编码之类的数据时，可以使用系统提供的基础数据表选择输入，但可能会降低输入的速度。在某些情况下，单价可能未确定，不同情况做不同的处理，例如，货先到票未到，单价可不输入或输入暂估价，待票到再确认单价。

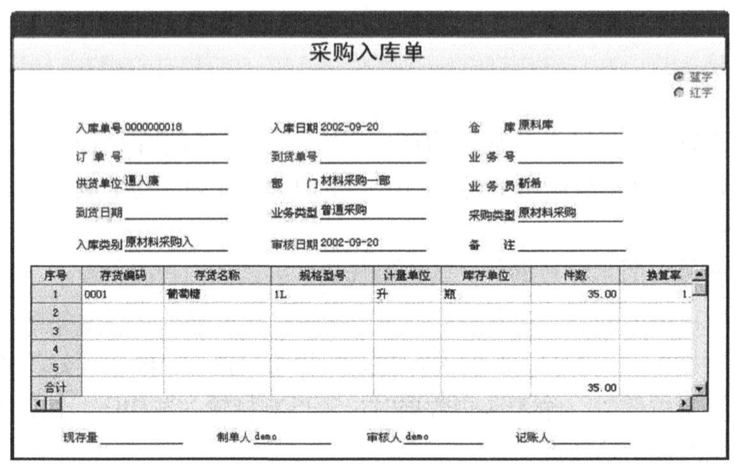

采购入库单

蓝字
红字

入库单号 0000000018　　入库日期 2002-09-20　　仓　　库 原料库

订 单 号　　到货单号　　业 务 号

供货单位 通人康　　部　　门 材料采购一部　　业 务 员 靳希

到货日期　　业务类型 普通采购　　采购类型 原材料采购

入库类别 原材料采购入　　审核日期 2002-09-20　　备　　注

序号	存货编码	存货名称	规格型号	计量单位	库存单位	件数	换算率
1	0001	葡萄糖	1L	升	瓶	35.00	1.
2							
3							
4							
5							
合计						35.00	

现存量　　制单人 demo　　审核人 demo　　记账人

图 9-2　采购入库单

采购入库单可以直接输入，但是如果记录同一业务的采购订单或采购到货单已经存在，则应采用复制采购订单或采购到货单的方式生成，这样既可以保持记录同一业务的各项业务单据之间的数据一致性，又可以建立起单据之间的关联关系，为审计留下线索。

3. 采购发票的录入

采购发票是以来自供应商的原始发票为依据而输入的。采购发票需要输入的基本数据有：原始发票号、供货单位(供应商编码)、税率、部门名称、付款条件、存货编码、数量、单价等，其输入对话框如图 9-3 所示。采购发票是会计核算的依据，采购存货的价格与金额由采购发票决定，当然，与供应商结算的金额也由它来决定。

采购专用发票

业务类型 直运采购
发票类型 专用发票　发票号 zycgzp004　开票日期 2002-09-30
供货单位 海中王药业　代垫单位 海中王药业　采购类型 药品采　税率 17.00
部门名称 内贸一科　业务员 钱有量　外币名称 人民币　汇率 1
发票日期　付款条件　备注

序号	存货编码	存货名称	规格型号	主计量	数量	原币单价	原币金额
1	E002	一次性注射器	5ml	支	6000.00	0.0855	512.82
2							
3							
4							
5							
合计					6000.00		512.82

结算日期　制单 demo　审核

图 9-3　采购发票

采购发票可以直接输入，但是如果记录同一业务的采购订单或采购入库单已经存在，则应采用复制采购订单或采购入库单的方式生成，这样既可以提高数据输入的效率，又可以保证反映同一业务的各项业务单据之间的一致性。

4. 付款单的输入

在企业支付各种款项时，应填制付款单。付款单要求输入的基本项目有：供应商代码、结算方式(如现金、支票、汇票等)、经手人代码、金额、结算科目、银行账号、币种等。其输入对话框如图 9-4 所示。

付款单　打印模版 应付付款单打印模板

单据编号 0000000003　日　期 2002-08-02　供 应 商 通人康
结算方式 转账支票　结算科目 10020102　币　种 人民币
汇　率 1.00000000　金　额 90,000.00　本币金额 90,000.00
供应商银行 北京市工商银行　供应商账号 03356322　票 据 号
部　门 材料采购一部　业 务 员 靳希　项　目
摘　要

序号	款项类型	供应商	科目	金额	本币金额
1	应付款	通人康	212103	90,000.00	90,000.00
2					
3					
合计				90,000.00	90,000.00

录 入 人 demo　审 核 人 demo　核 销 人

图 9-4　付款单

9.1.2 采购管理与应付款管理子系统的数据处理

采购管理与应付款管理子系统的数据处理是指系统根据输入的数据，为完成采购业务的管理和核算而进行的各项数据处理工作。

9.1.2.1 数据输入环节的处理

从输入数据的内容可以看出，采购管理与应付款管理子系统日常业务数据输入项目较多、输入工作量较大，因此输入出现错误的机率也大。为了保证数据输入的正确性，尽量减少输入的工作量，在系统的输入设计中采用了一些针对性措施。了解设计中的这些处理特点对于正确、灵活地使用采购管理与应付款管理子系统处理企业的采购业务具有重要意义。

(1) 输入单据的格式用户可根据本身的需要自行设计。尽管手工与计算机输入的数据项目是相同的，有些用户希望单据输入格式尽量与手工单据格式一致，减少因使用习惯差异带来的障碍。但是需要注意的是，这种格式的一致是有限的，在格式一致的表象下，用户对话框中还包含计算机重要的使用特点。这就是在单据输入时为了避免误操作，每张单据输入完毕需要做存盘操作；输入下一张单据前需要做增加操作；增加一条记录需要做插入操作等。为了用户使用方便，系统在多数用户对话框都提供常用增加、插入、删除等操作的快捷键，熟悉这些快捷键的使用方法是熟练使用此系统的基础。

(2) 相互关联的单据可以由系统自动互相生成。在采购管理与应付款管理子系统中采购订单、采购发票和采购入库单是相互联系的。采购入库单可由采购订单和采购发票生成，采购发票也可由采购入库单生成。这种相互生成的目的：一是为了输入的方便，提高输入速度；二是在某些情况下，体现一种控制。例如：只有通过订货这一环节，采购才能完成，那样的话，采购入库单只能由采购订单生成。

(3) 凡是在初始设置中设置过的项目，例如，存货编码或名称、供应商代码或名称、付款条件、结算方式等项目，在输入的用户对话框对应项目中设置操作键，用以调出设置内容供用户选择输入。这种输入方法对用户有一个提示的作用，但当选择的项目太多时，反而会降低输入的速度。

(4) 输入单据的各个项目时，有些项目的数据必须输入，而有些项目的数据是可以根据已输入项目的数据生成的。例如，在采购发票的输入中，输入存货的数量、单价，系统自动计算金额。因为输入的单价一般是含税的，系统可根据税率自动算出存货未含税的金额。

(5) 作为正式记录存入系统的单据应该经过确认。采购管理与应付款管理数据直接与企业的钱和物有关，为了保证业务的真实和数据的正确，只有经过确认的单据才有效。所以系统一般都设有一个单据审核的功能，对输入的数据进行确认。单据的输入与审核应由不同的人来完成，从而体现出最基本的内部控制。

9.1.2.2 生成记账凭证的处理

在采购管理与应付款管理子系统中，生成记账凭证的处理思想是：首先设置核算采购和付款业务所使用的会计科目，然后在输入业务单据后，系统自动根据制单规则生成相应的记账凭证。

1. 会计核算科目的设置

采购管理与应付款管理子系统的业务类型较固定，生成的凭证类型也较固定，因此为了让系统自动完成凭证的编制工作，应事先设置各业务类型凭证中的常用科目，以便系统将依据制单规则在生成凭证时自动带入。常用的科目设置是基本科目设置和结算方式科目设置。

(1) 基本科目设置

设置核算采购业务和应付款项经常用到的科目。具体设置的内容如图 9-5 所示。

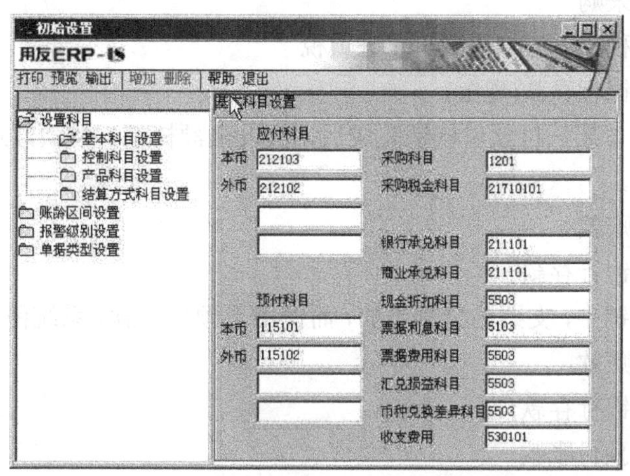

图 9-5　采购管理与应付款管理业务基本科目设置

(2) 结算方式科目设置

设置不同结算方式对应的科目。例如，“现金”结算方式对应的科目应设置为“现金”，“支票”结算方式应设置为“银行存款”。具体设置的内容如图 9-6 所示。

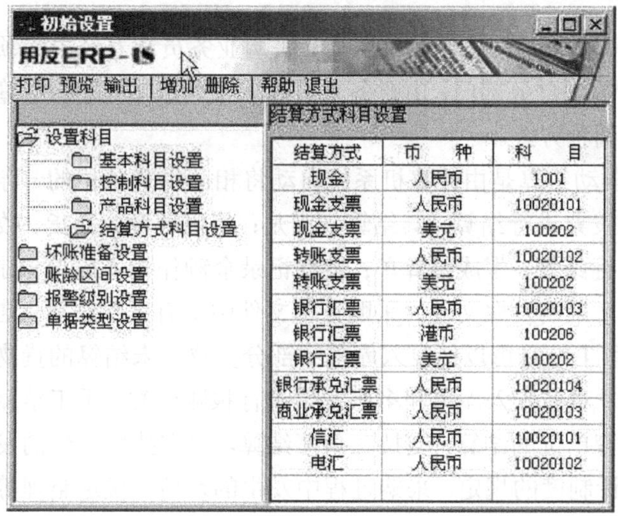

结算方式	币　种	科　目
现金	人民币	1001
现金支票	人民币	10020101
现金支票	美元	100202
转账支票	人民币	10020102
转账支票	美元	100202
银行汇票	人民币	10020103
银行汇票	港币	100206
银行汇票	美元	100202
银行承兑汇票	人民币	10020104
商业承兑汇票	人民币	10020103
信汇	人民币	10020101
电汇	人民币	10020102

图 9-6　结算方式设置

2. 记账凭证的制单规则

当系统依据采购发票生成记账凭证时，系统便可生成以下的凭证。

借：物资采购

　　应交税金——增值税——进项税

　　贷：应付账款——某供应商

如果在收到供应商的发票时就支付货款，则不会形成应付账款，此时应编制以下付款凭证。

借：物资采购

　　应交税金——增值税——进项税

　　贷：银行存款(现金)

当某一采购发票与某一付款单核销完成后，假设全额核销，付款方式为“支票”，系统便可生成以下的凭证。

借：应付账款

　　贷：银行存款

如果在上述的核销中，支票的金额不够，而使用了预付账款，系统便可生成以下的凭证。

借：应付账款

　　贷：银行存款

　　　　预付账款

9.1.2.3　采购结算与核销处理

在采购管理与应付款管理业务的工作中，还有两项非常重要的工作就是采购结算和应付账款核销，这两项工作在系统中可以根据相关业务单据采取自动或手工的方式完成。

1. 采购结算

采购结算也称为采购报账，在手工业务中，采购业务员拿着经主管领导审批过的采购发票和仓库确认的入库单到财务部门，由财务人员确认采购成本。采购结算从操作处理上分为自动结算、手工结算两种方式。

(1) 自动结算。自动结算是由计算机系统自动将相同供货单位的，存货相同且数量相等的采购入库单和采购发票进行结算。其结算规则是：将供应商、存货、数量完全相同的入库单记录和发票记录进行结算，生成结算单；发票记录金额作为入库单记录的实际成本。结算完成后在入库单文件、采购发票文件、采购订单文件中均有采购结算标志。

(2) 手工结算。手工结算可以结算入库单中部分货物，未结算的货物可以在今后取得发票后再结算；可以同时对多张入库单和多张发票进行报账结算；手工结算支持到下级单位采购，付款给其上级主管单位的结算，支持三角债结算，即支持甲单位的发票可以结算乙单位的货物。另外，按会计制度的规定，采购过程中发生的运费、挑选整理等费用应摊入采购成本，手工结算可以完成对这些费用的分摊和结算。

2. 核销处理

核销处理即应付账款的核销，是指确定付款单与原始的采购发票、应付单据之间的对应关系的操作。在进行核销处理时，需要指明每一次付款是付的哪几笔采购业务的款项。明确核销关系后，可以进行精确的账龄分析，更好地管理企业的应付账款。核销处理方式分为手工核销和自动核销。

(1) 手工核销。手工确定系统内付款与应付款的对应关系，选择进行核销。该种方式可以根据查询条件选择需要核销的单据，然后手工核销，加强了往来款项核销的灵活性。

(2) 自动核销。系统自动确定系统内付款与应付款的对应关系，选择进行核销，提高了往来款项核销的效率。

系统可以完成以下情况的核销。

- 付款单的数额大于等于采购发票的核销数额，付款单与原有单据完全核销。
- 付款单数额小于采购发票的数额时，在核销时使用预付款。

9.1.3　采购管理与应付款管理子系统的输出

采购管理与应付款管理子系统的输出主要是各种统计分析报表和向账务处理子系统输出的记账凭证。输出记账凭证是为了采购管理与应付款管理子系统能够与账务处理子系统集成运行，由计算机系统自动完成采购和应付业务的会计核算，并在账务处理子系统中生成采购和应付科目的会计账簿数据。

采购管理与应付款管理子系统输出的统计、分析报表分两类。

一类是依据输入的数据直接按各种条件进行筛选后输出。例如，采购订货明细与统计表依据采购订单，采购明细与统计表、增值税抵扣表、费用明细表等依据采购发票，入库明细与统计表依据采购入库单，分别可以按供应商、按存货种类等条件形成相应的明细与统计报表。

另一类是两种输入的数据进行比较后，再按各种条件筛选后输出。例如，订单执行统计表是采购订单与入库单的比较；结算明细与统计表、货到票未到明细与统计表、票到货未到明细与统计表、在途存货余额表、暂估入库余额表是采购入库单与采购发票的比较；与供应商的往来账、应付账款的账龄分析表是采购发票与付款单的比较。两种输入的数据经比较后，再分别按供应商、按存货种类等条件形成相应的各种报表。

统计分析的报表可以以 3 种形式输出：一是在屏幕上显示；二是在打印机上打印；三是以多种格式输出到文件中。

当采购、结算、付款等业务发生时，系统根据采购发票和付款单自动生成记账凭证，传到账务处理子系统的临时凭证文件中，实现财务业务一体化处理。

9.2　销售管理与应收款管理子系统的日常应用

销售管理与应收款管理子系统的日常应用主要是处理各种销售以及由销售引起的应收与收款业务，同时在系统中完成相关的会计核算工作，并根据用户的需要，输出各种统计分析数据，为企业加强销售业务管理和应收账款管理服务。

9.2.1　销售管理与应收款管理子系统的输入

销售管理与应收款管理子系统的日常输入数据主要有销售订单、销售发货单、销售出库单、销售发票、收款单和退货单等。

1. 销售订单的输入

对于需要组织生产或批量较大的销售业务，一般是从签订销售合同、输入销售订单开始的。销售订单应该包括销售业务所应有的全部基本数据。这些数据包括：订单号、订单日期、付款条件、销售部门、业务员、客户简称、存货名称、数量、单位、单价和税率等。在输入过程中凡是可以使用系统提供的菜单选择输入功能的项目都应该使用选择输入，以减少输入错误。销售订单输入后需要进行确认，因为系统生成相应的销售发票时，只能复制经过审核确认过的销售订单。销售订单输入的用户对话框如图 9-7 所示。

销售订单

业务类型 普通销售

销售类型 纯销销售　订单日期 2002-09-21　订 单 号 0000000006　税率 17.00

客户简称 保生药业　付款条件　销售部门 华北办事处　业 务 员 马洪亮

备　注　币种 人民币　汇率 1

序号	存货编码	存货名称	规格型号	主计量	数量	换算率	单位编码	单位	件数
1	3001	磷酸二钠片	0.2G每片	板	1000.00	1.00	02001	板	100
2									
3									
4									
5									
合计					1000.00				100

制单人 demo　审核人 demo　关闭人

图 9-7　销售订单

2. 销售发货单的输入

发货单是销售方作为给客户发货的凭据，是销售发货业务的执行载体。无论工业企业还是商业企业，发货单都是销售活动的核心单据。在发货单上需要输入的数据有：发货日期、发货单号、客户简称、发往地址、发运方式、销售部门、业务员、付款条件、仓库名称、存货编码、存货名称以及数量等。在输入过程中凡是可以使用系统提供的菜单选择输入功能的项目都应该使用选择输入，以减少输入错误。销售发货单输入后需要进行确认，只有经过确认后的销售发货单，系统才可以据此生成相应的销售出库单和销售发票。销售发货单输入的用户对话框如图 9-8 所示。

发货单

业务类型 普通销售
销售类型 纯销销售　发货日期 2002-09-26　发货单号 0000000017　订单号
客户简称 康泰药房　发往地址　发运方式 公路运输　发票号
销售部门 内贸一科　业 务 员 钱有量　付款条件　税率 17.00
备　注　币种 人民币　汇率 1

序号	仓库名称	存货编码	存货名称	规格型号	主计量	数量	换算率	单位	件数
1	胶囊库	5001	复方胶囊	50MG每粒	板	20.00	2.00	盒	10.00
2									
3									
4									
5									
合计						20.00			10.00

制单人 demo　审核人 demo　关闭人

图 9-8　销售发货单

销售发货单可以直接输入，但是如果记录同一业务的销售订单在系统中已经存在，则应采用复制销售订单方式生成，这样既可以保持记录同一业务的各项业务单据之间的数据一致性，提高单据录入的效率，又可以建立起单据之间的关联关系，为审计留下线索。

3. 销售出库单的输入

销售出库单同采购入库单一样，销售出库单的输入工作也同系统的应用模式相关。如果用户采用销售管理子系统独立运行的模式，则销售出库单应在销售管理子系统输入；如果采用销售管理与库存管理集成运行的模式，则销售出库单应在库存管理子系统中输入。为了保持销售业务的完整性，在此介绍销售出库单的输入内容及方法。

销售出库单的主要内容包括：出库日期、出库类别、客户编码、仓库编码、仓库管理员、存货编码、出库数量、单价、金额等。图 9-9 是销售出库单的输入对话框。

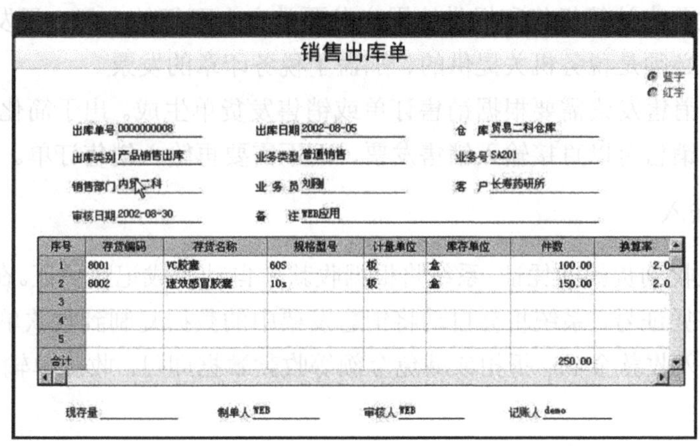

销售出库单

蓝字
红字

出库单号 0000000008　出库日期 2002-08-05　仓　库 贸易二科仓库
出库类别 产品销售出库　业务类型 普通销售　业务号 SA201
销售部门 内贸二科　业 务 员 刘刚　客　户 长寿药研所
审核日期 2002-08-30　备　注 WEB应用

序号	存货编码	存货名称	规格型号	计量单位	库存单位	件数	换算率
1	8001	VC胶囊	60S	板	盒	100.00	2.0
2	8002	速效感冒胶囊	10s	板	盒	150.00	2.0
3							
4							
5							
合计						250.00	

现存量　制单人 WEB　审核人 WEB　记账人 demo

图 9-9　销售出库单

销售出库单与其他输入过程一样，在输入诸如客户编码、仓库编码、存货编码之类的数据时，可以使用系统提供的基础数据表选择输入。在销售出库和材料出库情况下，单价由系统按照存货的计价方法自动算出，不必输入。一般来说，销售出库单是根据销售发货单生成的。

4. 销售发票的输入

销售发票是供售出单位内部确认销售实现的依据，系统将依据销售发票的记录生成记账凭证和与销售有关的各种统计数据。因此销售发票上除了销售订单的内容外还需要输入：开票日期、结算方式、交易方式及抵扣预收款金额等货款的支付情况。销售发票输入的用户对话框如图 9-10 所示。

销售专用发票

业务类型 普通销售

销售类型 纯销销售　开票日期 2002-09-26　发票号 0000000006　订单号　发货单号 0000000017

客户简称 康泰药房　客户地址　电话　币种 人民币

开户银行 交行北京支行　账　号 5612-4321　税号 34653247646　汇率 1

业 务 员 钱有量　付款条件　备注　税率 17.00

销售部门 内贸一科

仓库名称	存货编码	存货名称	规格型号	主计量	数量	报价	含税单价	无税单价	无税金额
胶囊库	5001	复方胶囊	50MG每粒	板	20.00	0.0000	11.7000	10.0000	200.00
					20.00				200.00

单位名称 北京第十医药股份公司　本单位开户银行 中国工商银行北京市分行

制单人 demo　复核人 demo　税号　银行账号 0106001-1234567890101

图 9-10　销售发票

需要注意的是：这里所说的销售发票与销售时开给客户的发票是不同的。虽然从技术上来说，依据销售发票由计算机打印提供给用户发票是完全可行的，但由于发票管理的原因，给客户开具的发票必须是税务机关提供的、加盖了税务印章的发票。

另外，原则上销售发票需要根据销售订单或销售发货单生成。出于简化处理的考虑，对于现货销售和小额销售可以直接输入销售发票，而不需要再输入销售订单。

5. 收款单的输入

收款单是确认收到货款的凭证。系统将根据收款单自动生成记账凭证。在输入收款单时，用户只要输入销售凭证号，系统将会自动将销售发票中的数据复制到收款单中，并显示尚欠金额，然后直接输入收款金额、折扣或减免金额等收款数据即可。收款单输入的用户对话框如图 9-11 所示。

收款单 显示模版 应收收款单显示模版

单据编号 0000000015　日　期 2002-08-24　客　户 康泰药房
结算方式 转账支票　结算科目 10020102　币　种 人民币
汇　率 1.00000000　金　额 8,000.00　本币金额 8,000.00
客户银行 交行北京支行　客户账号 5612-4321　票 据 号
部　门 内贸一科　业 务 员 钱有量　项　目
摘　要

序号	款项类型	客户	部门	业务员	金额
1	应收款	康泰药房	内贸一科	钱有量	8,000.0
2					
3					
4					
合计					8,000.0

录 入 人 demo　审 核 人　核 销 人

图 9-11 收款单

需要注意的是：收款单的输入主要用于处理延期付款或分期付款的业务。对于销售时即已钱货两清的销售业务，系统可以直接根据销售发票生成收款单。

6. 退货单的输入

销售退货业务是指客户因货物质量、品种、数量等不符合要求而将已购货物退回本企业的业务。退货单是发货单的红字单据，可以处理客户的退货业务。退货单也可以处理换货业务，货物发出后客户要求换货，则应先按照客户要求退货的货物开退货单，然后再按照客户所换的货物开发货单。

一般来说，退货单应根据已经发生的销售业务的业务单据自动生成。在先发货后开票业务模式下，应参照原销售订单、原销售发货单生成；在开票直接发货模式下，应根据红字销售发票自动生成。如果是部分退货的情况，用户可以在生成的退货单上修改退货数量，退货数量用负数表示。退货单的输入对话框如图 9-12 所示。

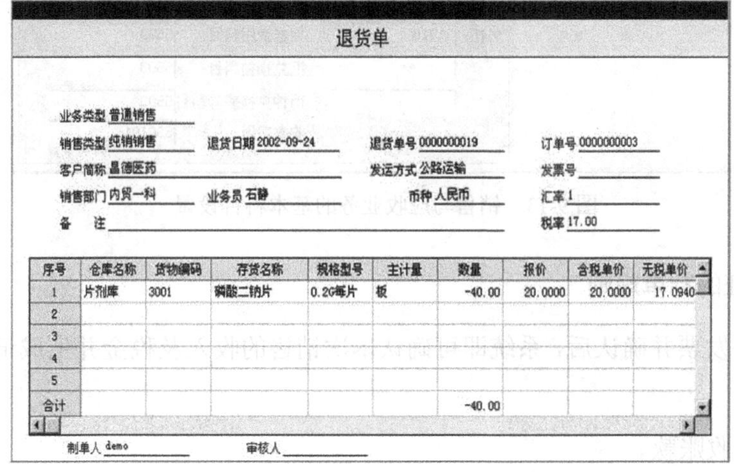

退货单

业务类型 普通销售
销售类型 纯销销售　退货日期 2002-09-24　退货单号 0000000019　订单号 0000000003
客户简称 昌德医药　发运方式 公路运输　发票号
销售部门 内贸一科　业务员 石静　币种 人民币　汇率 1
备　注　税率 17.00

序号	仓库名称	货物编码	存货名称	规格型号	主计量	数量	报价	含税单价	无税单价
1	片剂库	3001	磷酸二钠片	0.2G每片	板	-40.00	20.0000	20.0000	17.0940
2									
3									
4									
5									
合计						-40.00			

制单人 demo　审核人

图 9-12 退货单

9.2.2　销售管理与应收款管理子系统的数据处理

销售管理与应收款管理和采购管理与应付款管理子系统的数据处理相同，销售与应收的数据处理也包括：销售与应收业务数据的输入处理、记账凭证生成处理和其他相关业务的处理，其中输入环节的处理和采购与应付业务输入环节的处理基本相同，在此不再赘述。

9.2.2.1　生成记账凭证的处理

销售管理与应收款管理子系统生成记账凭证的处理也分为两步：一是进行核算科目的设置；二是由系统自动根据制单规则生成记账凭证。

1. 会计核算科目的设置

为了完成销售与应收的核算，同样需要在销售管理与应收款管理子系统中设置核算科目，包括：基本科目设置、控制科目设置、产品科目设置和结算方式科目设置，其中针对销售与应收业务核算的基本科目设置的内容如图 9-13 所示。限于篇幅，其他的科目设置这里不再赘述。

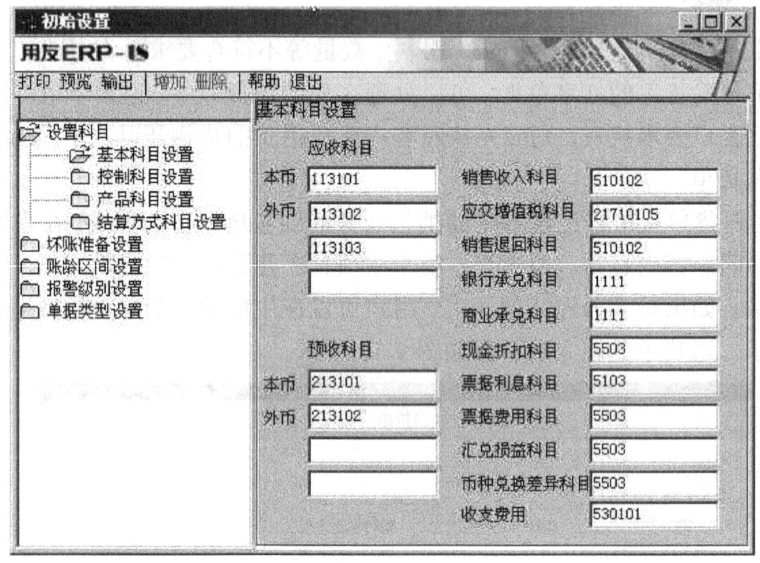

图 9-13　销售与应收业务的基本科目设置

2. 记账凭证的制单规则

在输入销售发票并确认后，系统即可确认本次销售的收入及税金并生成记账凭证，其分录为：

借：应收账款

　　贷：主营业务收入——×× 产品

　　　　应交税金——应交增值税——销项税

如果在开票时直接得到客户的货款，则可以根据结算方式对应的科目，生成本次业务的记账凭证，其分录为：

借：银行存款(或现金)

　　贷：主营业务收入——XX 产品

　　　　应交税金——应交增值税——销项税

对于预收账款或到期的应收账款，在收到客户的款项时，要填制收款单，根据收款单上的金额和客户名称等信息，得到结算金额和应收账款的往来明细信息，并生成记账凭证，其分录为：

借：银行存款(或现金)

　　贷：应收账款(或预收账款)

为了用户使用的方便，在销售管理与应收款管理子系统中，无论是输入销售发票还是输入收款单，都应该允许用户选择自动生成或不生成记账凭证。如用户选择生成记账凭证，系统按制单规则自动生成记账凭证。如果用户选择不生成记账凭证，则在对应单据上记录未编制记账凭证，该单据对应的记账凭证可以在月末采用批量制单的方式生成。

9.2.2.2　应收账款的处理

如果销售业务产生了应收账款，为了在系统中正确记录应收账款的余额，还需要进行应收账款的核销处理和坏账处理。

1. 核销处理

核销处理是指应收账款的核销工作。在销售管理与应收款管理子系统中一般不单独设置应收账款的核销功能，核销的处理在输入收款单时进行。具体的处理方法是：在销售确认后收款时，系统根据输入的销售发票号调取销售发票数据自动生成收款单。当输入收款金额后系统显示：应收金额、已收金额及尚欠金额。若该笔销售业务已结清，则系统提示货款已清，并不再生成收款单。因此只要列出未结清销售发票清单即可得到应收账款的明细清单。这种方式无论对预收货款、钱货两清还是延期付款、分期付款业务的处理都很方便，应该说是一种较为理想的处理方式。核销处理的方式分自动核销和手工核销两种。

(1) 自动核销。系统自动根据收款单的发票号和销售发票的发票号进行核销。由于一笔销售业务可能出现分几次收款的情况，因此一张销售发票可能对应一条收款记录，也可能对应多条收款记录。自动核销方式大大地提高了往来款项核销的工作效率。

(2) 手工核销。对于自动核销后尚未建立对应关系的销售发票和收款单，可以通过手工核销人为指定收款单和销售发票的对应关系。手工核销方式下，可以将一张销售发票与一条或几条收款记录建立对应关系。在实务中，有时出现客户一次支付几笔销售业务款项的情况，手工核销也可以处理这种情况，将一张收款单与多张发票建立对应关系。

2. 坏账处理

坏账处理包括坏账准备的计提和坏账发生与收回处理。

(1) 计提坏账准备的处理

企业于期末分析各项应收款项的可收回性，并预计可能产生的坏账损失，计提坏账准备。计提坏账准备的方法包括：应收账款余额百分比法、销售余额百分比法、账龄分析法和直接转销法等。企业应依据应收账款管理经验，债务单位的实际情况，制订计提坏账准备的政策，明确计提坏账准备的范围、提取方法、账龄的划分和提取比例。

设置坏账计提的方法。计提坏账准备首先必须设定企业所采用的坏账计提方法。系统预置了 4 种坏账计提方法，用户可根据企业应收账款的管理方式进行选择。如果用户选择的坏账计提方法为应收账款余额百分比法或销售余额百分比法，则还需录入坏账准备的“提取比率”，如图 9-14 所示。如果所选坏账处理方法为账龄分析法，则需要进一步设置账龄区间。

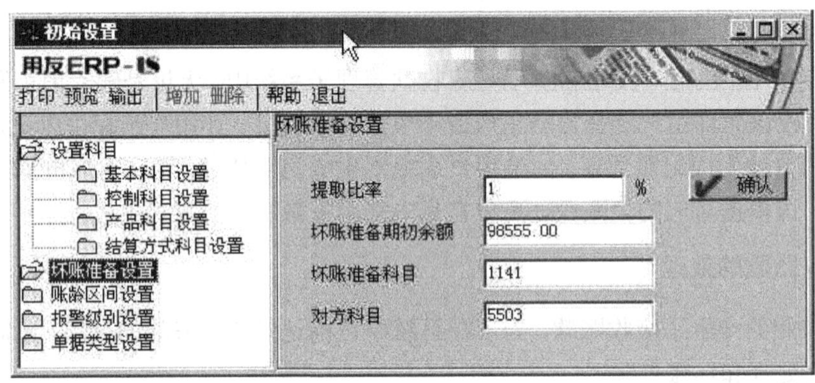

图 9-14　坏账准备设置

计提坏账准备。系统将自动根据企业所选择的应收账款计提方法，计算与当前应收账款匹配的坏账准备余额。具体做法是：如果所选坏账处理方法为应收账款余额百分比法或销售余额百分比法，则系统先根据规定的百分比自动计算应计提的坏账准备，然后根据本次计提前已存在的坏账准备余额，计算当前应计提额。如果所选坏账处理方法为账龄分析法，则系统自动根据事先设置的账龄区间计提本期的坏账准备。

(2) 坏账发生与收回的处理

企业一旦确定哪些应收款为坏账后，就需要在系统中进行记录，详细掌握坏账发生信息。确认坏账发生后，对应客户的应收余额也应相应减少。

已经确认为坏账的应收款项，如果又被收回，则需要在系统中指定哪张收款单为坏账收回单，并与已经确认为坏账的发票进行核销。

9.2.3　销售管理与应收款管理子系统的输出

销售管理与应收款管理子系统的输出主要是各种统计分析报表和向账务处理子系统输出的记账凭证。输出记账凭证是为了在账务处理子系统中生成销售与应收科目的会计账簿数据。

销售管理与应收款管理子系统输出的统计分析报表，按其作用和格式可以分成两类：一类是各单位常规管理所需要的各种报表，例如，销售日报表、销售费用日报表、应收账款结算情况统计表、账龄分析表等。这些报表作用明确、格式也相对固定，与现有的手工报表的格式区别很小。因此一般由系统提供相应模板，由用户根据需要控制生成。还有一类是企业销售管理所需要的各种报表，这些报表由于不同企业有不同的管理要求，因此也就有各种不同的格式要求。这些报表是企业管理的重要依据，但又是手工方式很难及时、准确提供的。在计算机条件下系统完全可以方便地提供这些信息，例如，分部门、按销售人员或按商品种类分类的销售金额、销售费用、应收账款余额统计；超过规定结算期的应收账款清单等。这类统计分析报表的基本格式与前一类报表区别不大，只是在生成报表时，用户根据需要确定数据的筛选条件。这类报表也可在系统中根据用户的一般需要设置模板，并给用户一定的自定义字段以方便用户使用。

以业务处理为主的应用系统的报表，其格式、内容、数据来源很难满足企业对销售和应收账款管理工作中的各种需要，因此为了加强对销售工作的统计分析，在销售管理与应收款管理子系统中应该设置标准数据输出功能，将数据输出到 Excel 等通用表处理系统中，然后利用 Excel 提供的表处理功能和强大的数据统计分析功能进行分析处理，得到需要的结果。

除了上述输出内容外，当销售、收款等业务发生时，系统根据销售发票和收款单自动生成记账凭证，传到账务处理子系统的临时凭证文件中，实现财务业务一体化处理。

9.3　库存管理与存货核算子系统的日常应用

库存管理与存货核算子系统是企业内部供应链的核心子系统，负责完成各种出入库业务的管理与核算，从数量和金额两个角度记录和反映存货的收发存情况。

9.3.1　库存管理与存货核算子系统的输入

库存管理与存货核算子系统日常输入的数据主要是各种业务的出、入库单和盘点单等。

1. 入库单的输入

入库业务可以分为采购入库、产成品入库、退货入库、委托代销入库、调拨入库、其他入库等，尽管不同的入库业务可能输入的内容不尽相同，但主要内容都包括：入库日期、入库类型、入库单号、仓库编码、仓库管理员、存货编码、入库数量、单价、金额等。产成品入库时，单价应从成本核算子系统调入。如果库存管理与存货核算子系统和采购管理与应付款管理子系统集成运行，采购入库单可由采购订单或采购到货单复制而成。入库单的输入对话框如图 9-2 所示。

2. 出库单的输入

出库业务可以分为销售出库、材料出库、退货出库、调拨出库、其他出库等，尽管不同的出库业务可能输入的内容不完全一样，但主要内容都包括：出库日期、出库类型、出库单号、仓库编码、仓库管理员、存货编码、出库数量、单价、金额等。需要说明的是，出库单上的单价通常是系统根据存货的计价方法自动计算的，金额也是系统根据“数量×单价”计算出来的。出库单的输入对话框如图 9-9 所示。

3. 盘点单的输入

盘点是企业库存管理与存货核算中一个非常重要的业务，盘点的结果可能是盘盈，也可能是盘亏，进行调节时，盘盈的结果形成盘盈入库，盘亏的结果形成盘亏出库。盘点单主要的输入项目是盘点日期、盘点仓库、存货编码、实际盘点数量、单价等，账面数量由系统自动调出，实际盘点数量与账面数量的差形成盘盈、盘亏数量。盘点单的输入对话框如图 9-15 所示。

盘点单

盘点单号 0000000001　　盘点日期 2002-08-25　　账面日期 2002-08-25

盘点仓库 原料库　　出库类别 盘亏出库　　入库类别 盘点入库

部　门 药品库房　　经 手 人 梁学峰　　备　注

序号	存货编码	存货名称	账面数量	账面金额	盘点数量	盘点金额	盈亏数量	盈亏金额
1	0001	葡萄糖	12544.12		12,544.12		0.00	
2	0002	氯化钠	9960.00		9,980.00	0.00	20.00	
3	0003	碳酸氢钠	6400.00		6,400.00		0.00	
4	0004	甘露醇	9520.00		9,500.00	0.00	-20.00	
5	0005	维生素C	2972.00		2,972.00		0.00	
6	1001	活性炭	10429.00		10,429.00		0.00	
7	1002	碱粉	8316.00		8,316.00		0.00	
8	1003	面粉	2880.00		2,880.00		0.00	
9	1004	化学浆糊	15440.00		15,440.00		0.00	
合计			96921.12	0.00	96,921.12	0.00		0.00

制单人 demo　　审核人 demo

图 9-15　盘点单

9.3.2　库存管理与存货核算子系统的数据处理

从用户使用角度看，库存管理与存货核算子系统的数据处理大致分为 3 个部分：数据的输入处理、单据记账的处理、生成凭证的处理。其中输入环节的处理与采购与应付业务输入环节的处理基本相同，在此不再赘述。

1. 单据记账的处理

在库存管理与存货核算子系统中，对输入的各种业务单据需要进行单据记账处理，才能进行会计核算和成本核算。单据记账功能主要完成以下两项工作。

(1) 核算入库成本和出库成本。对于入库单，在单据记账时将根据入库单上记录的金额核算入库成本；对于出库单，在单据记账时根据存货相应的计价方法核算出库成本。

(2) 登记库存账。单据记账时，系统将根据输入的单据自动登记存货明细账、差异明细账/差价明细账、受托代销商品明细账、受托代销商品差价账等库存账。

单据记账的方式有两种，即在线记账和批量记账。在线记账是对输入的单据审核后立即记账；批量记账是对一批审核后的入库单和出库单集中进行记账。用户可以根据存货计价方法的不同选择不同的记账方式。

2. 生成记账凭证的处理

在库存管理与存货核算子系统中，首先根据不同的仓库和不同的存货类型设置核算存货的科目。例如，产成品库，存货核算的科目为“产成品”；材料库，存货核算的科目为“原材料”。根据不同的出入库类型、存货类型、存货种类、部门等，设置存货核算的对方科目。例如，材料采购入库，对方科目设置为“材料采购”；产成品入库，对方科目设置为“生产成本”；销售出库，对方科目设置为“产品销售成本”。

在以上设置的基础上，系统可根据不同类型的出入库单据，形成记账凭证并传递到账务处理子系统中。例如，根据材料库的采购材料入库单，系统可形成以下记账凭证。

借：原材料
　　贷：物资采购

根据产成品库的产成品入库单，可形成以下记账凭证。

借：库存商品
　　贷：生产成本

根据库存商品的销售出库单，可形成以下记账凭证。

借：主营业务成本(产品销售成本)
　　贷：库存商品

9.3.3 库存管理与存货核算子系统的输出

库存管理与存货核算子系统主要根据保存在出入库单文件、存货库存余额文件及存货档案资料文件中的各种出入库单数据、库存余额数据和基础数据，进行比较、统计分析后输出各种账簿与报表。这些账簿与报表一是反映存货出入库动态变化的情况，二是反映存货结存情况。例如，存货总账、存货明细账、出入库流水账、入库汇总表、出库汇总表、收发存汇总表、存货周转率分析表、资金占用分析表、入库成本分析表等。这些账簿与报表可以依据用户的要求进行输出。例如，用户可以输入一定日期区间、某一类存货的编码、某一仓库的编码等条件，如图 9-16 所示，系统可以根据这些条件输出反映存货收发存情况的各种账簿与报表。图 9-17 是系统根据输入的条件输出的库存台账。

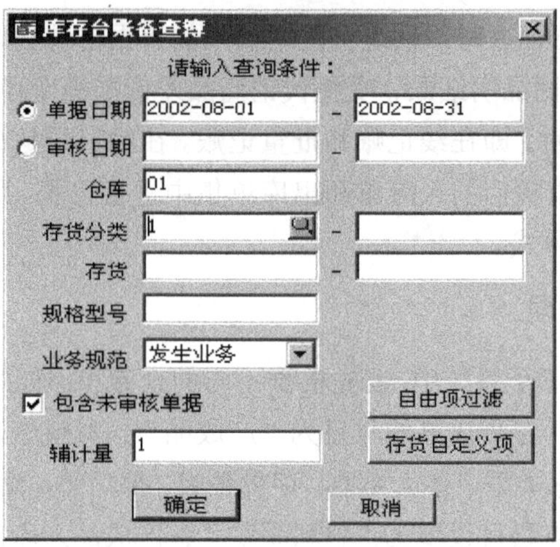

库存台账备查簿

请输入查询条件：

单据日期 2002-08-01 - 2002-08-31

审核日期 -

仓库 01

存货分类 1 -

存货 -

规格型号

业务规范 发生业务

包含未审核单据　自由项过滤

辅计量 1　存货自定义项

确定　取消

图 9-16　用户输入的条件

库存台账

分类：主料　编码：0001　名称：葡萄糖　代码：PPT　规格：1L

单位：升　辅计量单位：瓶　安全库存：50.00　最高库存：80.00　最低库存：10.00

单据日期	单据号	摘　要	收入件数	收入数量	发出件数	发出数量	结存件数	结存数量
		期初结存					40,000.00	40,000.00
2002-08-01	0000000005	原料库,领料,			35.00	35.00	39,965.00	39,965.00
2002-08-01	0000000020	原料库,领料,			1,750.88	1,750.88	38,214.12	38,214.12
2002-08-01	0000000021	原料库,配比出库,			5,000.00	5,000.00	33,214.12	33,214.12
2002-08-01	0000000028	原料库,配比出库,			21,600.00	21,600.00	11,614.12	11,614.12
2002-08-01	0000000031	原料库,配比出库,			50.00	50.00	11,564.12	11,564.12
2002-08-01	0000000033	原料库,配比出库,			500.00	500.00	11,064.12	11,064.12
2002-08-01	0000000034	原料库,领料,			10.00	10.00	11,054.12	11,054.12
2002-08-12	0000000001	原料库,普通采购,	500.00	500.00			11,554.12	11,554.12
2002-08-12	0000000002	原料库,普通采购,	480.00	480.00			12,034.12	12,034.12
		本月合计	980.00	980.00	28,945.88	28,945.88	12,034.12	12,034.12
		本年累计	980.00	980.00	28,945.88	28,945.88	12,034.12	12,034.12

图 9-17　库存台账

另外，这些报表有些是从资金流方面(计量单位为金额)反映存货的收发存情况，有些是从物流方面(计量单位为数量)反映存货的收发存情况，有些兼而有之。

9.3.4　特殊业务的处理和成本计算

1. 出入库调节业务

在某些情况下，存货出入库成本需要调节。出入库调整单是对存货的出入库成本进行调整的单据，它只调整存货的金额，不调整存货的数量；它用来调整当月的出入库金额，并相应调整存货的结存金额；可针对单据进行调整，也可针对存货进行调整。

2. 暂估成本处理

暂估成本是指采购管理子系统所购存货已入库，但发票未到或未报销时入库单上的估算成本；当已报销后，需进行成本处理。暂估入库成本处理分以下几种情况。

(1) 月初回冲。对于以前月份暂估，本月报销的非受托代销采购业务，当选择月初回冲方式时，处理方法如下：

月初对上月未报销的暂估单自动在明细账中生成红字回冲单，当报销处理时，在明细账中生成蓝字报销单，蓝字报销单的入库金额为已报销金额。月末时，对本月未报销的红字回冲单，进行期末处理后，自动生成蓝字暂估单，暂估单的金额与原金额相同。自动生成的蓝字暂估单，系统直接记入明细账。

(2) 单到回冲。对于以前月份暂估，本月报销的非受托代销采购业务，当选择单到回冲方式时，处理方法如下：

当发票到达时，查找存货明细账中对应的单据记录，依据其生成红字回冲单、蓝字报销单，蓝字报销单的入库金额为已报销金额。自动生成的红字回冲单和蓝字报销单，系统直接记入明细账。

(3) 单到补差。对于以前月份暂估，本月报销的非受托代销采购业务，当选择单到补差方式时，处理方法如下：

当发票到达时，查找对应的单据记录，自动生成调整单，生成的调整单中的金额，不能修改，只能确认或取消。如果报销金额与暂估金额的差额为零，则不生成调整单；如果差额不为零，产生调整单，一张采购入库单生成一张调整单，经过确认后，记入明细账。

3. 盘点业务的处理

为了保证企业库存资产的安全和完整，做到账实相符，企业必须对存货进行定期或不定期的清查，查明存货盘盈、盘亏、损毁的数量以及造成的原因，并据此编制存货盘点报告表，按规定程序，报有关部门审批。

在企业信息系统中，可以采用多种盘点方式进行盘点，如按仓库盘点、按批次盘点、按类别盘点、对保质期临近多少天的存货进行盘点等，还可以对各仓库或批次中的全部或部分存货进行盘点。

系统对盘点业务的处理步骤如下：

(1) 输入盘点单，并在盘点单中根据账面数和实际数计算出每种存货的盘盈数和盘亏数。

(2) 系统自动根据盘点单中的盘盈数和盘亏数生成其他入库单和其他出库单。

(3) 根据上述入库单和出库单生成相应的记账凭证，调整存货账面数，使存货的账面记录与库存实物相符。

本章小结

本章从系统日常应用的角度，分别介绍了采购管理与应付款管理、销售管理与应收款管理、库存管理与存货核算子系统的输入、数据处理和输出的主要内容。采购管理与应付款管理子系统主要输入的数据有采购订单、采购入库单、采购发票、付款单和退货单等，销售管理与应收款管理子系统主要输入的数据有销售订单、销售发货单、销售出库单、销售发票、收款单和退货单等，库存管理与存货核算子系统主要输入的数据有各种入库单、出库单和盘点单。这些数据既可以直接输入，也可以采用相互复制的方式生成，一般来说，应尽量采用复制前期单据的方式生成，以提高数据录入的工作效率，保证记录同一业务的各项单据中数据的一致性。另外，采购管理与应付款管理、销售管理与应收款管理、库存管理与存货核算子系统都要根据各自业务核算与管理的需要进行一些数据处理，其中转账处理是各子系统都要进行的数据处理工作，且处理的过程都是一样的，即先在初始化时进行核算科目的设置，然后在业务处理过程中系统根据制单规则自动生成记账凭证并传到账务处理子系统。除了上述内容外，各子系统还提供了较为丰富的输出信息，系统的输出实际上是系统根据各种数据文件中的数据，按照用户输入的数据检索条件，生成的统计分析信息。

案 例 分 析

浙江景兴纸业集团是一家以造纸为龙头，集纸质品加工、供热、电及贸易于一体的现代化企业集团，拥有 8 家下属控股和全资企业。随着企业的不断发展，在管理上出现了很多问题，例如，购需脱节，采购成本居高不下；售产脱节，应收账款越积越多；计划与生产脱节，缺乏高效的质量管理手段；库存粗放，大量资金积压。这些问题成为制约企业快速发展的瓶颈，为了改善这种局面，景兴集团决定借助 ERP 系统提升企业的管理水平。经过多方比较与项目论证，景兴集团最终选择了北京华嘉经纬管理软件开发有限公司为其开发实施 ERP 管理系统。

在一期开发 ERP 管理工程中，包括了情报系统、生产系统、销售系统、计划系统、采购系统、库存系统、应收系统、应付系统、总经理查询系统等子系统，在系统中针对上述问题，设计了细致有效的管理措施，例如：

(1) 比价比质采购，有效控制采购成本。即在决定进行货物采购时，可以通过系统对多家供应商进行比价比质分析，选择性价比最佳的供应商，实现采购业务透明化。采购员必须严格按照采购订单的数量进行采购，避免盲目采购造成库存积压，实现了企业在适当的时候以适当的价格从适当的供应商采购适当的货物。

(2) 信用等级评定，降低呆坏账的发生率。即针对巨额的呆坏账，系统设置了客户信用等级评定，由相关部门对客户设置不同的信用额度和等级。销售人员在接受客户订单时，系统自动判断，若客户累积欠款超过其信用额度，系统自动报警提示，需要有相应审批权限的领导同意接受，该订单才能转入生产系统进行生产或转入库存系统进行发货。

(3) 品质管理细化，提高客户满意度。系统对产成品实行批次管理，改变原来几卷纸一个质检单的粗放管理方法，一卷纸赋予一个批次号，通过批次号可查询该卷纸的所有质检指标，如发生客户退货，系统可以对退货问题进行统计分析，找出影响客户满意度的质量指标，以改进生产，提高客户满意度。

(4) 库存精度提高，减少长期积压。“生产重质，库存重数”。首先在基础数据准备阶段，企业就要统计出确切的库存数字，在 ERP 系统中，要求所有物料、仓库货位等，全部统一编号，为精细化管理打好基础。另外通过系统定期盘点功能，核实理论库存与实际库存的差异，保证库存数据实时准确，对积压品及时采取处理措施，避免长期库存积压和资金占用。

试对上述案例进行以下分析。

1. 为控制采购成本，需要借助于哪些数据？

2. 对产成品采取了什么样的管理措施？

3. 该企业采用了哪些措施来提高库存精度，避免长期库存积压？

4. 该企业内部供应链管理子系统中应该输入哪些业务单据？

复习思考题

1. 在采购管理与应付款管理子系统中，要输入哪些业务单据？

2. 在采购管理与应付款管理子系统中，如何根据业务单据形成会计凭证？

3. 在采购管理与应付款管理子系统中，要输出哪些报表？

4. 为了简化操作和保证数据输入的正确性，采购管理与应付款管理子系统在数据输入环节采用了哪些措施？这些措施在其他子系统中是否存在？

5. 何谓采购结算？采购结算的作用是什么？

6. 在销售管理与应收款管理子系统中，要输入哪些业务单据？

7. 在销售管理与应收款管理子系统中是如何自动生成记账凭证的？

8. 企业内部供应链管理子系统针对应收账款设置了哪些管理手段？

9. 在库存管理与存货核算子系统中，要输入哪些主要的业务单据？

10. 库存管理与存货核算子系统可以处理哪些特殊业务？对每项特殊业务是如何处理的？

第10章　会计信息系统的建设与管理

建设企业会计信息系统是一项复杂的系统工程。它既需要软件和硬件设备的大量投资，又需要人力、物力、智力的投入，需要做长期艰苦的工作。

会计信息系统建设的发展规划是建设企业计算机会计信息系统的总体可行性研究。总体规划制订的好坏对系统建设的成败具有举足轻重的作用，应该受到单位领导部门和有关职能部门的高度重视。它的建立应该严格按照系统工程的要求进行，以取得事半功倍的效果。根据我国计算机会计工作的实践，正确处理好人的因素、软件和硬件的因素及管理制度的因素是搞好企业会计信息建设工作的关键，也是目前亟待解决的问题。

10.1　建立和管理会计信息系统工作概述

建设和管理企业会计信息系统的工作是一项十分复杂的系统工程。

首先，它的复杂性表现在：这个系统除了要满足企业内部有关的会计核算和管理、购销存等业务处理的需要外还要满足企业的投资者、债权人以及政府管理部门对企业财会信息的需求。而财务会计工作在我国目前还是一项需要严格按照国家有关的法令、法规和会计制度进行业务处理的工作。因此企业的计算机会计信息系统的建设和管理，不可避免的要受到单位内部和外部各方面因素的制约。这就要求系统不光需要满足单位外部对财会信息内容和格式上的要求，还需要满足单位内部从最高管理层到一般管理人员不同管理层次的要求。

其次，建立一个企业集购销存业务处理与会计核算为一体的会计信息系统，必然涉及到企业管理思想、管理模式及企业的组织结构发生相应的变化。它首先是一种先进管理思想的引入而绝不单纯是一个软件引入的问题。因此企业会计信息系统的建设要从企业管理的整体需要出发，充分考虑企业产、供、销、设备管理、劳动人事等部门的要求，统一思想、统一规划，建立合理的业务处理流程，以便分步实施。

第三，近年来计算机技术发展迅速，计算机软件、硬件更新换代极为频繁。计算机会计信息系统是一个人－机系统，因此如何合理的配置系统的软件、硬件和层次不同、知识结构不同的技术人员，如何根据企业的经济力量合理安排资金，就是一个需要认真解决的重要问题。

第四，一个完整的计算机会计信息系统是由若干子系统组成的，整个系统很难一次到位。如何根据企业需求的轻重缓急，分期分批地完成系统建设也是一个需要重点解决的问题。

综上所述，可以看出各单位建设企业会计信息系统，必须对单位的具体情况进行周密的分析，加强系统建设工作的计划与组织。根据我国近年各企业会计建设信息系统工作的实践经验和教训，企业建设自己的会计信息系统必须做好几项基本工作。这就是：建立和健全有关系统建设的领导组织机构；制订企业管理信息化发展规划；合理确定企业管理模式与业务处理流程；配置必要的软件、硬件环境；组织企业有关工作人员进行相关管理思想和有关计算机知识培训；制定会计信息系统的管理规章制度。

10.2 会计信息系统建设的发展规划

企业会计信息系统建设的发展规划，是对近几年企业会计信息系统建设工作所要达到的目标，以及如何有效、分步骤地实现这个目标而做的规划。它是建设企业会计信息系统的总体可行性研究。有人将发展规划比喻为载舟之水：水能载舟，亦能覆舟。会计信息系统作为企业管理信息化的关键部分，它的建设对企业管理信息化具有举足轻重的地位。因此制订企业会计信息系统建设工作的发展规划，应该受到单位领导部门和有关职能部门的高度重视。

10.2.1 制定会计信息系统发展规划的原则

发展规划是建设会计信息系统的战略计划，是决定系统成败的关键。为了保证规划的科学、客观、可行，在制订规划时应坚持以下原则。

1. 整体性原则

整体性原则是解决管理信息系统中各个子系统间关系的基本原则，它包含两个基本方面。

一方面，计算机会计信息系统是企业管理信息化的一个关键性组成部分。因此制订会计信息系统建设的发展规划时，必须从单位发展的总目标和企业管理信息化的目标出发，在涉及全局的问题上，如硬件的结构体系，机型的选择，开发的方式，代码的编制等必须服从整体的要求。克服各自为政，重复开发，重复组织数据的弊病，提高计算机应用的整体性能。形成以财务系统为核心的管理系统。即以财务系统为核心，包括：采购管理、库存管理与存货核算、成本管理、资金管理、销售管理、标准管理、生产管理、工资管理、固定资产管理和领导查询等子系统紧密联系的、网络化的现代企业管理信息系统的有机整体。这样的系统无论是数据的共享还是系统数据的安全性、可靠性都将远远高于目前普遍使用的会计信息系统。

另一方面，即便在计算机应用暂时只限于财会部门的情况下，也要考虑其他职能部门对会计信息的需求和各子系统数据共享的需要，为其他管理子系统的联系保留必要的接口，以利于今后的发展。

2. 阶段性原则

阶段性原则是解决会计信息系统实施过程中关系的原则。会计信息系统，尤其是计算机管理系统的建立是一个长期过程，很难一步完成。必须分成若干阶段，对每一阶段的任务、目标做出规定，以协调和组织各阶段的工作，使每一阶段工作都成为通向总目标的阶梯。

3. 客观可行性原则

会计信息系统建设的发展规划不能超出单位的客观需要和可能条件。超过这一界限规划就无法落实，从而失去规划对建立系统的统驭作用，失去了规划的意义。这一原则对希望建立 MRP II、ERP 这样的管理信息系统或准备引入国外 ERP 等管理信息系统软件的单位尤其重要。这是因为这些系统往往包含了确定的管理模式，而自己单位是否适合这种管理模式，是否具备使用这种管理模式的条件是系统建设能否成功的关键。不考虑这种客观可行性，必将造成事倍功半甚至一事无成的严重后果。

4. 领导负责原则

会计信息系统的建立需要不同层次、不同专业的人员参与，这一工作几乎涉及单位的所有部门和人员，同时还可能涉及管理体制的变动。系统目标、实施方案、经费预算要领导批准；数据分类并统一编码和统一报表格式要各职能部门的配合；数据采集工作的规范化更是涉及到单位的每个人员。这些全局性问题光靠财会部门和技术人员是无法解决的。因此会计信息系统的建设工作应由单位主管人员最好是单位的第一把手挂帅，组织有关职能部门和人员参加，以便从不同角度、不同层次全面考虑和解决这些问题。

10.2.2　会计信息系统发展规划的主要内容

会计信息系统建设发展规划应以本部门、本系统的发展战略目标为依据，结合本单位的实际情况来制订。发展规划应包含以下内容。

1. 本企业会计信息系统建设工作目标

企业会计信息系统建设工作的目标是指几年内准备建立一个什么样的会计信息系统。制订目标的基本依据是本单位管理信息化发展的总目标。这是因为会计信息系统的建立不仅是将财务人员从繁重的手工劳动下解放出来，更重要的目的还是通过核算手段和财务管理手段的现代化，提高会计信息处理的准确性和时效性，真正做到会计的事前、事中、事后的有效控制，提高会计的辅助决策能力，为提高管理水平和经济效益服务。

2. 会计信息系统的总体结构

总体结构指的是系统的规模、业务处理范围，以及由哪些子系统构成，这些子系统间的联系和系统间界面的划分。系统结构应从分析现有手工系统的任务，业务处理过程及部门间的联系入手，根据计算机数据处理的特点和系统的目标来确定。确定系统的总体结构应在单位条件允许的情况下具有一定的高起点和超前性。

3. 会计信息系统建立的途径

建立计算机会计信息系统有多种途径，基本的两种途径是定点开发和购买商品化软件。随着商品化软件日益完善，目前绝大多数企业采用购买商品化软件建设自己的会计信息系统，因此软件的选择成为信息系统建设的一个关键问题。

4. 系统的软件、硬件配置

在发展规划中应根据单位发展目标的要求和单位的经济力量，对系统的软件、硬件配置提出原则性要求和指导性意见。尤其是对计算机的配置、计算机网络体系结构等做出原则性的规定。从计划阶段就对软件、硬件系统提出规定和原则性要求，有助于从计算机会计工作的整体需要出发，做合理的长远安排，克服从眼前局部需要出发的局限性，避免系统资源的浪费。

5. 确定工作步骤

确定工作步骤主要规定系统的实施分几步进行，每一步的发展目标和任务，各实施阶段资源的分配情况等，以便组织实施工作。工作步骤的划分要根据各子系统在整个系统中的地位、单位的工作需要来安排实现的先后次序。同时也应考虑单位的经济、技术、组织上的可实施性来制订。

6. 确定会计信息系统建设工作的管理体制和组织机构

规划中应明确规定建设过程中的管理体制和组织机构，以利于统一领导、专人负责、高效率地完成系统的建设工作。

另外会计信息系统的建立不仅改变了会计工作的操作方式，而且会引起会计业务处理流程、人员的组织方式，甚至是单位整个管理模式的一系列重大变革。因此在建立会计信息系统的管理体制和组织机构时，还应组织专门人员根据本单位的具体情况制订一套新的工作流程、管理制度和组织形式，乃至各类人员上岗标准，以便系统一投入运行即可有章可循。

7. 制订专业人员的培训与配备计划

会计信息系统的运行和管理需要不同专业、不同层次的专业人员。为了满足系统这种需要，应根据系统目标与本单位现有人员情况制订专业人员的培训与配备计划，以便合理调配工作人员，使人员的培训与系统的建设同步进行。使系统一旦建成即可有足够的力量投入运行。

8. 资金的来源及预算

建设会计信息系统需要较多的资金投入，因此要对资金的使用做出预算并安排资金来源。由于计算机硬件购置费用大且是一次性投入，因此制订预算时容易重视硬件费用而忽视软件及其他辅助和扩展费用。而目前一个系统的总费用中软件的费用通常占到 50%以上，甚至高达 80%，这是制订预算时必须重视的问题。

10.2.3　制定会计信息系统建设发展规划应注意的问题

建设企业会计信息系统的根本目的在于提高单位的管理水平和经济效益。一个单位是否需要使用，或者能否成功开发和使用计算机会计信息系统，使用什么样的计算机会计信息系统，并不取决于上级的要求或单位领导的意愿，而是取决于该单位是否具有开发使用的条件。这些条件主要有以下几个方面。

1. 企业管理的客观需要

是否需要建立新的计算机会计信息系统，建立什么样的会计信息系统，取决于单位原有系统是否能够满足单位管理的需要。即现有系统提供会计信息的准确性、时效性是否满足单位的管理要求，是否满足单位经济活动分析、预测和决策的需要。一般来说，规模较大的企业在经济体制不断改革和社会主义市场经济逐步建立的社会环境下，目前的手工系统远远不能满足企业经济管理的需要，迫切要求提高企业会计信息系统的处理能力。在这些企业建立完善的计算机会计信息系统以致 ERP 等管理信息系统是促进企业发展的必由之路。但是与此相反，一些无论企业管理水平、人员素质、技术力量都还存在不足的中小型企业则可以从企业关键管理环节入手选择小型简单的会计软件甚至单个子系统，促进企业完善管理，积累使用经验，逐步向完善的管理信息系统过渡。

2. 较好地管理基础工作，尤其是会计基础工作

良好的基础工作是实现计算机会计工作的重要前提条件。这些基础工作主要包括：有符合市场经济条件的较为成熟的管理模式和全面、规范的管理制度；有完整的计划和控制数据；会计核算规范、基础数据完整、准确。对于管理基础差、基础数据缺乏的单位，在制订发展规划时必须充分考虑因此而带来的困难，首先需搞好单位的基础工作。

3. 讲求目标效益

开展企业管理信息化工作必须讲求目标效益。讲求目标效益从领导决策思想上应从解决企业突出问题入手，量力而行。从对影响企业生存发展的突出问题入手，抓住关键环节，重点突破，取得效益。实践证明这是一条投入少且见效快的方法。

企业管理信息化的基本目的是提高企业的经济效益、提高企业的核心竞争力，因此企业管理信息系统的建设也必须讲求成本效益原则。在系统建设的规划阶段就应该对每一个实施内容建立项目控制机制，制订项目实施进度、项目预算和项目目标，以便对项目实施的效果进行控制和检查，以最小的投入完成既定的目标。

10.2.4　建立单位计算机应用的领导机构

建立单位计算机应用领导机构的基本目的是为制订和执行单位计算机会计信息系统发展规划提供组织保证。领导机构应由单位主要负责人挂帅，由各职能部门负责人和有关技术人员参加。根据我国计算机会计工作的实践经验，有没有这样的领导机构，领导机构是否真正发挥作用，往往是一个单位计算机会计信息系统能否建设成功的关键因素。必须给以高度重视。

建立单位计算机应用领导机构的主要作用如下：

(1) 计算机会计信息系统特别是企业管理信息系统的建立是单位进行的一场深刻的管理革命，它的建立必将影响到单位的管理体制、工作流程、规章制度等方面。只有领导亲自参与并有权威的领导机构作保证，才能真正做到统筹规划、周密部署，确保系统的有效实施。

(2) 单位的高层领导是一个单位的决策者。没有单位的领导和职能部门负责人的支持，计算机会计信息系统将难以实施。计算机会计工作在我国还是一项新兴的事业，各单位的领导从认识、重视到亲自负责需要一个过程。建立领导机构在组织上保证了领导的参与，领导参与的一个重要标志就是领导承诺，或者说领导承担系统建设成败的责任。

(3) 计算机会计信息系统的建立是一项长期工程，需要分期、分批计划和实施。建立领导机构可以保证在系统实施过程中不会因为个别人员的人事调动而影响系统的实施。

10.3　会计信息系统的建设

目前大多数会计信息系统早已超越了会计核算的范围。会计信息系统的使用也不止是财会部门，同时涉及采购、销售、仓库、劳资、设备等其他职能部门。因此会计信息系统的建设需要遵循一定的规则，科学合理地进行系统建设工作，以取得事半功倍的效果。

10.3.1　会计信息系统运行环境的建设

建立良好的会计信息系统运行环境是成功开展企业信息化工作的前提。企业会计信息系统运行环境涉及到人员、基础工作规范、计算机软硬件平台这 3 项基本要素。

10.3.1.1　规范基础性工作为管理信息化奠定基础

企业会计信息系统需要做好扎实的基础性工作。例如，企业的标准化工作及各种严格的程序和规范。企业规范化管理是应用计算机管理信息系统的基础。

1. 数据规范化

数据所包容的内容很广，涉及企业的内外资源以及进行管理监督的各项标准等。主要包括以下各类数据。

(1) 应用计算机必不可少的基础数据，包括各种：客户信息、供应商信息、存货信息、科目信息、欠款明细、库存余额等，对这类数据应该按照计算机数据处理的要求，制定编码标准。所有的信息数据都要有统一的名称，有明确的定义和编码，有标准的格式和明确的含义。

(2) 进行管理监督所必需的能源、工时材料等的耗用定额和费用开支的标准以及预算数据。定额是进行预测、计划、核算和分析的依据，更是计算机会计信息系统中设置预警控制的依据，企业应高度重视，对照同行业“标杆”找差距，实现定额、计量、标准、统计、物料及产品编码的规范化管理，提高标准化水平。

2. 业务规范化

企业日常经营包括的内容很多，如果制度不严，缺乏规范化，各项业务处理时就很容易发生不同程度的“暗箱”操作问题，制约了企业经济效益的改善。

业务规范化主要包括：对采购订货、销售、材料进出库管理，资金的结算等制定明确的制度。建立起明确的授权程序，保证生产和各种业务处理严格按照有关规程和制度的规定进行操作。

3. 信息处理流程规范化

信息处理流程规范化是指：制定统一的工作准则和规程制约从数据采集、处理和输出的全过程以保证信息的及时、准确和可靠。

需要特别注意的是，数据采集是整个数据处理流程的第一步，信息技术领域有句名言“输入的是垃圾，输出的也一定是垃圾”。为了满足不同管理层次对管理信息的不同需求，数据的收集必须制定明确的制度，对数据收集的渠道，需收集的具体内容等做出规定。

10.3.1.2　建设会计信息系统运行平台

会计信息系统不是空中楼阁，需要有一个坚实的运行平台。运行平台是指会计信息系统赖以运行的软件、硬件环境。它包括两个方面的内容：一是计算机硬件环境；二是运行管理系统的软件环境，包括操作系统、数据库管理系统等。

1. 硬件平台

硬件平台是管理信息系统运行的基础。随着计算机技术的发展，计算机的性能价格比已日趋合理。企业对硬件的选择不限于讨论单机如何选型，如何配置，而是更侧重于计算机网络的规划和建设。

企业在制订网络技术方案或审查系统集成商提供的网络设计方案时，应该考虑其是否先进、实用，是否安全、可维护，以及是否经济、开放、标准化等。

2. 系统软件平台

随着计算机技术的飞速发展，操作系统软件的升级速度也不断加快。由于应用软件开发必然会落后于系统软件的更新，因此选择系统软件平台并非版本越高越好，而应尽量选用应用软件原开发环境。即使使用较高版本的系统软件，也必须注意所选操作系统是否与应用软件原开发环境兼容。

3. 选择数据库系统

数据库系统主要分为服务器数据库系统和桌面数据库系统。

服务器数据库主要适合于大型企业的使用，代表系统主要有 Oracle、Sybase、Informix、SQL Server 和 DB2 等。服务器数据库系统处理的数据量大，数据容错性和一致性控制好；但服务器数据库系统的操作与数据维护难度大，对用户水平要求高，而且投资大。

桌面数据库主要适用于数据处理量不大的中小企业，主要软件产品有 Access、FoxPro、Paradox、Beetrive 等，桌面数据库系统处理的数据量要小一些，在数据安全性与一致性控制方面的性能也要差一些，但易于操作使用和进行数据管理，投资较小。

10.3.2　会计信息系统应用软件选型

不同企业的规模、行业特点、管理需要都不完全相同，应用软件的选择着重点也不同。一般来说，企业在选择会计信息系统时需要注意以下问题。

1. 企业需求分析

在企业会计信息系统软件选型之前，首先要明确企业的需求，提出实际管理中存在的问题，这些问题的急迫程度，解决的手段，要达到的目标等。企业需求主要从以下方面进行分析。

(1) 确定企业的性质和背景

企业的性质和背景主要是指企业所在行业及其生产经营特点。工业企业与商业企业有很大的差别。工业企业之间，从典型的流程型生产如化工生产，到典型的离散型生产如机械制造，其生产经营和管理也存在巨大的区别。这些差别决定了性质和背景不同的企业选择会计信息系统软件的需求也就不同。确定企业性质和背景，也就基本上确定了企业标准的需求(行业需求)。

(2) 确定企业管理信息化的应用需求

企业的应用需求是指企业要达到的管理目的和需要着重解决的管理问题。在这一过程中，可以按各个业务处理流程进行分析，如财务流程、采购流程、销售流程、人事/工资管理流程、固定资产管理和核算流程以及其他流程。在对业务处理流程进行分析的过程中除了对各个流程的一般性分析外，还应着重对该流程中的特殊需求进行分析，以便在软件选择时针对这些特殊要求进行考察。

(3) 确定企业管理信息化的微观需求

确定企业管理信息化微观需求主要是指企业软件选型时所依据的，软件应该具有的技术指标。这是企业确定配备软件的方式和软件选型的依据。在这一步骤中，除了分析企业的需求外还应重点了解目前市场上销售的各种软件，以及同行业其他企业使用软件的情况。

2. 配备软件的方式和适用条件

配备会计信息系统软件有两种基本方式：定制开发和购买商品化软件。

定制开发是指由企业技术人员自行开发或委托其他软件开发企业或高等院校、研究院所开发企业需要的管理软件。定制开发可以从企业最需要信息化的关键环节入手，针对企业自身的业务特点及管理功能进行软件设计，可避免通用软件中复杂的初始设置过程，最为贴近企业实际且简单易用，但定制开发的成本，人员技术素质要求很高。由于目前通用商品化会计信息系统日益成熟，通用性很强，因此除非有极特殊的需要，定制开发会计信息系统的企业目前已经很少了。

购买商品化软件的优点是：购置成本较小；软件达不到期望值的风险很小；软件的质量较高。不足之处是：商品化软件缺少重要的、需要定制的特殊功能需求；企业自身独特的管理优势或竞争优势有时在使用软件后不得不放弃；系统有时只能在大幅度调整业务流程后才能运行。

3. 商品化会计软件的选择

商品化软件分为国外软件和国内软件。国外软件集中了国外几十年的管理经验，其中蕴涵了许多先进的管理思想，为规范我国企业的业务流程，优化管理模式提供了可借鉴的参考模型。一般来说，国外软件具有全面集成，技术稳定，功能灵活，系统开放等诸多优势，为企业的不断发展与管理的持续改善提供了较大空间。但软件设计较复杂，软件购置费用及年维护费用较高，软件界面和文档资料汉化不彻底，企业人员学习与掌握起来难度较大。

国内软件在购置和维护方面的费用相对较低，在适合我国企业管理规范与处理惯例方面有较多的考虑，因而用户化工作量会很少。企业资金投入的压力小，软件复杂程度低，符合国人的使用习惯，在易学易用方面较为出色。

软件选型应该考虑以下几个主要因素。

(1) 软件的功能

商品化软件产品功能模块很多，适用范围较广，这就需要针对不同的企业，选择不同的功能模块。软件功能应满足企业当前和今后发展的需要，软件可用部分的比率，取决于软件对用户的适用程度。

(2) 开发工具

任何商品化会计信息系统软件都不能完全适用于企业的需求，都或多或少有用户化和二次开发工作。所以，商品化会计软件应提供必要的开发工具，并同时保证该开发工具简单易学，使用方便。

(3) 可扩展性

选择软件一定要考虑到企业将来的需求，要用发展的眼光考察所选择的软件是否具有如集成性、开放性、决策支持等功能，考虑企业是否有电子商务、远程处理等要求，考虑为了补偿不足的功能需要对软件做哪些修改或扩充。

(4) 售后服务与支持

售后服务与支持关系到项目的成败。售后服务工作包括：各种培训、项目管理、实施指导、二次开发及用户化等。选用的软件在企业所在城市或地区设立售后服务机构，对于该软件的长期运行是一个重要保障。

(5) 软件商的信誉和稳定性

选择软件时要考虑供应商的实力和信誉。软件供应商应当有长期的经营战略，能够跟踪技术的发展和客户的要求，不断对软件进行版本的更新和维护工作。

(6) 软件产品价格

价格方面要结合考虑软件的性能、技术平台、质量、售后服务与支持等综合因素，因此并不是价格越低越好。

(7) 企业原有资源的保护

这里所说的资源，不仅指硬件资源，还包括已有的数据资源。这样，在选择软件时，就要考虑软件产品对硬件平台的要求是否过高，原有的硬件资源能否使用，原有的数据资源能否平滑地移植到新的系统中。

10.3.3 业务流程优化

企业的业务流程优化是企业管理信息化工作中的重要组成部分。其核心是对企业现有的业务处理流程和组织进行分析，将其改造成满足企业的管理需求和计算机信息系统工作特点的业务处理流程并使企业机构扁平化，从而提高企业业务处理的效率、客户的满意度和企业的经济效益。业务流程优化主要包括以下两方面。

1. 职能部门内的业务流程优化

在手工业务处理体制下，各职能管理机构往往重叠，中间层次多，其原因是由于没有信息化手段的支持。而计算机完全可以取代这些业务而将中间层取消，使每项职能从始至终只有一个职能机构管理，做到机构不重叠，业务不重复。

2. 职能部门间的业务流程优化

会计信息系统的功能早已超越传统的财务部门职能，它将购销存业务处理以及固定资产管理等业务部门的职能集成到系统中。因此必须对财会部门以及供应、销售、仓库、设备等相关部门的业务处理流程进行梳理，对各部门在数据输入、处理等按计算机信息系统工作的要求和特点重新进行规划和分工。没有这种职能部门间的业务流程优化，会计信息系统是无法高效率运行的。

10.3.4 信息化人员培训

使用一套全新的手段来管理和运作一个企业，必然伴随着从企业高层领导到一般员工的思维方式和行为方式的改变。对企业管理信息化项目涉及的人员需要分不同层次、不同岗位、不同程度地做相关的培训。

10.3.4.1 人员培训的目标

1. 增强企业员工对管理信息化的认识

会计信息系统的建设必然会带来企业管理模式、组织机构和业务流程的变革。而企业大多数管理者及一般员工往往对变革感到恐惧，有可能对企业信息化持消极态度。为了保证企业会计信息系统建设成功，应对所有相关人员进行培训，增强企业员工对管理信息化的认识，明确自己的责任，从而在企业管理信息化工作中发挥作用。

2. 普及计算机知识和技术

技术的障碍在一定程度上也影响企业管理信息化的推进。为了顺利开展企业管理信息化工作就必须在企业全体员工中普及计算机知识和技术，提高全体员工的计算机操作水平。普及计算机知识和技术不光是开展企业管理信息化工作的需要，也是全面提高企业员工素质的重要方面。

3. 提高员工运用企业会计信息系统的能力

会计信息系统建成后，管理和使用会计信息系统处理各自的业务就成为管理部门相当一部分员工的日常工作。因此信息化人员培训的基本任务就是提高员工使用信息系统的能力。需要注意的是：使用信息系统的能力，不光是熟练操作软件处理本岗位的业务，而且还包括如何在本职岗位上充分利用信息系统的功能，提高整个企业的管理水平、提高企业的经济效益。

10.3.4.2　会计信息系统建设的人员构成

企业会计信息系统工作中一般需要以下几类人员。

1. 会计信息系统管理人员

会计信息系统的管理人员主要负责系统建设项目的组织与运行过程中的管理工作。会计信息系统的管理人员一般由职能部门的各级领导层担任。

2. 会计信息系统维护人员

会计信息系统的维护人员负责系统日常使用中的硬件和应用软件的维护工作。硬件维护主要负责计算机房、网络系统、计算机硬件等设备的维护与管理。软件维护主要负责解决应用程序故障的排除，根据业务处理的需要对应用程序中的项目进行增加、修改、删除维护，对数据进行备份，并能解决操作系统升级和软件本身升级带来的问题，对系统的正常运行负责。

3. 会计信息系统操作人员

会计信息系统的操作人员主要负责系统日常运行中的经常性工作，包括数据的录入、日常业务的处理及其他数据的打印输出。这也是需要量最大的一类人员。

会计信息系统的使用人员应熟悉本岗位的业务，具备相应的专业知识，基本的计算机操作技能，能按照系统使用说明书的要求正确、熟练地操作系统。

10.3.4.3　人员培训计划的制订

会计信息系统的应用人员一般不外乎从高等院校有关专业毕业生或外单位引进和从本单位现有人员中进行培训选择。这两种方式中，前者只能是少量的引入工作急需人才，这种方式是无法满足单位计算机会计工作的需要的。因此更重要的还是在本单位现有人员中，特别是在职会计人员中进行培训来解决。由于各单位现有人员的情况千差万别，系统工作人员的需求也不相同，为了有效地进行人员的培训，应针对具体情况制订单位的人员培训计划。

人员培训计划应包括以下内容。

1. 对单位领导、总会计师和财会负责人的培训

单位领导、总会计师和财会负责人不可能也不应该做具体的技术开发和数据处理操作。作为会计信息系统的管理人员，对他们的培训重点应放在对会计信息系统的认识和观念的转变上，主要包括以下内容。

(1) 计算机系统配置方案的选择

建设会计信息系统需要制订系统软件、硬件配置方案。完成同一个任务，配置方案可以有多种不同形式且各有优劣。这些方案需要领导拍板决定。如果单位领导没有这方面的知识，就很可能人云亦云，让方案制订人甚至经销商当了领导的家。

(2) 会计信息系统的控制和监督

会计信息系统投入使用后，大量的企业经济信息存放在计算机系统中，业务处理也在计算机上进行处理。为了保护系统数据的安全，保守单位的商业秘密和防止计算机犯罪，需要对计算机系统的运行进行严格的控制和监督。单位领导人必须了解计算机系统的工作原理和计算机系统处理会计业务后可能发生的新问题和重要控制点，否则就不可能提出有效的控制监督措施，就不能保证系统数据的安全。

(3) 充分利用会计信息系统提高单位管理水平

单位的经营决策是由单位的领导层决定的。会计信息系统提供单位经济信息的能力远高于手工系统，这为领导正确决策提供了良好的物质基础。如何充分发挥系统作用，利用系统可能提供的信息为正确决策提供帮助，是单位领导者必须解决的问题。为此单位领导应了解系统可以提供的信息和如何对这些信息做进一步的加工。

2. 会计信息系统应用人员的培训

会计信息系统的建设是一项复杂的任务，需要有周密的计划，分期分步的实现。这一切都需要有既通晓计算机又精通会计的专门人员来完成。因此会计信息系统应用人员的培训应贯穿会计信息系统的整个生命周期中。这项工作包括：

(1) 系统投入使用前的人员培训

系统投入使用前人员培训的目的主要是为系统正常运行准备人才。从单位会计信息系统建设、发展规划制订之时，就应摸清单位专业人员情况，有目的培训系统运行所需要的各种工作人员，以便系统应用人员从系统开发或建设阶段就参加进去，为系统投入使用做好充分准备。

(2) 系统投入使用后的人员培训

为了计算机会计工作稳步、健康的发展，仍应制订必要的制度，对系统应用人员进行经常性的培训。系统投入使用后人员培训的主要目的是：提高系统应用人员的工作能力和优化他们的知识结构，从而为充分发挥现有系统工作效率，并为系统今后的改进和升级做好人员准备。

10.3.5　会计信息系统的实施

会计信息系统的实施是决定信息系统建设成败的关键。系统的实施需要在科学的实施方法论的指导下按规范化的实施步骤进行。一般来说，信息系统的整个实施过程划分为：建立项目组织、项目准备、项目建设、系统切换和运行支持几个阶段，贯穿始终的是培训教育、项目管理和变革管理。由于信息系统的规模不同，实施的复杂程度也不同。因此以上几个步骤的繁简程度也不同，但不论什么样的信息系统忽略了这些步骤，对系统的实施都将产生影响。

1. 项目组织机构

为了顺利地实施企业管理软件系统，至少应在企业内部成立完善的二级组织机构，它们分别是项目实施小组和项目领导小组。

项目实施小组负责协调公司层和各部门的关系，其负责人员一般应由公司高层领导担任，要有足够的权威和协调能力，同时要有丰富的项目管理和实施经验。项目小组只需有少数专职人员，其他大部分成员由企业各方面的用户组成，负责企业会计软件在操作级上的实施。

项目实施涉及多种因素，是一个复杂的过程。在此过程中，需要解决和协调的问题很多。其中有些问题单靠项目实施小组及其负责人是解决不了的。因此，还应成立项目领导小组，对项目计划的执行情况进行定期审查，及时地解决问题，协调矛盾，确保项目的实施顺利进行。领导小组的负责人一般由总会计师或负责财务的副总经理担任。

2. 项目准备

项目准备是信息系统项目进入系统实施的启动阶段，在项目准备阶段，应明确定义项目实施的工作边界，主要进行的工作包括：确定详细的项目实施范围、实施模块、实施地点；定义递交的工作成果，评估实施过程中主要的风险，制订项目实施的时间计划、成本和预算计划、人力资源计划，制订项目实施主计划等，力求有一个好的开端。

3. 项目建设

在充分调研的基础上，结合软件对企业的关键流程进行优化；规范、整理并集中输入各项数据，确定各项系统参数；对制订的解决方案进行原型测试，并保持一定时间的系统并行，以充分验证解决方案的合理性。

4. 系统切换

通常，系统切换有 3 种不同方式：直接方式、并行方式和逐步方式。企业应根据系统的规模、复杂程度确定合理、安全的切换方式。

(1) 直接方式。是指在某一时刻，旧系统停止使用，新系统开始工作。直接切换既快捷又方便。但因为新系统没有试用过，很可能出现预想不到的问题。因此，采用这种方法切换时，宜采取一些预防性的措施，例如，旧系统保持在随时可以启动的状态。

(2) 并行方式。并行方式要求新旧系统同时保持运行一段时间。这样可以保持系统工作不间断，两个系统可进行对比，可互相校对结果。但这种方法费用较高。

(3) 逐步方式。其特点是分阶段部分地切换使用，这样就避开了上述两种方法的不足。这种方法的问题在于系统部分切换，新旧系统数据衔接较困难。

5. 项目控制

项目控制是项目实施成功的重要保证。为了对整个项目进行有效的跟踪和控制，应执行以下制度。

(1) 报告机制。对实施中本岗位难以解决的问题应按照项目组织结构逐级及时向项目组长、项目经理乃至项目领导层汇报，所有重要问题都应有书面材料。

(2) 沟通机制。项目实施组成员应于每周书面列示完成任务、存在问题及下周计划提交给项目实施组。实施负责人以项目进度报告的形式每周向实施项目组成员通报项目实施的进展情况，已经开展的工作和需要进一步解决的问题，达到项目实施小组信息、资源的共享，使得整个项目实施小组成员及时了解项目的整体状况。

(3) 问题跟踪机制。项目小组成员在实施中遇到问题时，应首先建立问题书面记录，并有随后的跟踪记录，经过各种方式使问题得到解决以后，形成解决结果记录，以便实施完毕有据可查。

(4) 文档管理机制。建立专门的项目文档，包括：项目升级方案、计划、阶段成果确认、问题处理记录、会谈记录、项目变动、培训记录、来往信函等所有与项目有关的文档，以项目文档跟踪整个项目实施过程。同时对各阶段提交给用户方的成果性工作报告皆备案存档。

6. 运行支持

系统实施完毕，需要有几个月的试运行，这是一个发现问题和解决问题的反复过程。咨询人员也将在此过程中对系统的设置进一步考核，同时对用户进行进一步的培训。新系统独立运行一定时间，就可以着手进行项目验收，以合理终止实施过程。此后，系统平稳运行期间，随着企业的发展，经营环境和业务范围的变化，随时可能出现新情况，因此，有必要对软件系统进行周期性运行审查。系统优化与改善工作是永无止境的。

10.4　会计信息系统的管理

会计信息系统管理的核心是如何保证计算机会计信息系统正常、安全地运行。这里要解决两个问题：一个是建立适合本单位会计信息系统运行的管理体制和组织结构；另一方面是制订适合计算机会计信息系统特点的会计内部控制体系。

10.4.1　会计信息系统运行的管理体制和组织结构

1. 建立会计信息系统管理体制的必要性

计算机引入会计工作，解决了会计工作中长期存在的会计信息量十分有限、会计信息的提供不及时和不准确的难题，为会计工作从单纯的报账型会计向经营管理型会计转变提供了物质条件。计算机会计信息系统的建立不仅改变了会计工作的操作方式，而且引起会计业务的工作流程、信息数据的流转方式、人员的组织方式的一系列变革。从而对会计管理方法、程序和会计管理制度提出新的要求。因此必须建立适合计算机会计信息系统条件的管理体制，保证会计工作顺利地开展。

2. 常用的管理体制与组织机构

企业会计信息系统如何管理和设立组织机构，对会计信息系统工作具有很大的影响。在我国会计信息系统使用工作的实践中，各单位根据自身工作的特点和要求，建立了相应的管理体制和组织机构，这些组织管理体制有以下几种。

(1) 集中管理的信息中心

集中管理这种组织管理形式在计算机应用初期曾经常见。这是因为企业的所有部门都缺乏计算机人才，因此只能采用建立计算中心对计算机进行统一管理。

随着计算机的大量引入和企业各部门局域网的广泛建立，这种组织形式一度曾逐渐被其他组织形式所替代。但随着企业级管理信息系统开始广泛进入企业，建立统一领导、集中管理的信息部门，以加强企业信息系统的管理和提高企业数据共享及提高设备利用率被企业普遍采用。在国内、外的很多大中型企业中，信息部门的主管(CIO)属于企业的主要高层管理人员，甚至是仅次于首席执行官(CEO)的主要高层管理人员。

(2) 分散管理形式

分散管理形式是随着计算机大量引入，会计核算软件商品化的形成和计算机会计工作的不断普及而产生的一种组织形式。财会部门只要花费不太大的投资购买计算机设备和相应软件，就可以基本完成会计核算的电算化。因此在相当多的单位形成了各部门都大量采用计算机处理本部门业务的分散管理形式。这种管理形式的主要特点是各业务部门从系统软件、硬件及人员的配备，系统的开发、运行、维护都由自己负责。这种方式的优点是可以充分调动企业各部门的积极性，开发周期短，见效快，实用性强。对于会计信息系统而言，由于这种系统开发的主要目的是解决财会部门会计核算工作，因此往往很少考虑企业其他部门对财会信息的需求，也难以顾及其他管理子系统对会计信息系统的影响。因此从总体上看没有充分发挥计算机的优势，系统的整体效益不高。对于目前主要还处于使用计算机解决会计核算工作的企业，这种组织形式有其存在的必要性。

(3) 集中管理下的分散组织形式

这种管理组织形式是上两种方式的结合。它的实现需要网络系统的支持，是企业从分散组织向建立集中管理的企业级管理信息系统过渡时期较为理想的管理组织形式。

在这种方式下，企业管理信息系统的总体规划、设备的配置、软件的开发系统使用过程中的软件、硬件维护由信息中心或类似部门统一进行。各业务部门在总体规划的指导下，结合自己的业务特点和需要参与系统的建设，完成与自己业务有关的子系统的建立。日常业务的处理由各业务部门在自己所属的网络工作站上完成。

这种组织形式一方面有利于对单位的所有计算机进行统一规划、集中管理，避免重复开发，提高数据的共享程度，便于形成整个企业的管理信息系统。另一方面能够充分调动各业务部门的积极性。由于所有业务部门都参与系统的开发工作，并负责自己业务范围的子系统的建设，因此系统设计一般比较科学合理，系统的使用性也较强。这种管理组织形式是目前应用管理型会计信息系统的企业使用较为广泛的一种方式。

在这种组织形式下，财会部门在统一规划指导下，负责会计信息系统的建设工作，日常会计业务的处理由财会部门自己负责。

10.4.2　会计信息系统的内部控制制度

2001 年 2 月财政部曾发布了《内部会计控制基本规范》的规定，系统地明确了会计内部控制的目标和原则、内部控制的内容、内部控制的方法、内部控制的检查等问题。以后财政部又陆续发布了货币资金、销售与收款、采购与付款等多项会计内部控制规范的实行或征求意见稿，这是制订企业会计信息系统内部控制的基本依据。

由于在会计信息系统中所有数据的处理由计算机集中进行，所有数据都集中存储在计算机设备内或置于备份的磁介质的软盘、数据磁带等，这一系列重大变化对会计信息系统的内部控制制度提出了与手工不同的更高的要求。这些要求主要集中在：计算机软件、硬件设备运行的安全可靠；操作人员的操作权限控制和岗位责任的制订；会计档案的管理要求这 3 方面。

为了保证计算机会计信息系统的正常运行和机内会计数据的安全，需要建立适合计算机会计条件的内控制度。计算机会计信息系统内部控制的具体方式是组织管理控制与计算机的程序控制相结合。在计算机会计信息系统中，原有手工系统内部控制的基本原则，如组织结构控制、授权批准控制、风险控制等仍然是会计信息系统内部控制的基本原则。但具体的控制环节和控制方法则有所不同。由于计算机会计信息系统以网络为基本处理工具，因此满足电子信息系统控制的要求成为建立会计信息系统内部控制的主要要求。根据《内部会计控制基本规范》的规定，电子信息控制要求运用电子信息技术手段建立控制系统，减少和消除内部人为控制的影响，确保内部控制的有效实施。同时要加强对电子信息系统开发与维护，数据输入与输出，文件存储与保管，网络安全等方面的控制。

具体来说，计算机会计信息系统应从以下几个方面建立严格的内部控制制度。

10.4.2.1　组织结构控制和授权批准控制制度

组织结构控制和授权批准控制的基本要求是建立严格的职责分工，对不相容的职责进行分隔，对各岗位明确权责和工作范围，建立各工作岗位相互核对和监督机制以避免发生错误和舞弊行为的发生。组织操作控制的要点是：

(1) 系统的开发， 维护人员与系统日常操作人员及现金的保管三类人员的职责应严格分隔，互相不得兼任。系统操作人员中凭证的录入和凭证的审核必须分隔。

(2) 日常使用中数据输入，审核和数据档案(尤其是磁介质档案如各种备份软盘)及系统开发文档资料保管的职责应严格分隔。

(3) 在计算机会计信息系统中工作人员的权限分配和口令密码设置、自动上机操作登记，是系统实行授权批准控制的重要技术措施。对这些措施的执行情况应有严格的控制和监督。例如口令是操作人员身份的标识，应严格规定每个工作人员必须设置自己的口令密码，并应经常更换和对他人保密。计算机自动上机操作登记应定期打印并作为会计档案保管，以便为日后的查证工作保留证据。

10.4.2.2　网络系统软件、硬件的管理制度

1. 网络设备正常运转的制度

计算机网络的软件、硬件设备在设计制造和开发中采用了大量的控制技术，以保证计算机数据处理的可靠、准确和安全。在会计信息系统的使用上更具实际意义的是制订保证计算机设备的正常运转，从而使硬件和网络操作系统的各种控制充分发挥作用的管理制度。这些制度是：

(1) 建立设备经常性检查和定期保养制度以保证设备的正常工作。

(2) 规定机房禁止的行为以维护机房的正常工作秩序。

(3) 建立严格的外来盘(包括各种活动硬盘、U 盘等移动存储设备)检测制度，以杜绝计算机病毒对系统的损害。

(4) 建立硬件故障和网络操作系统故障发生时的应急措施，一旦出现故障可以及时排除或防止故障进一步扩大。

(5) 建立计算机网络系统的安全防护制度。目前多数企业使用的会计信息系统是网络版软件，系统在网络环境下运行，网络安全是至关重要的环节。为了保证网络系统的安全，系统中通常安装网络防火墙和防病毒软件。为了使这些安全措施能够真正发挥作用，应建立对防火墙记录的可疑事件进行定期检查并记录处理结果的制度。以及保证防病毒软件的及时升级的管理制度。

2. 应用软件的安全控制制度

应用软件是计算机系统的重要组成部分，对应用软件的控制应从软件的开发阶段就加以控制，并使这种控制贯穿于整个软件的使用过程。应用软件的安全控制应包括以下 3 方面。

(1) 开发设计过程的控制

会计信息系统的大量工作是由计算机在程序的控制下集中自动完成的。大量的内部控制措施也是采用计算机技术通过程序来实现的。对系统开发设计进行严格控制可以使系统的开发更有效，开发出的软件质量更高，并可为审计查证工作带来便利。这种控制包括：

其一，保证系统程序设计严格按照会计法、会计准则和会计制度进行、促使人员在系统中设计必要的内部控制措施，数据跟踪功能甚至专为审计服务的程序段和标准数据输出功能开发等。

其二，商品化会计软件一般都经过权威部门如财政部门或委托会计师事务所进行较为严格的检测，因此这些软件通常都满足以上要求。对使用商品化会计软件的单位，主要是了解系统具有哪些控制措施并在使用中严格执行这些措施。

(2) 会计软件的安全保密控制

机内运行的程序文件必须进行加密处理或者其他保护措施，防止程序被非法篡改，不允许运行系统的源程序。使用时还应定期检查运行中的会计软件的完整、可靠性，以保证软件正常工作。需要特别注意的是，由于目前国内的小型商品化会计软件大都使用 Fox 系列或 Access 等数据库进行数据管理，这些系列数据库、程序文件可以编译并加密，但数据文件无法加密，因此数据文件全部都是开放的。因此必须建立严格的管理措施，防止有人绕过系统安全控制，擅自打开数据库文件篡改数据库内的会计数据。

(3) 修改会计软件的控制

对于自主开发的会计软件有时需要进行修改或功能扩展。会计软件的修改必须经过审批，在财务主管的组织监督下实施。修改后的软件必须经过严格地测试并形成必要的文档资料存档保管。

10.4.2.3　会计档案的管理控制

在计算机会计信息系统条件下增加了大量的磁介质档案和系统开发、维护档案，因此应建立严格的控制措施以保障档案资料的安全。这些控制措施包括：

(1) 磁介质档案的防高温、防磁、防霉、防盗等安全措施。对各种交存和借阅的磁介质档案实行严格的登记和监督。

(2) 会计软件源程序和文档资料必须严格保管．借阅应有登记，并严格控制借阅范围，一般情况下，系统的操作使用人员无权借阅。

(3) 对每日备份的机内数据资料的软磁盘或磁带实行专人保管，并应有必要的登记制度。

10.4.3　会计数据的管理

计算机会计信息系统中，会计数据的管理是保证系统数据安全和可靠的重要方面．数据管理的主要工作是数据备份、数据恢复和数据维护。其中数据备份和恢复是数据管理的最主要的内容．会计信息系统都设有充分的备份和恢复机内数据的功能。这种功能可以保证机内数据受到破坏可以及时得到恢复，保证机内数据的安全。但是如果疏于防范，恢复功能也会成为篡改机内数据的有利途径，因此必须建立对恢复功能的严格控制。另外还应建立必要的防止绕过程序的控制篡改机内数据的措施，以保证机内数据的安全。

本章小结

建设企业集业务处理和会计核算为一体的企业会计信息系统必须做好以下基本工作。这就是：建立和健全企业会计信息系统的组织机构；制订企业管理信息化合会计信息系统建设的发展规划；配置必要的软件、硬件环境；组织企业有关人员进行企业管理知识和计算机知识培训；制定企业会计信息系统的管理模式和制定会计信息系统的管理制度。

企业会计信息系统的发展规划，是对近几年企业会计信息系统建设工作所要达到的目标，以及如何有效地、分步骤实现这个目标而做的规划。它是建设会计信息系统的总体可行性研究。制订总体规划的依据是：企业管理信息化的客观需要和企业是否具有使用会计信息系统的客观条件。

会计信息系统的建设必须遵循一定的规则，科学合理地处理系统建设各个环节的关键因素，从而取得事半功倍的效果。其中运行环境的建设、软件选型、业务流程优化、信息化人员培训以及信息系统的实施是系统建设的关键环节，在系统建设过程中应该给予高度重视。

会计信息系统管理的核心是如何保证计算机会计信息系统正常、安全地运行。这里要解决两个问题：一个是建立适合本单位会计信息系统运行的管理体制和组织结构；另一个是制订适合计算机会计信息系统特点的会计内部控制体系。

案例分析

某玻璃厂的信息化战略始于 2005 年 6 月，该公司以前业务部分是手工做账，财务账交由代理记账公司处理，在业务处理上经常会出现对账困难，回款信息不及时，企业决策者不能很好地快速了解企业的收款情况，在某种程度上来说阻碍了企业的蓬勃发展，造成一部分客户流失。所以该公司计划建立一套管理软件，希望能达到实时监控、实时查询，动态了解企业的发展情况，同时可以很好地了解某一客户的价格管理情况，为企业经营者的决策提供服务。

前期阶段该公司最急需解决客户的应收款问题，即要实时查询到在某一时段、某一客户的应收款、已收款、未收款，再有就是规范出入库业务，实现电子打印单据，改变过去手工填写的习惯，提高工作效率，由于该公司人员方面的原因，加上该公司原材料的管理比较复杂，客户在短时间内难以整理基础档案、基础数据，同时也担心联机后人员素质跟不上，影响正常生产工作。因此，今年的实施计划是对产成品仓库进行管理，希望能实现实时的往来款管理、销售价格管理、出入库业务管理等，计划明年开始实施原料仓库部分。

该厂的销售环节，从成都市到全省，从全国到各地区的办事处、到下级的零售终端，这一条线下来，涉及的环节非常多，整个业务流程也比较复杂。目前，公司玻璃的种类繁多，不同品牌的玻璃又有不同规格型号，同一规格型号的厚薄程度又有所不同。所以库存的现存量查询工作就要非常的及时动态，保证销售业务正常开展，同时也是保证公司的资金流的良性循环。

该厂在信息化规划中提出，在未来几年时间内，将依托计算机技术与软件管理理念，逐步优化业务流程，规范管理环节，建立沟通公司上下、内外联系的集物流、信息流、资金流于一体的信息管理系统。

1. 针对以上现状，请对该厂存在的管理问题进行一下梳理，整理出该厂目前存在的需要优先解决的关键管理问题。

2. 你觉得该厂的信息化规划是否全面，你能不能就该厂需要解决的问题制订一个解决方案。

3. 你觉得该厂实施信息系统建设中关键环节有哪些？对这些关键点能否提出一些进行控制的措施，以保证实施的成功。

4. 请预期一下按照你的方案可以取得哪些成果？

复习思考题

1. 为什么要制订会计信息系统建设的总体规划？制订总体规划的原则是什么？

2. 通用会计软件与定点开发会计软件有何不同？为什么目前绝大多数企业使用通用商品化软件实现企业信息化管理？

3. 会计软件选型需要考虑哪些因素？

4. 简要说明会计信息系统运行平台的构成。

5. 建设会计信息系统的基础工作包括哪些内容？

6. 为什么说大型软件实施是“一把手”工程？

7. 软件实施的主要环节有哪些？每个环节的主要关注点是什么？

8. 针对会计信息系统的使用企业应该制定哪些管理制度？这些制度的主要内容是什么？

第11章　企业管理信息系统的新发展

近几年来，伴随着全球经济一体化进程的不断加快，IT技术的飞速发展，Internet/Intranet技术和电子商务的广泛应用，人类已从工业经济时代跨入了知识经济时代。在知识经济时代，企业所处的商业环境已经发生了根本性变化。顾客需求瞬息万变，技术创新不断加速，产品生命周期不断缩短，市场竞争日趋激烈，这些构成了影响现代企业生存与发展的3股力量：顾客(Customer)、竞争(Competition)和变化(Change)。过去在工业经济时代通过规模化生产以降低成本的大型企业已难以取得今天市场上的竞争力，过去在工业经济时代的商业规则、“科层制”管理模式已经不再适用于今天企业的发展，甚至严重影响到企业的生存。为了适应以“顾客、竞争和变化”为特征的外部环境，企业必须要进行管理思想上的革命，管理模式与业务流程上的重组，管理手段上的更新，从而在全球范围内引发了一场以业务流程重组BPR(Business Process Reengineering)为主要内容的管理模式革命和以ERP系统应用为主体的管理手段革命。与此同时企业集团大量出现并迅速发展。

本章通过简要介绍目前受到人们高度重视的一些代表性的企业管理信息系统，以及与财务管理密切相关的管理信息系统的管理思想、功能结构，以期使读者对企业管理信息系统的最新发展有所了解。

11.1　企业资源计划

ERP是Enterprise Resource Planning——企业资源计划的英文缩写。通常被认为是一种管理模式，或是为了提高企业对用户需求的有效响应而采取的措施。典型的ERP产品是全球最大的标准软件供应商SAP公司的R/3产品。其核心思想被描述为：以客户需求为中心的供应链管理，其突出的特点是事前控制(或称为实时控制)，强调生产流程各个环节之间的衔接、协调和统一。

对ERP的讨论可以分为狭义的讨论ERP和广义的讨论Internet与ERP，例如，ERP与E-Business(电子商务)、CRM(客户关系管理)、SEM(企业战略管理)、SCM(供应链管理)等。

11.1.1　ERP是激烈市场竞争的必然产物

20世纪后期，由于科学技术特别是网络化信息技术和世界经济的飞速发展，尤其是全球化市场逐步形成和知识经济、网络经济的出现，使无国界化企业经营的趋势越来越明显。跨国企业集团的影响日益增大，整个市场竞争呈现出明显的国际化和一体化。与此同时，用户需求越加突出个性化，导致不确定性不断增加，高新技术的迅猛发展提高了生产效率，缩短了产品更新换代周期，加剧了市场竞争的激烈程度。

1. 全球经济一体化和信息化使企业面临市场竞争全球化的压力

科学技术的进步为经济全球化提供了各种必要的手段和物质保证，而其中信息技术的日新月异更成为推动经济全球化的一大动力。信息技术的发展，打破了时间和空间对经济活动的限制，为国家、企业间的经济关系的发展提供了新的手段和条件。运用网络通信、数据库、标准化等技术可以很容易地实现信息网络化、全球化，使得各种信息能够很快超越国家和个人的界限，在世界范围内有效地传递和共享，任何一个企业都可以从网上得到自己所需要的各种信息。正是在经济全球化调整发展的基础上，世界上的每个企业都被各种经济纽带更紧密地联系在一起，既互相依存，又互相补充。因此，每个企业也都有机会占领更大的市场，但也有可能因竞争失利而被市场所淘汰，企业面对的将是日益激烈，甚至是残酷的世界市场竞争。

2. 客户需求的个性化使企业时刻面临用户越来越苛刻的要求

大众知识水平的提高和激烈竞争使消费者的价值观发生了显著变化，无论是对产品的花色、品种还是性能、质量，需求结构普遍向高层次发展，对产品的需求日趋多样化、个性化和不确定性，而这些都要求企业对经济活动中产生的各种信息做出快速反应，才能够适应激烈的市场竞争环境。

3. 高新技术的迅猛发展使企业面临技术进步的压力

新技术、新产品的不断涌现使企业面临着提高产品质量，降低成本，缩短交货期和改进服务的压力，另一方面高新技术使用范围的日益广泛，使越来越多的人能在越来越少的时间内掌握最新技术，面对一个机遇可以参与竞争的企业越来越多，从而大大加剧了国际竞争的激烈性。虽然高技术的应用可以节省人力，降低了废品和材料损耗，缩短了对用户需求的响应时间，为企业赢得了时间上的优势，但同时也使企业面临新产品开发周期越来越短，难度越来越大的实际问题。

4. 企业面临信息爆炸的压力

科学技术和经济的不断发展，使企业面临大量飞速产生的信息，企业迫切需要准确地过滤和有效利用各种信息。而这些巨大的工作量是人工处理无法完成的，企业的管理系统中必须加入一定的智能化处理功能，才能帮助人们获得准确有效的信息，才能协助人们有效地完成管理工作。

5. 企业面临劳务竞争全球化的压力

企业在建立全球化市场的同时也在全球范围内造就了更多的竞争者。商品市场国际化的同时也创造了一个国际化的劳动力市场。教育的发展使得原本相对专门的工作技能成为大众化的普通技能，使相对简单的劳动力被计算机所取代，从而使得工人的工资不得不从他们原有的水准上降下来，以维持企业的竞争优势。因而企业员工必须不断地学习新技术，否则将面临由于掌握的技能过时而遭淘汰的压力。

6. 企业面临全球性技术支持和售后服务的压力

赢得用户信赖是企业保持常盛不衰的竞争力的重要因素之一。赢得用户不仅要靠具有吸引力的产品质量，而且还要靠售后的技术支持和服务。许多世界著名企业在全球拥有健全而有效的服务网就是最好的印证。

7. 企业面临可持续发展要求的压力

人类只有一个地球！维持生态平衡和环境保护的呼声越来越高。在全球制造和国际化经营趋势越来越明显的今天，各国政府将环保问题纳入发展战略，相继制定出各种各样的政策法规，以约束本国及外国企业的经营行为。甚至制定世界性公约以制约世界各国可能对环境产生影响的行为。人类在许多资源方面的消耗都在迅速接近地球的极限。在市场需求变化莫测，制造资源日益短缺的情况下，企业如何采取有效的管理控制方法获得长久的经济效益，是企业制订战略时必须考虑的问题。

这种关系企业生存和发展的所谓 3C 因素：激烈的市场(Competition)竞争，不断提高的顾客(Customer)消费水平和需求，以及全球政治、经济和社会的巨大变化(Change)使企业经营外部环境的不确定因素激增，并对企业提出了快速响应和弹性运作的不断变革要求。

11.1.2　ERP 是企业管理思想演进的结果

激烈的竞争和严酷的生存环境使企业不进则退、则亡。面对经济全球化的挑战，企业如何运用先进的管理理念和控制方法，迅速适应企业的外部环境，从而使企业的决策者能迅速、实时地对市场动态变化做出有效的反应，并增强企业的竞争优势已成为企业家关注的焦点。正是这种需求使 20 世纪成为近代管理学从幼稚到成熟、到迅速发展的世纪。

20 世纪六七十年代，美国企业普遍运用价值工程、工作研究等方法，取得了明显的经济效益。七八十年代以来随着管理思想的发展和计算机引入企业管理，工业企业采用了许多先进的制造技术和管理方法，例如：

在成组技术(Group Technology，GT)基础上引入计算机控制、管理和调度形成的柔性制造系统(Flexible Manufacturing System，FMC)。使多品种、小批量生产取得了类似大量流水生产的效果。

准时生产方式(Just-in-time，JIT)一种能够灵活适应市场变化的生产系统，这种生产系统可以从经济性和适应性两个方面来保持公司整体利润的不断提高。

精益制造(Lean Manufacturing，LP)一种以用户为上帝，以人为中心，以精简生产过程为手段，以最快的速度和适宜的价格提供零缺陷的产品为最终目标，以高质量的适销新产品去抢占市场的管理方法。

物料需求计划(Material Requirement Planning，MRP)是一种面向制造业，用来改善和克服制造企业普遍存在的库存量过大，资金周转期长，原材料供应不及时，零部件装配中停工待料等问题的一种生产管理技术。其核心思想是以系统的观点，以减少库存为目标，统筹地为制造业的管理者提供满足生产计划的物资供应手段。它是一种以时间为优先考虑的计划系统。20 世纪 60 年代人们在计算机上实现了 MRP(物料需求计划)，它主要用于订货管理和库存控制。MRP 可在数周内拟定零件需求的详细报告，来补充订货及调整原有的订货，以满足生产变化的需求。到了 70 年代，几乎所有的企业所追求的基本运营目标都是以最少的资金投入而获得最大的利润。为了及时调整需求和计划，对财务状况及时进行分析，随着 MRP 的广泛应用，人们进一步把财务子系统和生产子系统结合为一体，并将 MRP 的基本原理应用于生产能力负荷分析，生产车间的工况控制等领域，企业的生产计划管理者也可以利用 MRP 所记录的信息更有效地执行生产计划。由此产生了以“计划—实施—评价—反馈”为基本管理模式的闭环 MRP。

制造资源计划(MRP II)是在闭环 MRP 的基础上，考虑到企业的资金、人力、设备均可被视为企业的资源，20 世纪 80 年代末，人们又将生产活动中的主要环节：销售、财务、成本、工程技术等与闭环 MRP 集成一个系统，成为管理整个企业的一种综合性的制订计划的工具。美国的 Oliver Wight 把这种综合的管理技术称为制造资源计划(MRP Ⅱ)。制造资源计划其本质是在当今信息科学发展的基础上，根据控制论的原理，以计算机科学为手段，通过对供给链(即整个产品的生产过程)中大量数据和信息的集成处理，制订优化的生产管理决策，来消除供给链中冗余的物流，浪费的时间，多余的流程，来达到降低成本，获取更高利润的目的。20 世纪 80 年代以来，MRP II 的原理和体系结构被企业界和计算机软件、硬件制造商所广泛接受，开发出很多基于 MRP II 的计算机企业管理系统并被各国制造业广泛使用。

ERP 正是在这种背景下，在 MRP II 的基础上产生和发展的一种企业管理系统。

11.1.3　企业资源计划介绍

ERP(企业资源计划)这一观念最初是由美国的 Gartner Group 公司(加特纳集团公司)①在 20 世纪 90 年代初期总结了当时企业应用的系统现状和经验提出的，并在其信息技术术语词典中就其功能标准给出了界定。作为企业管理思想，它是一种新型的管理模式。作为一种管理工具，它同时又是一套先进的计算机管理系统。为此，在不到 10 年的短暂时间内，它很快就被人们认同和接受，并为许许多多的企业带来了丰厚的收益。

1. ERP 的概念与功能

Gartner Group 公司是通过一系列的功能标准来对 ERP 进行界定的，包括以下 4 个方面。

(1) 超越 MRP Ⅱ 范围的集成功能。包括：质量管理，试验室管理，流程作业管理，配方管理，产品数据管理，维护管理，管制报告和仓库管理。

(2) 支持混合方式的制造环境。包括：既可支持离散型生产方式又可支持流程的制造环

---

① 加特纳集团公司是世界著名 IT(信息技术)系统项目论证与决策的权威机构，成立于 1979 年，总部设在美国。读者可访问网站(http://www.Gartner.com)或中国分支机构(http://www.Chinagartner.com)。

境，按照面向对象的业务模型组合业务过程的能力和国际范围内的应用。

(3) 支持能动的监控能力，提高业务绩效。包括：在整个企业内采用控制和工程方法，模拟功能，决策支持和用于生产及分析的图形能力。

(4) 支持开放的客户机/服务器计算环境。包括：客户机/服务器体系结构；图形用户界面(GUI)；计算机辅助设计工程(CASE)，面向对象技术；使用 SQL 对关系数据库查询；内部集成的工程系统、商业系统、数据采集和外部集成 (EDI)。

从以上对 ERP 功能标准的描述可以看出，ERP 是对 MRPⅡ的超越，从本质上看，ERP 仍然是以 MRPⅡ为核心，但在功能和技术上却超越了传统的 MRPⅡ，它是以顾客驱动、基于时间、面向整个供应链管理的企业资源计划。

2. ERP 系统的管理思想

ERP 的核心管理思想就是实现对整个供应链的有效管理，主要体现在以下几个方面。

(1) ERP 系统实现了对整个企业供应链的管理，适应了企业在知识经济时代市场竞争的需要。这是因为 ERP 系统管理将从采购计划、物料需求计划、生产计划、质量管理、销售执行计划直到利润计划和财务预算、人力资源计划在内的计划和控制功能完整的集成到供应链系统中，使计划和控制的范围从制造延伸到整个企业。把客户需求和企业内部的制造活动、以及供应商的制造资源整合在一起，体现了完全按用户需求制造的思想，从而比 MRP II 大大的前进了一步。

(2) ERP 系统支持对从离散型到流程型等混合型生产方式的管理，体现柔性制造、精益制造、准时生产方式等以用户为上帝，以人为中心，以精简生产过程为手段，以最快的速度和适宜的价格提供零缺陷的产品为最终目标，以高质量的适销新产品去抢占市场。当市场发生变化时，能灵活适应市场变化，使多品种、小批量生产取得了类似大量流水生产的效果，从经济性和适应性两个方面来保持公司整体利润的不断提高的管理思想和管理方法。

(3) 体现事先计划与事中控制的思想。由于 ERP 系统对整个供应链的业务流程处理与财务核算和管理等的资金流进行了集成，保证了资金流与物流的同步记录和数据的一致性。从而实现了根据财务资金现状，可以追溯资金的来龙去脉，并进一步追溯所发生的相关业务活动，改变了资金信息滞后于物料信息的状况，充分体现了事前计划、事中控制和实时做出决策的控制思想。在管理技术上，ERP 在对整个供应链的管理过程中更加强调和加强了对资金流和信息流的控制，这就将对供应链的管理上升到对价值链的控制。

3. ERP 发展的新趋势

Internet/Intranet 技术的迅猛发展和普及为 ERP 带来了新的发展契机。人们一般认为 ERP 是一个主要基于企业内部管理的系统。Internet 为 ERP 与全球范围内与企业有关的各方联系提供了极大的方便。人们在不断引入新技术、新思想完善 ERP 系统的同时，将 ERP 系统作为后台支持系统，研究诸如 ERP 与 E-Business(电子商务)、CRM(客户关系管理)、SEM(企业战略管理)、SCM(供应链管理)等，从而进一步扩展 ERP 的功能，将其发展推进到一个全新的发展阶段已经提到日程上来，成为一个引人瞩目的新领域。与此同时 ERP 采用的技术也不断更新，例如，中间件技术的运用，开发平台随着 Internet 的日益流行从 C/S 结构向 B/S 转换，ERP 系统与 OA 产品逐渐融合。

知识链管理是 ERP 的另一个发展方向。从 20 世纪 80 年代起国外经济学家即提出知识是经济增长的重要因素。在 21 世纪知识经济环境中，ERP 将企业或社会的知识资源纳入其管理中，即把知识的创造、识别、获取、开发、分解、储存、传递、继承、共享、评判和使用等组织成一条与生产经营关联的知识链(Knowledge Chain)，并进行有效而优化的管理。

11.2　企业预算管理系统

推行全面预算管理对提高企业经营管理水平，提升企业组织能力，加强财务监控，提高企业经济效益，都有积极作用。全面预算管理从概念上已被越来越多的企业所接受，而且推行全面预算管理的部分企业也取得了良好绩效。但从整体上，还有很多因素制约着全面预算管理的实施及其作用的发挥。传统手工环境下，预算管理是以手工为主，辅以简单的计算机工具，这些早已不能满足当今企业发展的需求，而信息技术的发展给企业带来了新的希望，全面预算管理思想和信息技术的完美结合正好迎合了目前企业的管理要求，大大推进了企业发展的速度，使企业管理上了一个新台阶。

11.2.1　信息技术与预算管理

预算管理作为对现代工商企业成熟与发展起过重大推动作用的管理系统，是企业内部管理控制的一种主要方法。这一方法自从 20 世纪 20 年代在美国的通用电气、杜邦、通用汽车公司产生之后，很快就成了大型工商企业的标准作业程序。从最初的计划、协调，发展到现在的兼具控制、激励、评价等功能为一体的一种综合贯彻企业经营战略的管理机制，全面预算管理已处于企业内部控制的核心地位。正如著名管理学家戴维 • 奥利所说的，全面预算管理是为数不多的几个能把组织的所有关键问题融合于一个体系之中的管理控制方法之一。我国理论界对全面预算管理也给予了较高评价，认为建立在责、权、利相结合基础上的内部各责任单位的预算体系，通过其兼具的监督、激励及分配功能，能够解决企业的内部管理问题，是企业综合的、全面的管理，一个健全的企业预算制度实际上是完善的法人治理结构的体现，应从经营机制和企业战略的角度来理解全面预算管理。

预算管理从概念上已被越来越多的企业特别是企业集团所接受，推行全面预算管理的部分企业和企业集团也取得了良好绩效。但从整体上，还有很多因素制约着全面预算管理的实施及其作用的发挥，其中包括高层管理者的支持和认同，全员的参与和认同，信息技术的支持等。前两者主要是认识上、观念上的问题，而后者则是全面预算管理得以准确运行的硬性保证。

目前，国内不少管理软件供应商都推出了预算管理系统及其全面解决方案，为企业实施预算管理提供了基本的条件。尽管这些软件还有不够完善之处，但是这些系统已经在企业预算管理中发挥了重要作用。

这些预算管理软件充分利用现代信息技术对全面预算管理的成功实施提供了保障。预算管理的各个环节都体现了信息技术应用的方便、快捷、准确性。从预算目标制订、预算编制、预算审核、预算批复、预算汇总、预算执行、预算控制、预算分析、预算考评等无不充斥着信息技术的作用。而且正是由于信息技术对预算管理的支持，才得以实现对预算执行的实时追踪与控制，才得以实现大量数据的及时准确的汇总分析，为企业决策提供了及时准确的依据，方便了预算管理工作的顺利执行，真正实现了管理上的需求，为实现企业价值的最大化提供了保障。

11.2.2　预算管理系统流程

预算管理系统充分利用网络平台，一方面把预算编制流程、预算调整流程和预算考评体系固化为计算机程序，从而避免人为任意因素，增强预算管理的刚性。另一方面，从预算指标的建立、平衡、调整到执行与考评，信息的传递都可以通过网络完成，从而大大节约预算管理中信息在企业各部门、各层次间传递的时间和成本。预算管理系统的基层责任单位工作流程如图 11-1 所示。

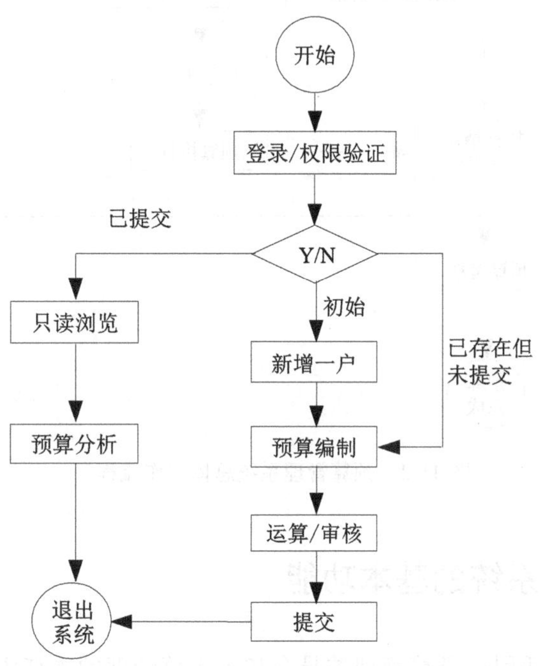

图 11-1　预算管理系统基层责任单位工作流程

预算管理系统的总体工作流程如图 11-2 所示，由系统设置和确定预算目标、预算编制、预算审批、预算执行、预算分析、预算调整、预算查询和预算考评等组成。

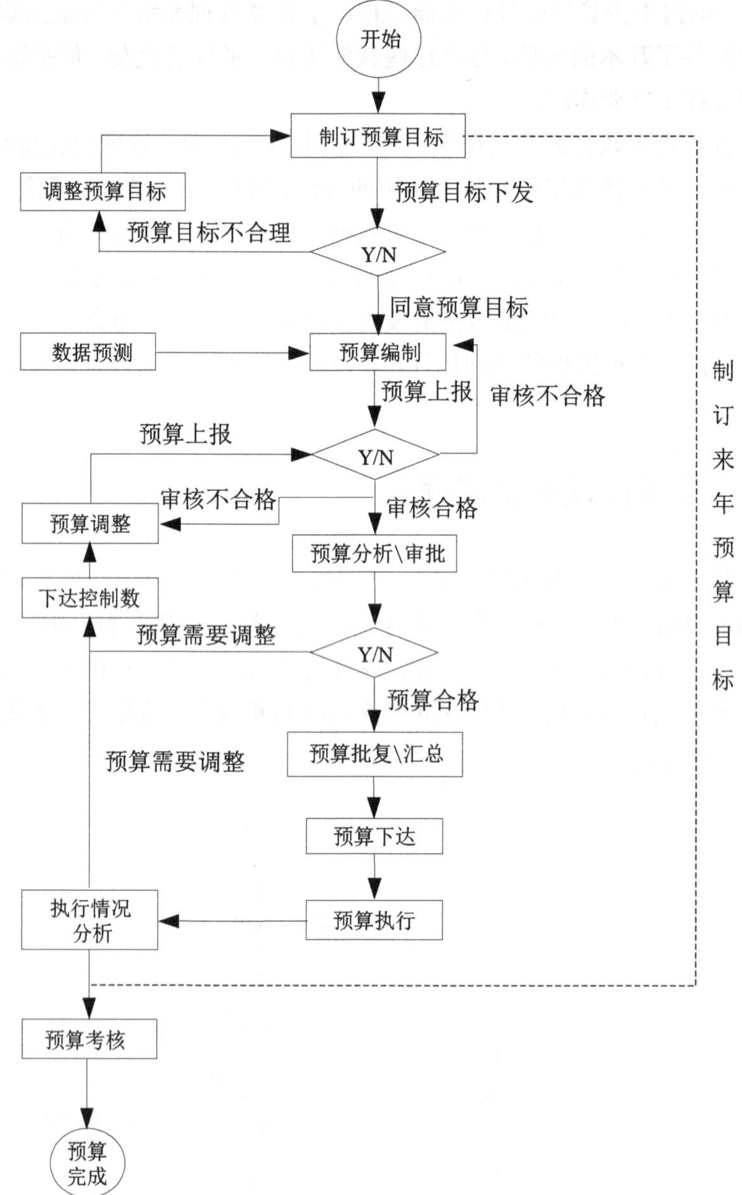

图 11-2　预算管理系统总体工作流程

11.2.3　预算管理系统的基本功能

预算管理系统主要适用于预算管理委员会和各预算管理的责任中心，包括：成本中心、收入中心、费用中心、利润中心和投资中心使用。

预算管理系统的基本功能如表 11-1 所示。

表 11-1　预算管理系统功能结构表

功能模块	内　容	功　能
系统设置	设置预算管理的责任中心体系和用户权限	将通用软件与具体单位相联系
目标制订	利用预测系统制订预算期企业及企业集团预算总体目标	预算编制
目标下达	根据系统提供的分解规则，预算目标向各责任中心分解的过程	
预算编制	各责任中心根据下达的预算目标编制预算，并逐级上报	
预算审批	财务部门及预算管理委员会对上报预算进行层层审批	
执行下达	在各级责任中心的协助下，财务部门编制预算执行值；会签部门会签预算执行值；预算管理委员会审批下达预算执行值，并在执行过程进行监控	预算执行与监控
预算调整	需要调整预算执行值的部门填写调整申请；有关责任中心对调整进行处理	
预算分析与考评	根据预算执行情况进行对比分析；进行预算的业绩考评	预算分析与考评

1. 系统设置

系统设置的主要功能是将企业和企业集团总部统一制定预算管理制度固化在软件中，通过软件的刚性来控制整个企业和企业集团的预算管理活动。主要用来定义预算总括性的计划，例如，年期跨度、是否滚动预算等。此外还用来定义预算管理的责任中心体系、用户及其权限、工作期间等。

2. 预算编制

预算编制要将预算目标通过数量体系体现出来，并将这些指标分解落实到每个下属企业，每个责任中心，甚至责任人，使预算的编制、执行达到责、权、利的统一。

预算编制包括以下环节。

(1) 目标制订

集团预算目标的确定，需要有实际数据作为依据，然后根据这些数据进行预测，目标的预测要做到科学合理，就需要有比较科学合理的预测方法，在预算管理系统中，通常都提供了数据预测功能，包括：预测、趋势预测、平滑预测、季节预测、一元回归预测和多元回归预测、弹性预测、博克斯一詹金斯预测(BJ)、灰色预测、瑞利预测及组合预测等。通过这些预测模型，就可以对企业各方面的各项指标进行定量预测，以方便企业领导层根据预测结果和企业战略目标制订企业的预算目标，使预算目标更趋于科学合理。预算目标制订过程如图 11-3 所示。

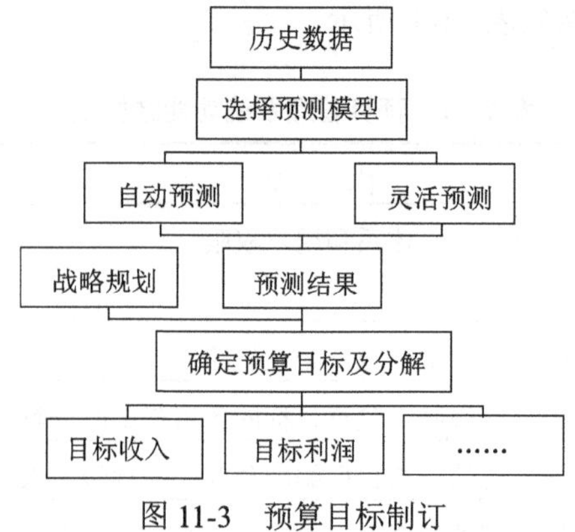

图 11-3　预算目标制订

(2) 目标下达

目标下达主要是将预算目标分解并下达给企业的各个责任中心。由于我国企业预算编制通常需要经过多次的上下沟通并最终形成企业的预算，因此目标下达在预算编制中需要进行多次。集团企业预算编制过程如图 11-4 所示。

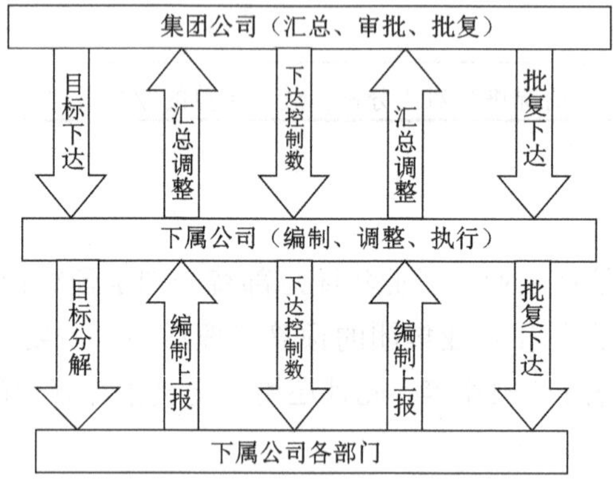

图 11-4　预算编制示意图

(3) 预算编制

主要完成预算数据的采集工作，可以支持人工录入方式和通过数据接口从其他已有系统如会计信息系统、ERP 系统中提取数据两种方式。各下属企业根据集团预算指标体系通过预算编制模块进行预算填报，具体内容包括：数据录入、自动公式计算、数据审核、预算提交、预算汇总等。

(4) 预算审批

预算审批是上级企业对下级企业已提交的预算数据进行全面的技术审核，审核内容包括：是否按既定的业务规则编制以及预算数据是否完整。同时对下级部门提交的预算进行汇总，与企业预算总目标进行比较并进行必要的调整后，向下级企业下达预算控制目标。系统功能包括预算多级审批、查询预算审批状态、审批处理及审批数据保存、预算批复、预算批复下达等。

3. 预算执行与监控

预算的执行与监控主要分为总部层面与下属企业两个层面，总部层面主要实现对资金的管理，通过与资金管理系统的数据接口来实现。下属企业层面则是对下属企业的具体业务活动进行实时控制，主要通过与下属公司的各个业务系统的数据接口来实现。所以预算执行的数据应该能够通过数据接口从相关业务系统中导入到预算管理系统。预算执行的功能包括：数据校验，数据保存，提供按不同维度查询预算执行数据，提供和其他系统集成接口。

尤其要注意的是：预算的控制时点应该是在业务发生前，也就是说预算的控制应该是针对业务事件的，而不应该是在业务发生后财务核算时由于财务预算指标的超标而无法入账时才进行监控。正如财务上所讲的，对于一个部门资金使用的控制应该是在申请款的时候进行，而不是在报销的时候。预算执行作为一种控制手段，并不是要通过预算目标把企业控制在某一个点上(收入、利润)，而是把企业的运营和发展控制在一个区间或是一种趋势之中。

4. 预算调整

预算调整是在保留原有预算数据的基础上对局部数据进行调整。在实际的预算执行过程中，可能出现经营目标的调整和修正的需求。可能是定期的调整，也可能是根据实际随时的调整。但无论何种情况，在预算开始执行之后，任何对预算数据的调整和修订，都应该是严谨的、受控的、保留痕迹并可追溯的。系统支持以下功能：预算调整的申请，提供按不同维度查询预算调整数据，预算调整数据上报和预算调整的批复。调整流程首先进行预算调整申请，然后进行预算调整审批，最后是预算调整执行和预算调整分析。

5. 预算查询

预算报表要能提供用户对预算总额、预算余额、核算项目金额等预算数据根据不同角度、不同维度进行实时的查询。所有的预算报表应该可以按不同维度查询，并可以支持用护自定义个性化要求的报表。

6. 预算分析与考评

提供用户按责任中心查询集团及其下属企业经营活动的各个方面的预算数据与实际执行数据的对比分析。主要内容应该包括：标准财务报告、销售、经营、成本费用、投资等。责任分析应按预算科目对应的预算数据及实际执行数据自动生成。预算分析与考评过程如图 11-5 所示。

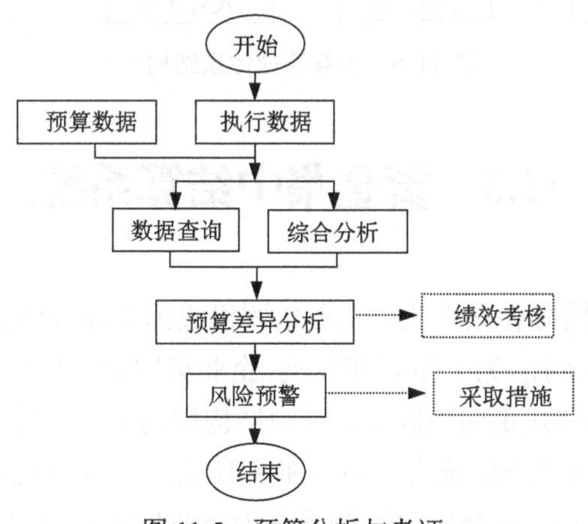

图 11-5　预算分析与考评

11.2.4　预算管理系统的特点

预算管理系统是针对企业尤其是企业集团全面预算管理而使用的一个技术平台，其工作机制可以快速高效地实现客户对全面预算管理的需求，适应于需求不断变化的实际情况。整个系统从上到下保持收集数据格式、口径一致。

数据格式、口径一致是全面预算的基础，全面预算管理系统利用 CS 结构的网络报表体系，灵活、方便的报表定义机制，实现数据口径从上到下的一致性。预算管理系统数据上报和数据接受机制解决了上下级之间的数据及时传输问题。

系统开放的数据接口功能，能支持从会计信息系统或 ERP 系统提取数据，可以与 Excel 无缝连接，各种数据都可以以文本的方式导出和引入，实现数据的共享。

高效的汇总、审核、分析和数据挖掘功能提高了上级部门汇总和审核预算表的效率。

填报数据可以灵活的从上到下层层扩展，满足不同级次部门的管理需要，既可满足上级的要求，又可以根据自己的情况收集更为明细的数据，而数据上报时，又可以实现层层自动裁减和数据过滤，不需要做更多的工作。

11.2.5　预算管理系统的体系结构

预算管理系统以计算机网络为工作平台，系统体系结构如图 11-6 所示。

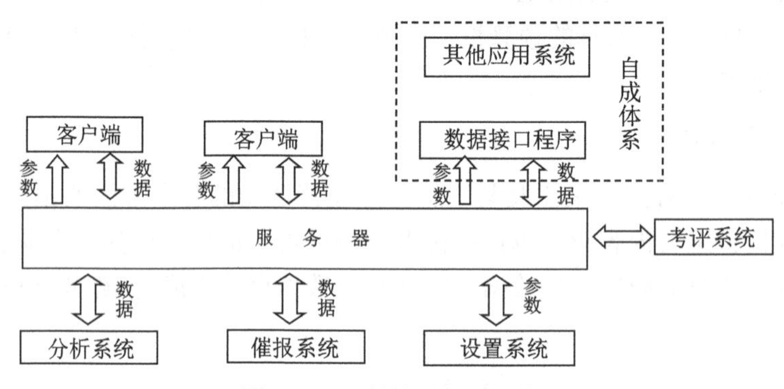

图 11-6　预算管理体系结构

11.3　资金集中结算系统

在经济全球化、竞争国际化的今天，企业集团已成为全球经济活动的重要力量，是世界各国参与国际竞争的主要依托。为了生存和发展，企业集团对市场变化的反应必须迅速及时，从而促使企业集团的组织形式走向国际化，组织结构倾向于扁平化、网络化。这些变化要求企业集团必须加强资金集中管理，充分发挥企业集团资金管理的规模效益。资金集中管理与现代信息技术结合的产物——资金集中结算系统为企业集团实现资金集中管理，提高资金使用效率提供了支持。

11.3.1　资金集中结算概述

1. 资金集中管理概念

资金集中管理有狭义和广义之分，狭义而言是指围绕整个集团的货币资金、各项票据以及应收应付的集中管理。

广义而言是指对于整个集团所有货币资金和其他流动资产的资源集中调配和管理，并对近期内可能发生的或有收益或有负债集中统一进行分级预估和监管。其实企业生存、发展、获利的很多问题都和资金管理有关，例如，降低库存就是众多以流通业、制造业、房地产业为经营主体的企业集团中极为关键的管理问题。

2. 资金集中管理的核心目标

资金均衡有效地流动是企业集团生存和发展的基础。所谓资金的均衡流动是指资金的流入和流出必须保持适当的配合：当企业发生资金流出时，一定要有足够的资金流入与之相配合，否则就会出现资金周转不灵，轻者导致经营受损，重者则导致企业破产；而当企业产生资金流入时，除了维持企业日常经营所需的最低资金占用外，剩余资金必须及时找到有利的投资机会，尽量增加剩余资金的投资收益。因此，任何企业为了自身的生存和发展，都必须努力实现资金的均衡流动，即资金的流入等于资金的流出。有效地资金流动则是指资金在其运动过程中，能够带来尽可能多的增值。因此，可以说实现资金流动的均衡性和有效性是企业集团资金管理与控制的核心目标。

3. 资金集中管理的理论模式

资金集中管理模式是指将先进的管理思想同信息技术、管理方法有机结合，对企业整体的资源进行有效地配置、管理、控制和优化，从而实现集团企业价值最大化的一种财务管理模式。

由于不同的企业集团管理体制和组织体制都会有所不同，因此资金集中管理模式也就不完全相同。一般来说，可以从管理体制和组织体制两方面来分析。

(1) 从管理体制角度

企业集团的管理体制按管理权限的集中程度大体可分为 3 种：集权模式、分权模式、集权与分权相结合模式。其差异就是管理权限的归属，权利的上收或下放，以及收放的程度问题。

高度集权的资金控制策略，对资金的集中控制和统一调配较好，但不利于发挥下属企业的积极性，在资金上过分依赖集团公司，若配套措施不到位，可能影响资金的周转速度，影响企业对市场变化的应变能力。

较低程度的集权控制策略，有利于调动成员企业积极性，但又存在造成资金分散，资金使用率降低，沉淀资金比例大，资金使用成本高等固有缺点。

恰当的集权与分权的结合既能发挥集团公司财务调控职能，激发下属企业的积极性和创造性，又能有效控制经营者及下属企业风险。所以集权与分权相结合有利于克服过分分权或集权的缺陷，有利于综合集权与分权的优势，是很多企业集团财务管理体制所追求的模式。

总体来讲，资金管理集权和分权的程度是资金管理中的基本策略问题。集团公司只有根据自己的实际情况，明确控制资金管理的集权程度，才能使集团公司的资金聚而不死、分而不散、高效有序、动态平衡。

(2) 从组织体制角度

从集团的组织设计角度看，集团资金集中管理模式主要有以下两种。

第一种，报账中心模式。这种模式是指集团公司成立专门的报账中心，在资金所有权不变的前提下，将下属企业的业务集中到报账中心。这一模式适用于集团公司管理同城或相距不远的非独立核算、企业机构间业务流程集中没有特殊金融类业务的处理、银企关系相对简单的集团。

第二种，结算中心或内部银行模式。结算中心是在集团公司下设置的，将社会银行的基本职能与管理方式引入集团内部管理机制而建立起来的一种内部资金管理机构，主要职责是对集团公司、下属企业的现金收付、头寸调剂及往来业务款项进行结算。如果兼有内部信贷职能的话，结算中心也可称为内部银行。

结算中心隶属于集团财务部，本身不具有法人地位。在集团内部资金融通和控制等方面，结算中心有着独特的运作机制。这些机制包括：

- 结算中心通过引进银行的结算、信贷、调控职能，对集团下属企业的资金实施中介服务、营运监控、效果考核与信息反馈。
- 结算中心集商业银行金融管理与企业集团财务管理于一身，主要通过“结算管理”和“信贷管理”来做好集团内部资金的收付及融通工作，并及时将集团公司的经营管理意图通过内部存款与贷款利息、额度等政策的调整贯彻于下属企业，从而规范与调控下属企业的资金行为，推动集团整体目标的实现。
- 结算中心在集团内部发挥着资金信贷中心、资金监控中心、资金结算中心和资金信息中心的多项职能。这些职能在集团公司控制整个集团，协调并提高资金配置与使用效率，发挥集团财务资源的整体优势，正确处理经营管理与财务管理的关系，减少风险损失，完善集团经营管理机制等方面，发挥不可低估的作用。

(3) 财务公司模式

财务公司是经营部分银行业务的非银行金融机构，其经营范围除具有结算中心的基本职能外，还具有对外融、投资的职能。

由于目前我国相当一部分企业集团资金集中管理采用结算中心的模式，因此目前的资金集中管理系统主要也是为了解决结算中心的需要而开发设计的。

11.3.2　资金集中管理系统的总体结构

资金集中管理系统的总体结构如图 11-7 所示。系统采用 B/S 与 C/S 相结合的方式，由资金结算系统、会计核算系统、资金监控系统、资金预算分析系统、银企直连接口、信贷融资管理系统、查询分析系统等组成，具有平台的可扩展性，为企业提供全方位的资金管理服务。

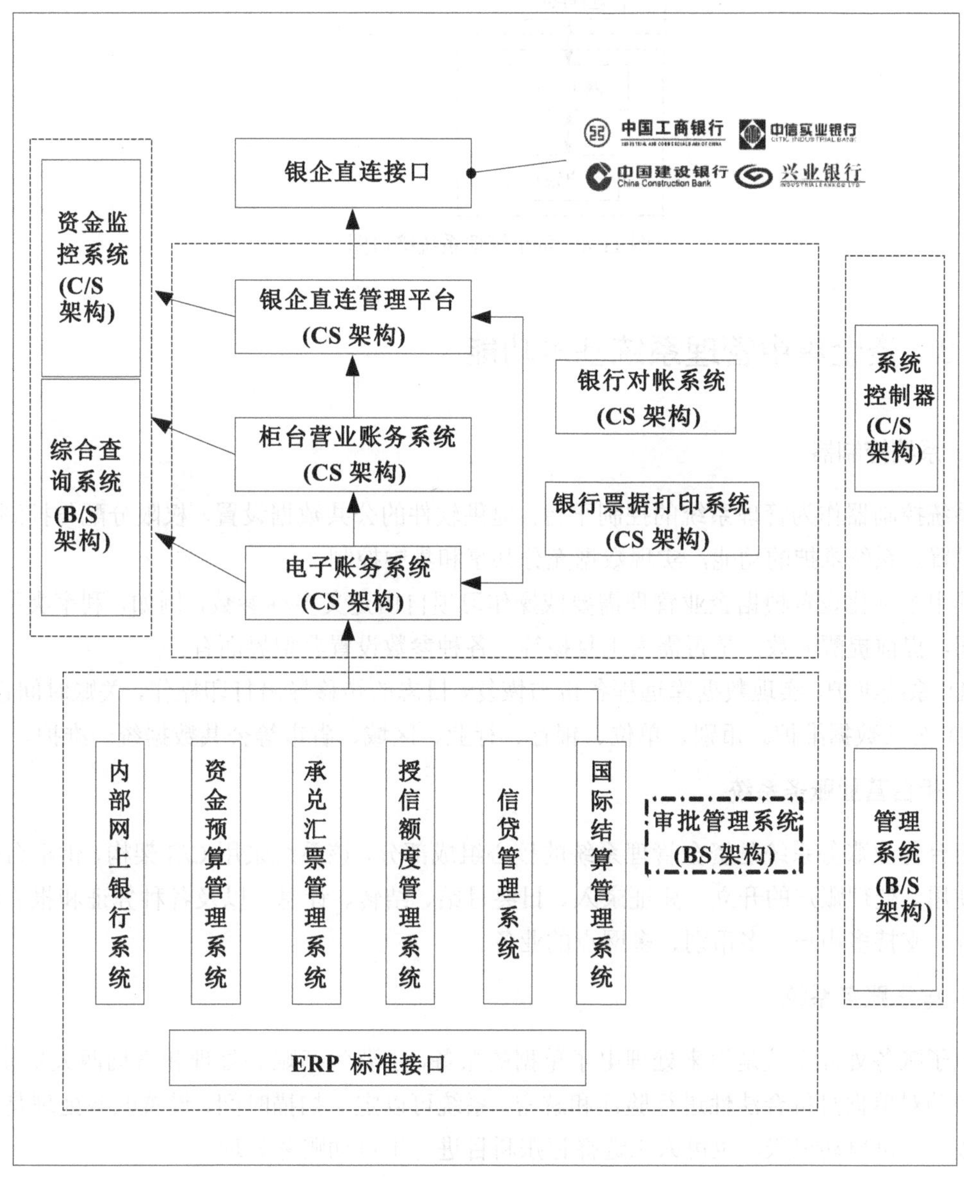

图 11-7　资金集中管理系统整体框架

资金集中结算管理系统与其他相关系统的连接关系如图 11-8 所示。

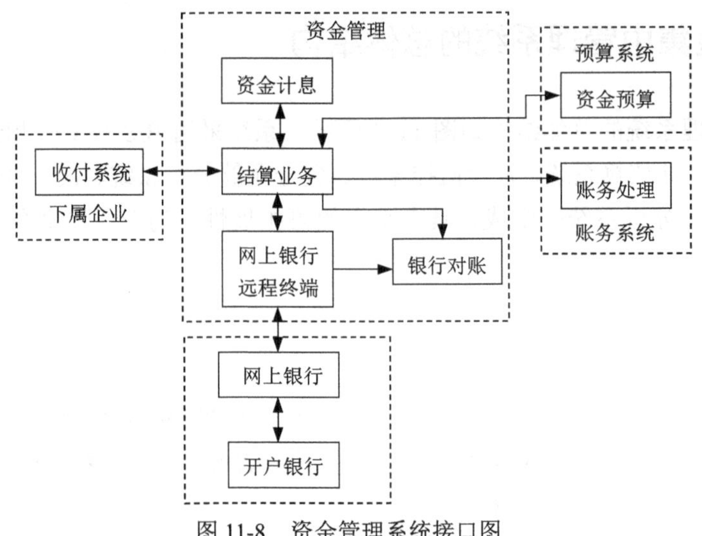

图 11-8　资金管理系统接口图

11.3.3　资金集中管理系统基本功能

1. 系统控制器

系统控制器作为管理系统的控制平台，提供软件的公共数据设置，权限分配与控制，个性化设置，系统维护的功能，实现数据充分共享和集中控制。

其中个性化设置根据企业管理需要或操作习惯自由定义多种参数，例如，利率类型，计息期间，提前提醒天数，是否需人工复核等。各种参数设置典型界面有：

(1) 系统维护。实现数据库远程备份与恢复，日志的转移导出打印操作，关账时间设置。

(2) 公共数据维护。币别、单位、银行、行业、区域、省市等公共数据统一维护。

2. 柜台营业账务系统

柜台营业账务系统是资金管理系统的核心组成部分，该系统采用 C/S 架构，供柜台结算人员使用。处理账户的开立、凭证录入、日终月结、结转、计息，以及各种凭证和报表的输出装订。支持多用户、多币别、多网点的业务。

3. 电子账务系统

电子账务处理系统是用来处理电子单据的账务，主要包括账务处理和查询两大功能。系统会自动对单据身份合法性进行验证和解密。系统可以定义扫描时间，设置账务处理是否自动复核，既可自动记账，也可人工选择记账科目进行半自动账务处理。

账务处理是指统一平台进行集中的账务处理，账务主要包括：来自内部网上银行系统付款，企业存款账户转换，委托收款业务记账，承兑汇票各种业务的账务处理，借贷款、拆借、委托存贷款业务账务处理及相应的开户，对通过财务接口导入收付款记账。

4. 银行票据打印系统

本系统与柜台营业账务系统有机集成。根据定义的票据格式，从柜台账务取得凭证数据，套打支票、本票、进账单、电汇单、汇票、信汇单等银行票据，并实行对空白票据的有效管理。

5. 银行对账系统

银行对账主要用于资金管理中心记的银行账与银行记的账进行核对，在此基础上产生银行存款余额调节表。银行数据产生系统提供 3 种方式：银行提供的报盘数据导入、手工录入以及通过银企直连接口直接导入。

6. 银企直连管理平台

开通了银企直连管理平台后，通过本系统客户可以在自己的办公室办理成员单位对外结算、资金调拨业务。用户不需一家家登录不同的网上银行，只需在统一界面进行统一操作，完成资金调拨、转账管理、查询收付款指令、收付款审批记录、银行账户等信息。

7. 资金监控系统

该系统有严格的权限管理，实现对银行账号的监控，为集团资金管理的决策和分析提供信息支持。本系统可以监控各银行账户头寸，账户交易情况，对资金流动量、流动方向进行动态的统计汇总。

本系统必须与银企直连系统配合使用，用来查询银行账户交易明细(发生额)，包括：查询当前交易明细以及历史交易明细；查询银行账户实时余额与历史余额查询。查询结果可以打印，并可以导出为 Excel 格式文件。

8. 银企直连接口

银企接口集成各个商业银行的接口，屏蔽了各商业银行服务的差异，并在现有银行接口的功能上进行扩展，让用户在使用众多银行接口时面对统一的界面，进行统一的操作，实现更多的功能。

9. 审批管理系统

审批系统主要包括两个模块：审批管理和业务审批。

(1) 审批管理。审批管理的流程设置囊括了所有成员单位需要审批的业务。管理员可根据业务审批需要设置各单位、各种业务的审批流程。该种设计思路将单位和业务审批分开设置，有效地满足了客户个性化需求。

(2) 业务审批。业务审批模块既可以审批未审批业务也可以查询已审批业务。系统提供了分单位、分业务两个角度的审批，并提供批量审批功能。

10. 内部网上银行系统

在未安装内部网上银行系统前，各单位办理结算均需到资金管理中心柜台才能办理，而安装内部网上银行系统后，在自己的办公室即可办理；通过内部网上银行系统可以办理网上结算业务。该系统的安装一方面加快结算速度，另一方面节省成本，同时还方便账务的查询分析。

11. 资金预算管理系统

预算体系在分配资源的基础上，主要用于衡量、监控企业及各部门的经营绩效，以确保最终实现公司的战略目标。资金预算管理系统完成资金预算编制、审批流程，可以合并预算上报表，追加、追减预算，进行预算分析。

12. 信贷管理系统

信贷管理系统以信贷实际业务流程为基础，分资金融入和资金贷出。本系统实现了信贷业务的电子化管理，贷款申请书及相关资料、贷款合同文本、贷款通知书、催款通知书等全部可以通过系统输出和打印，实现文档的电子化、规范化管理。信贷业务人员可以联机查询业务办理情况，大大缩短报送审批时间，提高中心信贷服务水平。

13. 授信额度管理系统

授信额度管理系统是用来统计查询银行、资金中心的授信额度及使用情况，做到规范管理集团成员单位的资金使用。

14. 承兑汇票管理系统

承兑汇票是一种重要的结算方式，占有重要的地位。通过本系统，可以对收到和开出的承兑汇票(包括商业承兑汇票、银行承兑汇票)做到全程电子化管理，帮助集团实时了解票据结算情况。本系统中涉及到的各种票据业务的账务由电子账务系统处理。

15. 国际结算管理系统

信用证是国际结算常用的结算方式之一，按照事先设定的权限分配和审批流程规则，通过本系统可以对开出信用证和收到信用证的各种业务操作进行电子化管理。

16. 综合查询系统

实现对各单位资金流转的查询监控，为集团资金管理的决策和分析提供信息支持。

17. ERP/会计信息系统接口系列

通过 ERP/会计信息系统接口可将企业财务收付款数据导入资金管理软件，转换成收付款通知单提交到资金管理中心进行收付款。将资金管理软件的收付款数据导入企业财务系统。保证财务系统与资金管理系统收付款信息一致。

本 章 小 结

本章介绍了企业管理信息系统具有代表性的 ERP 和与企业及企业集团财务管理密切相

关的预算管理系统和资金集中结算系统的管理思想、管理模式和基本构架。目的是使读者对企业管理信息系统的最新发展有所了解，同时也可以对本教材所介绍的财务业务一体化的会计信息系统的局限性有一个清醒的认识。明确财务业务一体化的会计信息系统只是企业管理信息化的一个重要而基础的发展阶段。以便在实际工作中能够不断提高企业管理水平，将企业管理信息化工作推向新的更高发展领域。

案 例 分 析

某有色金属矿业集团公司是在我国改革开放年代建成并发展起来的大型国有企业集团。该企业集团由原来的单一矿山采、选为主体的矿业公司发展成包括采、选、冶炼、有色金属深加工的大型企业集团。集团共有多座矿山、冶炼厂、有色金属深加工厂以及围绕主业形成的机修、运输以致为企业后勤服务的商业、物业管理等多家企业。集团所属企业地域分散。

为了加强资金管理，集团成立了结算中心，并在下属企业比较集中的地域成立分结算中心。基本实现了现金合并调剂余缺、内部统一结算，相对集中融资。由于结算中心采用手工操作，因此仍然存在银行账户多，资金沉淀仍然较大。难以完全做到统一对外融资、统一还款。无法实时生成资金流信息和联机控制。资金的划拨按各单位每月资金使用计划进行难以与企业预算管理衔接，降低了资金控制力度。资金的收支需要在结算中心记账并需要二次录入完成集团及下属企业的账务处理。

针对企业存在的以上问题：

1. 试分析该企业集团存在问题的深层次原因。
2. 请设计一个理想的解决该企业问题的方案。
3. 在解决企业预算管理、资金集中结算和实时监控的问题时需要注意哪些问题？

复习思考题

1. 简要叙述企业资源计划的基本含义。
2. 为什么说企业资源计划是激烈市场竞争的产物？
3. 企业资源计划体现的管理思想的基本内容是什么？
4. 简要叙述企业预算管理系统的基本流程。
5. 简要叙述资金集中管理解决的核心问题有哪些。
6. 在企业管理中 ERP 系统、预算管理系统和资金集中结算系统各自起到什么作用？它们之间的相互关系是什么？

[illegible]

案例分析

[illegible]

复习思考题

[illegible]